白帝社アジア史選書
HAKUTEISHA's
Asian History Series
007

戦国秦漢時代の都市と国家

考古学と文献史学からのアプローチ

江村治樹

白帝社

はじめに

中国史の特質

現在の社会や国家、さらに文化は過去の歴史の集積によってもたらされたものである。とりわけ中国は長久の歴史を有しており、その歴史の形成はいくつかの層に分けて捉える必要がある。

中国の歴史を通観すると、まず精神的あるいは宗教的と言ってもよい核になる部分が殷周時代には形成されていたと考えられる。殷代においては、甲骨文字の研究によって、すでに上帝信仰と祖先祭祀が確立していたことが明らかにされている。天上界には、人間の意思とは独立した絶対的な力を持つ上帝が存在し、殷の人々は願いを上帝に聞き入れてもらうために、その左右に仕えた祖先神を盛大に祭った。

このような信仰と祭祀は、ある程度の変更を加えて次の周王朝にも受け継がれた。殷を滅ぼした周は、自らの王朝を正当化するため、上帝を人間の道徳性に応えてくれる存在として位置づけ直したが、その絶対性への信仰は継承した。上帝の命令、すなわち天命によって王朝の命運が左右されるとする革命思想は、歴代王朝の正当性を保証する政治イデオロギーとして存続しつづけた。また、殷代に始まる祖先祭祀も周代以後、宗廟の儀礼として整備され、王朝だけでなく各階層の人々に受け継がれていった。儒教はこのような中国の伝統に根ざす信仰や祭祀を基盤に持つ思想であり、歴代王朝のイデオロギーとして受容される一方、中国人の精神世界を大きく規定しつづけたのである。

殷代から周代にかけて、政治的支配の制度として、いわゆる「封建制」が存在したとされる。これは、王が諸侯に国を世襲的に領有させ間接的に支配する制度であるが、歴史学で言う中世封建制、いわゆるフューダリズムとは区別される。中国本来の「封建制」の用語は社会のあり方を規定するものではなく、純粋に政治的支配システムとして理解される。王国維《おうこくい》は、「殷周《いんしゅう》制度論《せいどろん》」（『観堂集林《かんどうしゅうりん》』巻一〇所収）で殷代と周代には革命的な断絶があり、「封建制」は周代に始まるものとするが、甲骨文字など史料的にはすでに殷代に存在した痕跡がある。この「封建制」による統治は周王朝以後にも受け継がれて行く。

ところが、秦漢帝国の出現によって、「封建制」は全く新しい政治的支配システムによって実質的にとって代わられることになる。その支配システムとは「郡県制」である。それは、君主が郡や県に官僚を派遣して支配する制度であり、君主による人民に対する直接支配の形態をとる。このような中央集権的直接支配を始めて全国にわたって採用したのが秦の始皇帝である。始皇帝は、前二二一年に天下を統一すると、「封建制」の一部復活を主張する大臣たちの主張を退けて「郡県制」の実施を強行した。

始皇帝によって全国に実施された「郡県制」は、「封建制」が部分的に復活されることがあっても、王朝の中心的支配システムとしての座を譲ることはなかった。次の漢王朝では、「郡国制」が採用され、始皇帝の大臣たちの主張にそった形となり逆戻りが起こるが、「封建制」部分は呉楚七国《ごそしちこく》の乱以後骨抜きにされる。諸侯王国の行政の責任者である相《しょう》は皇帝の任命に係ることになり、実質的に王国は郡と変わらなくなる。その後、魏晋南北朝時代に晋《しん》王朝で「封建制」が一部復活され隋唐王朝にも継承されるが、宋代以後は特殊な例を除いて形式的なものとなるとされるのである。

また、「郡県制」の基本をなす行政システムである県は現代でも存続している。『漢書《かんじょ》』地理志によると、前漢末に設置されていた県、道《どう》（異民族統治の県）、侯国《こうこく》の数は一五八七である。これに対して、現代の県級の行政区画（市轄区、県級市、県、自治県、旗《き》など）の数は二八六一である（二〇〇三年末の統計）。現在の中国の領域が漢代とはかなり広がっていることを考えると、それほど大きくは変動していないのではなかろうか。さらに、現代の県や市の長官である県長や市長は、県や市の人民代表大会で選出されて任命される。この点、歴代王朝の県の長官（県令、知県《ちけん》）が皇帝による中央任命制であるのとは異なるが、一般人民によって直接選挙されるわけではない。中央の意向が反映しやすい形態になっているのである。

「郡県制」的な支配システムは中央集権的専制支配とも称される。「郡県制」は皇帝が官僚を用いて人民を直接支配する一元的支配であるからである。この一元的に人民を支配する皇帝支配も秦の始皇帝に始まり、一九一二年の清朝《しんちょう》の滅亡まで継承される。始皇帝が考案した「皇帝」の称号は唯一の存在である専制君主の称号として、実に二一〇〇年以上にわたった使用され続けたのである。

権力的な側面から見れば、皇帝権力は貴族勢力の優勢な六朝《りくちょう》時代には相対的に低下したことは否定できないが、歴代王朝において皇帝の存在が無くなることはなかった。むしろ宋代以後、皇帝支配は制度的に整備され強化されたと言ってよい。宋代には、官僚機構や軍隊の長の権力集中を抑えるため、長官を複数配置してそれぞれを皇帝に直属させてその権力を分散させた。このような、皇帝への権力集中は明清《みんしん》時代でも継承、強化され、皇帝による支配は君主独裁制度として完成されるのである。

中国の歴史は大まかに言って、中核になる精神的、宗教的部分が殷周時代に形成された後、外側の殻に当たる制度的な部分が秦漢時代に形成され、現在に至っていると考えてよい。しかし、その後の中国の歴史を二〇〇〇年以上にわたって規制する制度が秦漢時代にいきなり形成されたわけではない。秦漢時代に先立つ時代、すなわち春秋戦国時代を経過する中でしだいに形成されていったのである。とりわけ、秦漢時代に直接先立つ戦国時代は重要で、中国史を特色づける制度的特質、およびそれが長期にわたって維持され続けた謎を解明する手がかりが存在する時代である。

戦国時代とは

戦国時代の開始の時期は、一般に前

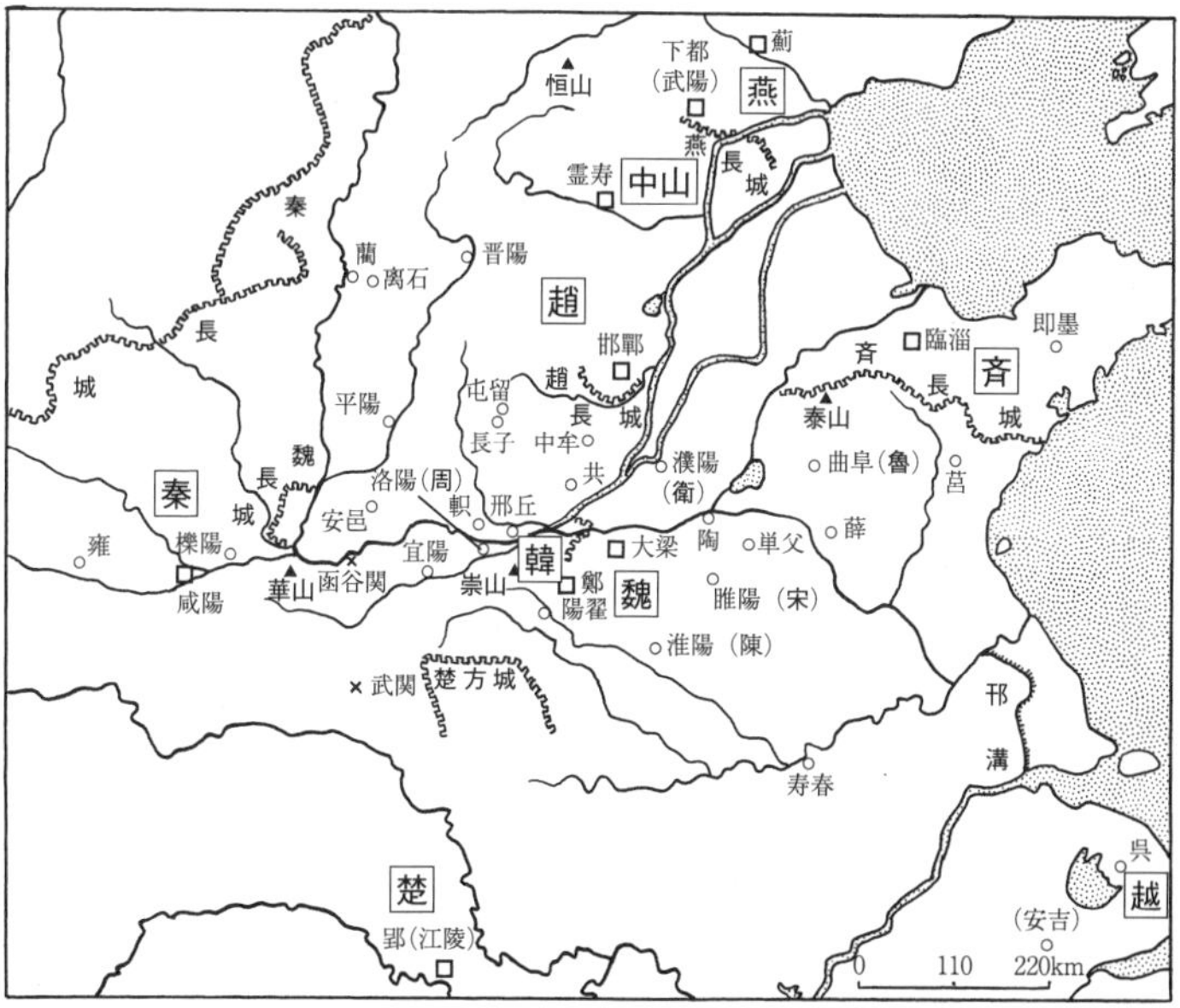

図1　戦国時代要地図

四五三年とされるのが普通である。この年、晋国の実力者であった知伯《ちはく》（智伯）が韓《かん》、魏《ぎ》、趙《ちょう》の三氏に滅ぼされ、晋国はこの三氏に実質上分割されることになった。晋国から独立したこの三氏あるいは三国を三晋《さんしん》と言う。春秋時代の強国であった晋国がその臣下の家に簒奪《さんだつ》され、これ以後七つの強国が相対峙《たいじ》することになったのである。しかし、三氏はすぐには諸侯《しょこう》としては認められていない。周王によって諸侯に封建されたのは前四〇三年であり、この時をもって戦国時代の開始とする説もある。この説は、名目的に存続していた「封建制」を重視する立場であるが、歴史学的にはあまり意味を持たないであろう。また、中国ではマルクス主義の立場から、前四七五年を開始とするのが一般的であるが、考古学の遺物からうかがえる文化的な変化から考えても、前四五三年とするのがよいようである。本書では、戦国時代は前四五三年から前二二一年の秦の天下統一までとする。

戦国時代のある時期までは諸侯を封建した周王が存在し、政治制度としては「封建制」が維持されている。戦国の七つの強国、すなわち「七雄《しちゆう》」に数えられるのは、燕《えん》、斉《せい》、楚《そ》、秦、韓、魏、趙であるが、みな周王によって封建されたことになっている。燕は周初に周武王の弟の召公奭《しょうこうせき》が、斉は武王とともに殷を滅ぼした太公望呂尚《たいこうぼうりょしょう》が封建された国である。楚も周初に封建されたことになっているが明確なことはわからない。春秋時代には周王の側では「封建制」の枠内に存在する国と見なしていたようである。秦の封建はやや遅れ西周時代末とされる。韓、魏、趙は上述のように戦国時代に入って周王に封建された国である。この他、魯《ろ》、宋《そう》、衛《えい》などの小国も周初に封建された国であるが、戦国時代に入ってもまだ滅ぼされずに存続している。

このように見てくると、戦国時代の支配システムは「封建制」とみなしてよいように思われるが、諸侯国の内部に目を向けるとその構造は大きく変化している。まず、戦国時代になるとほとんどの強国の君主が王を称するようになる。楚の君主などはすで春秋時代に王を称している。西周時代の「封建制」下では、王を称することができるのは周王だけであり、封建諸侯はランクに応じて公《こう》、侯《こう》、伯《はく》、子《し》、男《だん》の五等爵《ごとうしゃく》が周王から付与されたとされている。それが、戦国時代になると、各国が自ら王を称するようになり周王と区別されなくなる。諸侯を封建する立場にあった周王の権威は全く形骸化し、諸侯国は完全な独立国として振る舞うようになるのである。また、周王によって封建されたとは考えられない越《えつ》や中山《ちゅうざん》など、漢民族のものとは見なされない国が台頭してくるのも春秋時代末から戦国時代にかけての時代である。戦国時代には、周王による「封建制」はすでに実態を消失していると言ってよい。

西周時代の「封建制」下の諸侯国は、国内でも「封建制」を実行していた。諸侯国では、君主である公《きみ》の下に、大夫《たいふ》、士《し》の身分が存在し、支配階層として被支配階層である庶人《しょじん》を支配していたとされる。大夫は本来、公の兄弟や子供が分家したもので領地として采邑《さいゆう》が与えられた。士は大夫の一族で構成され、武士階層として大夫を支え国の軍事力となった。

しかし、春秋時代になると、強国による小国の併合が進み、併合された国は新たに県に編成されるようになる。その県には、新たに支配することになった国の大夫が送り込まれ、もとの公に代わって支配するようになる。春秋時代には、県に送り込まれた大夫は世襲される場合が多く、県は「封建制」下の采邑と区別できない部分がある。しかし、これも戦国時代になると、県には官僚である県令が派遣され、県は君主の直轄地となっていく。また、国の国境地帯には、軍事的防衛の必要から県を統轄する郡が置かれ、やはり官僚の郡守《ぐんしゅ》（あるいは郡太守《ぐんたいしゅ》）が派遣される。このようにして、諸侯国の支配システムは中央集権的な「郡県制」へと変貌して行ったのである。

要するに、秦の始皇帝が天下統一とともに全国に実行した「郡県制」は、すでに戦国時代の各国の国内で確立し、整備されていた制度と言うことができる。始皇帝の「郡県制」は、天下統一とともに諸国が滅亡するにともなって、自動的に成立すべきものとして成立したに過ぎない。始皇帝の偉大さは、歴史の向かう方向性を的確に把握して決断したことにある。

戦国時代は、秦漢時代に確立する支配システムとしての「郡県制」の形成が着実に進行した時代とみなすことができるが、この時代は中国史上でもまれに見る都市の発達が起こった時代でもある。新しい支配の形成には都市の発達が強く関与した可能性がある。本書では、都市の側面から、その後の中国の歴史を大きく規定することになる秦漢帝国の形成過程とその特質について考える。

なお、戦国時代の紀年については、史料によって矛盾、混乱が多く見られる。本書では、統一的に矛盾解決をめざした、平勢隆郎編著『新編史記東周年表』（東京大学出版会、一九九五年）によって西暦年を記した。

目次

戦国秦漢時代の都市と国家

第一章　戦国時代の都市の発達

中国史上における都市の発達

中国の歴史において、都市が発達した時期はおおよそ三回あるとされる。一八四〇年のアヘン戦争以後の近代から現代まで、一一世紀から一三世紀の宋代、そして紀元前の戦国時代である。

近代以後の都市の発達は、現在中国最大の人口を有する都市である上海《シャンハイ》に典型的に見ることができる。上海は、もと海岸にあった小さな漁村に過ぎなかったが、宋代以後、県が置かれ明《みん》代《だい》には城壁を有する都市になった。しかし、上海が飛躍的に発展するのはアヘン戦争以後である。清《しん》はイギリスとのアヘン戦争に敗れて南京《ナンキン》条約を結び、香港《ホンコン》の割譲とともに上海を含む五港を外国貿易のために開港する。これによって、各国の領事館が開設され租界《そかい》が設けられて、外国が中国に進出する拠点となった。上海は海外貿易によって商工業が発展し都市として膨張していった。

中国は文化大革命中には海外に対して国を閉ざし、都市の発展は一時停滞したようである。私は、一九七七年に始めて中国を訪問し上海も訪れたが、上海は時間が止まったままの過去の都市のようであった。外灘《ワイタン》には旧租界のヨーロッパ風のビルが建ち並んでいたが、上海で最も高いビルはガーデン・ブリッジの傍にある上海大厦《たいか》というホテルであった。中心部の建物も、南京路に面している建物以外はほとんど二階建てであり、それ以上の高さの建物は多くはなかった。当時の国際飛行場は西郊の虹橋《ホンチャオ》空港であったが、まったくの郊外の畑の真ん中にあった。ところが、一九八〇年代に入ると改革開放政策が功を奏しだし、一九九〇年代以後、上海は大きく変貌する。現在では人民広場のあった広い敷地には近代的な上海博物館が建ち、周りにはユニークなデザインの高層建築が林立し、さながら未来都市の景観を呈している。上海には高架の高速道路が張りめぐらされ、都市部はますます膨張を続け、虹橋空港は都市部に飲み込まれ、とくに黄浦江《こうほこう》東側の浦東《ほとう》地区の開発は著しく全く景観が変わってしまった。

現代の中国における都市発展は上海だけに止まらず、沿海部の都市に著しい。北から、大連、天津《てんしん》、青島《チンタオ》、香港、広州など皆しかりである。これは海外との貿易の必要から、陸と海の接点である港を中心として商工業都市が発達したからである。近代になると経済のグローバル化が進み、商品流通は国内に止まらず世界規模のものとなる。交通の要地、とくに沿海に都市が発達するのは世界共通の現象であり、近代都市の特色となっている。日本を例にとれば、幕末には小漁村に過ぎなかった横浜や神戸が明治維新以後発達するのは典型的な例であり、東京、名古屋、大阪の発展が継続しているのも沿海にある立地が大きいと考えられる。

現在、中国では沿海部と内陸部の経済格差が大きな問題となっているが、地方の中心都市の発展も次第に見られるようになっている。中国政府は、一九九〇年代から内陸部に高速道路を張りめぐらせる計画を進め、地方の中心都市どおしが結ばれつつある。その結果、近年省都など地方中心都市にも都市改造が進められて高層ビルが目立つようになり、沿海部の経済発展が内陸部に及びつつある。中国の内陸部の都市にも近代都市の発展原理が貫かれているのである。

宋代における都市発展も商業、交易の発展と関係があるとされている。とりわけ北宋の首都、開封《かいほう》の繁栄はよく知られている。孟元老《もうげんろう》『東京夢華録《とうけいむかろく》』には、開封の名勝、行事、娯楽を含む生活風俗がこと細かに記述され、その繁栄の様をしのぶことができる。また、北京の故宮《こきゅう》博物院に収蔵されている張択端《ちょうたくたん》「清明上河図《せいめいじょうがず》」は、北宋末、清明節《せいめいせつ》の頃の開封における街路のにぎわいのを画いた絵巻物とされている。この絵を見ると、街路に面して様々な業種の商店が建ち並び、道路には多くの通行人や物売りが行き来している。そして、物資を運ぶ大船が行き交う汴河《べんが》には木造の大きな橋が架かり、橋の上両側にまで露店が並んでいる（図2）。

図２　清明上河図

このような開放的な都市の景観は、宋代になって一般化するとされる。宋代より前、唐代までは、都市内は土塀に囲われた「坊《ぼう》」によって区画されていた。したがって、各戸の入口は坊内の道路に向かって開かれ、「坊」の外の大道に面して開くことは許されなかった。そして「坊」には「坊門」が設けられて夜間に「坊」外に出ることは禁じられた。商業区域とされた「市《し》」も「坊」の制度に縛られ、店舗も「坊」内に設けられ大道に面して開くことを規制されていた。ところが、商業の発達にともなって、この「坊」制や「市」制が次第に崩壊し、宋代には都市における自由な商業活動が可能になったとされている。「清明上河図」に見えるような都市内部の景観は、以上のような商業の発達にともなう都市の繁栄を示しているのである。

宋代には、旧来の政治的な性格の強い県城としての都市の変貌と発達が見られる一方、やはり商業の発達にともない新しい商業都市が出現する。唐代までは、商業活動は主として都市内の「市」に制限されていたが、農村部の経済の活性化により都市周辺や村落に、自然発生的に商業取引の場としての集落が出現した。このような集落は、「市」の規制外にあったため「草市《そうし》」と呼ばれた。そしてこうした「草市」集落が発展して都市化したものは「市《し》」や「鎮《ちん》」と呼ばれた。これらは従来の県城とは異なる純粋な小商業都市である。交通の要衝や商業、手工業の盛んな都市は地方の有力都市に成長し、県に昇格するものも現れた。宋代は、このような新興商業都市が多数出現した時代であったのである。

次に時代を溯って、本書の主題である戦国時代の都市とはどのようなものであったのか具体的に見ていこう。

文献に記された古代都市の規模

まず、戦国時代に先立つ、春秋時代の都市はどの程度の大きさであったのであろうか。『左《さ》氏伝《しでん》』隠公《いんこう》元年（前七二二年）に、鄭《てい》の君主の荘公《そうこう》が弟の共叔段《きょうしゅくだん》に京《けい》という都市を与えた時、鄭の大夫の祭仲《さいちゅう》が次のように反対している。

都城が百雉《ち》を過ぎるのは国の害です。先王の制度では、大都は国の三分の一を過ぎず、中は五分の一、小は九分の一となっています。今、京はこの基準に合わず、先王の制度ではありません。

この場合、「都城」とか「大都」と言うのは国都のことではなく国内の地方都市のことであり、「国」の方が国都を指す。諸侯の国都は三百雉とされ、地方都市は百雉以下に抑えるのが理想とされていたのである。また、『公羊伝《くようでん》』定公《ていこう》一二年（前四九八年）には、孔子の次のような言葉がある。

家は甲《よろい》を蔵さないし、邑《ゆう》には百雉の城は無いものだ。

「家」とは臣下の家、「邑」とは臣下が君主から与えられた采邑《さいゆう》のことである。魯《ろ》では、孔子のこの言葉によって、叔孫氏《しゅくそんし》の采邑である郈《こう》と季孫氏《きそんし》の采邑である費《ひ》の城を破壊した。孔子にも、地方都市は先王の制度のごとく百雉を過ぎるべきではないとの認識があったことになる。もちろん、春秋時代には百雉を越える地方都市が出現していたからこそ、それを越えることが問題となるのであるが、理念としてはそれ以下に抑えようとされていた。都市の自由な発展は極力抑えようとされていたのである。

では、百雉の城とはどれだけの規模の城であったのであろうか。上述の『公羊伝』には続けて、「雉とは何か。五板で堵《と》とし、五堵で雉とし、百雉で城とする」とある。何休《かきゅう》の注によると、板は八尺であるので一雉は二百尺、百雉は二万尺になると言う。杉本憲司氏によると、板とは城壁を作る時の版築《はんちく》に用いる板であり、八尺は戦国時代の都市城壁築造に用いられた板の痕の長さと大体一致すると言う（『中国古代を掘る』〔中公新書八一三、一九八六年〕）。そして、一尺＝二二・五センチで計算すると、一雉は四五メートル、百雉は四五〇〇メートルになる。百雉を何休の注に従って周囲の長さとすると、城壁一辺の長さは四分の一の二五雉＝一一二五メートルとなるとしている。城の大きさを雉という単位で表すのは版築の作業量と関係していると考えられる。城壁の全長で総作業量を表したと考えられ、やはり百雉を四周とするのが妥当であろう。そうすると、春秋時代に理念的に考えられていた地方都市の規模の上限は一辺一キロメートル余りであったことになる。

以上は、理念上での規模の限定性であるが、春秋時代以前には都市の規模が拡大しえない現実が存在していた。都市住民の食料は個々の都市で自給されていたと考えられる。支配階層以外の農民も都市の城壁内に居住し、夜明けとともに城門を出て周囲の畑に耕作に赴《おもむ》き、夕方になると城内に帰った。これは治安や防衛上そうせざるをえなかったのであるが、日帰りで耕作できる範囲はどうしても限られてしまう。そうすると、食料生産能力に限界が生じ、都市に許容できる人口も限られてしまうのである。外部からの食料の搬入がない限り、都市は大きくなりようがないのである。

春秋時代に、都市の周囲に広大な山林藪沢《さんりんそうたく》が広がっていたことは、戎《じゅう》や狄《てき》の活動からうかがうことができる。この時代の戎や狄は、後代の西戎、北狄など遊牧を生業とするような漢民族以外の民族を指すのではない。彼らは、農耕に従事する都市の住民ではなく、山林藪沢で狩猟や牧畜を生業としていた人々と考えられている。『春秋《しゅんじゅう》』の経伝《けいでん》や『国語《こくご》』には、このような戎や狄の活動を散見することができる。「皐落《こうらく》の狄」あるいは「東山皐落氏《とうざんこうらくし》」は山西省南部に、「伊雒《いらく》の戎」は河南省の伊水《いすい》と洛水《らくすい》の間に、そして「陸渾《りくこん》の戎」は河南省伊川《いせん》に居住していたとされる。これらの地は周都洛陽に極めて近い地である。また、戎、狄は封建諸国と会盟《かいめい》を行ったり協力関係を結んだりすることがあった。一方、互いに攻撃しあう場合もあり、斉の桓公《かんこう》は北狄を攻撃しているが、一方ほぼ同じ時に狄が邢《けい》や衛《えい》を攻撃し、その国都を占領している。春秋時代には、戎、狄は中国の中心部で盛んに活動し、都市住民と頻繁に接触していたのである。

ところが戦国時代になると、『戦国策《せんごくさく》』趙策三には、趙恵文王《けいぶんおう》三〇年（前二六九年）のこととして、趙の将軍、趙奢《ちょうしゃ》の次のような発言がある。

古《いにしえ》は四海の内は万国に分かれていました。城は大きくても三百丈を過ぎるものは無く、人は多くても三千家を過ぎるものはありませんでした。（中略）今は、千丈の城、万家の邑が互いに望見できる距離にあります。

「古」とはいつ頃のことを指しているか不明であるが、少なくとも趙奢が生きていた戦国時代には、城壁の上あるいは望楼に登れば、隣の都市の城壁を望見できるほど近くに都市が存在していたのである。当時、どれだけの距離であれば隣の都市が望見できたかわからないが、多くの都市がひしめいている様を言っていることは間違いない。

渡辺卓氏は、この文章について先後の文脈から「万家」を「三万家」に改め、「千丈」を四周の長さでなく一辺の長さと理解して、「城壁の一辺が千丈（＝一六六六歩二尺）、その戸数三万程度の大聚落は諸所に見られる」と解釈している（『古代中国思想の研究』創文社、一九七五年）。千丈は二二五〇メートルになる。戦国時代には、四方二キロメートルを越える城壁の中に、一戸五人として計算すると万戸で五万人、三万戸で一五万人の人口が居住する都市がざらに存在していたことになる。

『史記』蘇秦《そしん》列伝には、戦国時代の斉の国都臨淄《りんし》の規模とその繁栄ぶりが記されている。蘇秦は斉に遊説に赴き、宣王《せんおう》に次のように説いている。

> 臨淄の中には七万の人口がいます。わたくしめが窃《ひそ》かに計りますに、戸ごとに三男子を下りませんので三七二十一万となります。遠県からの動員を待たずに臨淄の兵卒はもとからすでに二十一万存在していることになります。臨淄は甚だ富裕で充実しています。その民は竽《う》や瑟《ひつ》、琴《きん》、筑《ちく》などの管弦の演奏、闘鶏やドックレース、博打《ばくち》や蹴鞠《けまり》など遊び興じないものはおりません。臨淄の道路では行き交う車が車軸をぶつけ合い、人は肩を擦《す》れ合い、着物の裾《すそ》がつらなり幔幕《まんまく》のようであり、袂《たもと》を上に挙げると日よけの覆《おお》いのようであり、汗を振るうと雨が降っているようです。家々は繁盛し人々は満ち足り、その意気は昂揚《こうよう》しております。

蘇秦は、反秦同盟を結成するため、斉の富強さを言って斉王を説得しようとしているのであり、この言葉には当然誇張が含まれている。彼は、臨淄のみで二一万の軍隊を動員できると言っているが、一家族で兵役に堪《た》える壮健な男子が三人もいるというのは多すぎる。一戸五人として計算すると、臨淄の人口は三五万人になる。上述の地方都市の規模から考えて、国都として七万戸は遜色《そんしょく》ない人口であろう。都市民の遊興の様や、街路での混雑は、これだけの人口の集住を考えれば、あながち誇張とも言えないではなかろうか。

戦国時代の都市の規模や状況を物語る記録はあまり残されていないが、この時代に都市の発達が見られることは確かであろう。次に、このことを確認するため、近年資料が増加している考古学的な方面から検証しておこう。

古代都市遺跡数と規模の時代的変動

都市遺跡に関する調査報告は、一九八〇年代以後、改革開放の進行とともに急速に増加した。これは開発にともなう調査が増加したことと、省など地域ごとに考古学の雑誌が発刊されるようになり報告例が増加したことによる。かつては、考古学に関する雑誌は、『文物』、『考古』、『考古学報』くらいしかなかった。ところが近年では、河南省では『中原《ちゅうげん》文物』、『華夏《かか》考古』、陝西省では『考古与文物』、『文博』など二種類も出ているところもあり、この他湖北省の『江漢《こうかん》文物』、河北省の『文物春秋』、山西省の『文物季刊』など、多くの省で発行されている。また、八〇年代末ころから、省ごとに遺跡を網羅した総遺跡台帳ともいえる、各省ごとの国家文物局主編『中国文物地図集』の刊行が始まり、都市遺跡の事例は格段に増加することとなった。

戦国時代の都市遺跡に限って言うと、一九六〇年代までは報告例は二〇に達していなかったが、個人的な調査検索によると、一九八九年の段階では一一九例に上り、一九九七年には二〇一例、最近二〇〇五年では三〇七例を確認することができる。

ただし、これら中国側の調査報告の精粗はきわめて大きい。中には、遺跡の所在地のみを記して規模も含めて遺跡の状態を全く記さないものもある。また、規模を記していても、その記載の仕方はまちまちである。一番詳細なのは、都市遺跡のスケール付き実測平面図を掲載し、城壁の形態、内部の遺跡や遺物の分布状態を記したものである。このような平面図は大国の国都の場合に見られ、文革以前から調査や発掘が行われてきた遺跡であり、平面図にいくつかのバージョンが存在する例もある。実測にもとづく平面図のあるものは、それほど多くなく、略図が付されておればよい方である。多くは東西、南北の城壁の長さを記すのみで遺跡の形態が不明である。中には、城壁の周長を記すもの、城壁の記述がなく遺物の散布範囲の面積を記すものなどがある。

規模を比較するには、もちろん城壁で囲われた部分の面積を算出して比較するのが一番正確である。しかし、平面図のある例は限られているので、比較には便宜的な方法を取らざるをえない。そこでここでは、城壁の一辺の長さによって比較する。東西、南北の長さの記述がある場合は、長い方の城壁の長さを採用する。この方法だと、長方形の城壁の場合は規模は過大となるが、過小となるよりはましであろう。また、東西、南北と言っても、都市の城壁の形態は様々で必ずしも直線ではない。報告には一辺の端から端までの直線距離を言う場合と、凹凸のある城壁の長さを積算した場合があると思われるが、確認のしようがない。また、周長を言う場合は、城壁を正方形と仮定して、その四分の一を一辺とする。さらに、遺物の分布面積を言う場合はその平方根を一辺とする。

比較の幅は、一辺一キロメートル未満、一キロメートル以上二キロメートル未満、二キロメートル以上の三段階とする。これだけ幅をもたせておけば、以上のような大まかな規模のデータでも、ある程度の比較の信憑性《しんぴょうせい》を確保できるのではないかと思われる。

もう一つ問題があるのは、都市遺跡の年代の確定である。都市は時代を超えて居住されているのが普通である。そのため時代ごとの規模を確定し、どの時代を中心に発展したかを決定していく必要があるが、現在のところ全時代にわたり遺跡を全面的に発掘した例は一例もない。城壁の年代だけでも確定できればよいが、トレンチを入れて調査された事例は極めて少ない。この場合も、年代のわかる墓葬が切れ込んだり、また墓葬を城壁が破壊しておれば年代を絞り込んでいけるが、これもほとんど例外的な場合である。一般には、城壁に挟《はさ》まっている陶片や瓦片を調べて、その城壁がそれらの遺物より新しいことを推測する程度である。また、城壁を築いた版築層の幅や突き棒の痕跡の直径などによって年代が推定される場合がある。しかし、これもほとんど現地の発掘者の経験よる判断であり、実証的に確立された方法にもとづいて判定されているわけではない。城壁内の遺構の調査、発掘についても実施されている例は少ない。

結局、遺跡の年代は、遺跡内に散布している遺物によって判断されることになる。遺跡内の地表を注意深く観察していくと、陶片や瓦片が散布していることに気づく。運がよければ、金

時代＼一辺	1 km 未満	1 km ～ 2 km	2 km 以上	事例総数
西周春秋都市遺跡	30	7	4	41
戦国都市遺跡	83	54	39	176
秦漢都市遺跡	224	62	12	298

表1　古代都市遺跡規模の時代的変動

属を鋳造した陶製の鋳型《いがた》や砥石《といし》、あるいは鉱滓《こうさい》を発見できるかもしれない。ある時代の遺物がとくに広く散布しておれば、その遺跡はその時代を中心に使用されたと見なすのである。ただし、陶片や瓦片の年代は大まかにしか判定できないため、遺跡の年代もきわめて大まかなものとなる。例えば、瓦片の場合、背面は素面《そめん》、麻点紋《まてんもん》、布目紋《ぬのめもん》などの三種類に分類することができるが、素面は戦国時代以前に見られ、麻点紋は素面より新しく、布目紋は漢代以後にしか見られないとされる。陶片、瓦片は、大きく春秋時代、戦国時代、秦漢時代といった時代ごとの判定は可能であり、遺跡の年代もそれに準じることができるようである。

そこで以下、時代ごとの都市遺跡の数と規模の変動を見ていくことにする。**表1**は、二〇〇五年初までに公刊された考古学関係雑誌、報告書にもとづいて作成したものである。戦国時代のデータは本書巻末資料の「戦国都市遺跡表」にもとづいている。西周春秋と秦漢のデータは、戦国都市遺跡が発見されている省のデータに限定して集計したものである。

西周時代から春秋時代の遺跡数は六一例確認できるが、規模の記載のある例は四一例である。この時代の遺跡数が少ないのは、必ずしも都市が少なかったからではない。古い時代の遺跡は往々にして後代の遺跡に破壊されたりして残存数が少なくなる傾向がある。この時代の遺跡で、一辺一キロメートル以上は一一例、二六・八パーセントで四分の一余りを占めるに過ぎない。そして、文献資料では戦国時代には一般的な大きさとされる二キロメートル以上のものは一割に満たない。

　戦国時代になると事例が増加し三〇七例となる。この中、遺物その他から戦国時代以後に出現したと確認できる遺跡は一七〇例と半数を越える。この時代になると明らかに都市の数が増加しているのである。三〇七例中、規模の確認できる遺跡は一七六例に達する。その中、一キロメートル以上は九三例、五二・八パーセントと半数を越える。二キロメートル以上は約二三パーセントで四分の一近くを占めるが、この中三キロメートル以上が実に二四例に達する。戦国時代になると極端に大きな都市が出現し、とくにいわゆる「七雄」の国都はほとんど四キロメートルを越えている。例えば、初期の魏の国都である49禹王城《うおうじょう》の西城壁は四九八〇メートル、趙の81邯鄲大北城《だいほくじょう》の南北は四八八〇メートル、韓の128鄭韓故城《ていかんこじょう》の東西は五〇〇〇メートル、斉の189臨淄故城の東城壁は五二〇九メートル、楚の203紀南城《きなんじょう》の南城壁は四二〇二メートルと報告されている（以上、都市遺跡の番号は本書巻末資料「戦国都市遺跡表」の番号に対応。以下同）。とりわけ巨大なのは65燕の下都《かと》であり、東西の城壁の長さは九キロメートルを越える。

秦漢時代の事例は四五九例とさらに増えるが、規模が確認できるのは二九八例である。一キロメートル以上は七四例、二四・八パーセントと戦国時代よりかなり減り、とくに二キロメートル以上となると一二例、四パーセントを占めるに過ぎず、極端に減少する。一キロメートル未満の遺跡は、北方辺境地帯の城塞《じょうさい》を多く含み、戦国以前の一般住民を主体とする都市でない場合があるので割り引いて考える必要がある。しかし、全体的に見て、秦漢時代の遺跡の規模は、戦国時代に比して縮小していることは否定できないであろう。

以上により、戦国時代になると遺跡の規模が大きくなり、かつ規模の大きな遺跡が増加するが、秦漢時代になると規模の縮小が起こっていることが分かる。文献史料にうかがわれるとおり、戦国時代を中心に都市が発達したことは間違いないであろう。

戦国時代の都市遺跡

戦国時代の都市の具体的イメージを共有しておくため、ある程度くわしく調査された遺跡について紹介しておきたい。とくに現地で実見した遺跡を中心に紹介する。

斉の国都、189臨淄故城は山東省淄博《しはく》市の東方、辛店《しんてん》の北を通る高速道路からやや北に入ったところにある。長方形に近い大城の西南部に小城がくっつく格好をしている（図3。本節の戦国都市遺跡に関する図版は章末にまとめて掲載した）。大城の方には骨器、銅器、鉄器製作場遺跡や東西、南北の道路の痕跡が何本も確認されている。小城内には、三層の階段状で高さ一四メートルの桓公台《かんこうだい》がある（図4）。このような階段状の土台は建築物の基壇とされている。当時は、二階以上の木造建築物を建築する技術がなく、それぞれの段上に片流れの屋根をさしかけて回廊を造り、最上層の面にだけ一階建ての建物を建て、高層建築物のように見せかけたとされる。このような建築物は台榭《だいしゃ》建築と呼ばれている。漢代でも、長安城の未央宮《びおうきゅう》前殿《ぜんでん》で採用されており、宮殿の所在を示す遺跡である。臨淄故城は商工業者など一般住民が居住する居住区である大城と、王や貴族、官僚の拠る宮殿区である小城から構成されているのである。

現在、この遺跡には斉国故城博物館が設置されていて、故城内や周辺の遺跡から出土した遺物やかつての臨淄の様子を復元したジオラマが展示してある。遺跡内にはいくつか見学できるポイントがある。城内東北隅、河崖頭《かがいとう》村には殉馬坑《じゅんばこう》博物館があり、春秋後期の斉景公《けいこう》の墓に附随した殉葬坑を見ることができる。全体で六〇〇頭以上の馬が殉葬されたと推定されている。古城の城壁部には四つの排水口が発見されているが、大城西壁北部の排水口を見学することができる。排水口は城内の入水部、城壁下の通水部、城外の出水部からなり、切石《きりいし》で堅固に作られている。通水部には石を交互に組み合わせた通水口が設けられ、人が通り抜けられないようになっている（図5）。小城北壁と大城西壁の交わる部分には城壁の接合状態がわかるように発掘した展示施設がある。城壁は大城西壁部の残りがよいようであるが、高さは二メートルほどしか残っていなかった。なお、城内からは製造に係わる印を押した陶器や斉国の貨幣である刀銭を鋳造した陶製鋳型《いがた》も多数発見されており、経済活動の盛んな様をうかがうことができる。

燕の都の遺跡である65燕下都は北京の西南、易県《えきけん》の東南郊にある。方形の東西の二城が繋がった格好をしており（図6）、東西両城を区切る城壁の西側には運河とされる窪地が南北に連なっている（図7）。遺跡や遺物が多いのは東城の方である。東城は南北に城壁で分断されており、南側の広い部分には住居址や鉄器、貨幣製造所遺跡がある。北部には墓地や鉄器、骨器製作場遺跡の他、武陽《ぶよう》台と呼ばれる土台や建築の基礎と思われる版築が認められる。また、北城壁外にも老姆《ろうぼ》台という大きな土台がある。したがって、東城北部が宮殿区で南部が居住区と見なされる。西城内部にはほとんど遺跡が見出されず、全てが居住区であったか疑問視されている。

一九九三年にこの遺跡を見学した時には、東城中央の高陌《こうはく》村東側に燕下都文物保管所があった。保管所長の話では、西城内には比較的墓が多く、城壁が地上にまともに残っているのは西城だけであるとのことであった。西城中部の辛庄頭《しんしょうとう》三〇号墓からは金製品が出土している。西城西南角の南城壁は一部補強を加えて保存してあった（図8）。垂直の横断面には版築の版の幅の長さと、版に縄をかけて固定した痕などがくっきり残っていた。西城壁南端も見たが、五〜六メートルの高さで北に延々と伸びていた（図9）。

河北省平山県《へいざん》の69霊寿《れいじゅ》古城は鮮虞《せんぐ》族の中山国《ちゅうざんこく》の国都である。石家荘《せっかしょうし》市の西北にあり、中山王墓の発見によって注目されるようになった。古城は南に開けた山麓の傾斜地にあり、不整形な円形をしており、南北の城壁で区切られて東城、西城を形成している（図10）。南北の長さは四五〇〇メートルに達する。東城内に陶器、銅器、鉄器、骨器、玉器製作場や貨幣鋳造所の遺跡が確認されている。城内中央部では版築の建築基礎や瓦、磚《せん》などの建築部材も発見されている。この部分の遺跡の中心部には幅一一メートルの道路が東西に貫いており、「市《し》」の遺跡とされている。東城東北部では礎石や石灰面、焼け土、瓦礫《がれき》の堆積が見られ、宮殿建築遺跡ではないかとされている。ただし、階段状土台は未確認である。西城の北部は墓が多く王陵区とされる。一九九三年に西城郊外の中山王墓（図11）を見学したとき城内を通過したが、城壁らしきものはついに確認できなかった。

趙都81邯鄲《かんたん》故城は、戦前から邯鄲市街の西南の位置に趙王城として知られていた（図12）。趙王城は品字形の三つの部分からなり、東西は一二八〇メートルある。西城内には、東西二六四メートル、南北二九六メートル、高さ一六メートルの竜台と呼ばれる高大な階段状土台が残っており、東城内にも北将台、南将台という土台が南北に並んでいる。その後、現在の邯鄲市街に重なるように、巨大な都市遺跡が存在することが明らかになり、大北城《だいほくじょう》と呼ばれている。こちらの南北は四八八〇メートルに達する。城内には、試掘により建築基礎や陶器、鉄器、骨器、石器製作場遺跡が確認されている。これにより、邯鄲故城は居住区である大北城と宮殿区である趙王城からなっていたことが明らかになった。このように宮殿区と居住区が分離している都市遺跡は珍しい。

二〇〇一年に見学した時には、邯鄲市の開発が進み大北城の痕跡は全く残っていなかった。ただし、趙王城は、開発がすぐ近くまで迫り南側には広い道路ができていたが、遺跡は保護されている様子であった。城壁や城門の欠口部も破壊されずに残っている。報告によると、西城南城壁内側に瓦が葺《ふ》かれていたが（図13）、現地ではその痕跡は確認できなかった。城内は耕地があるだけで建築物は一切なかった。竜台に登ったが、上面は広々とした平地で耕地になっていた。上から見た限り西城壁の残りがよさそうであった。

韓の国都、128鄭韓《ていかん》故城は河南省の省都鄭州の南方、新鄭《しんてい》県《けん》にある。形態はいびつな菱形をしており、真ん中の城壁により東城と西城に区画されている（図14）。西城内北部には広く版築基礎が分布し、地下式食料貯蔵庫とされる建物も発見されている。この建物の西側には高さ八メートルの梳妝《そそう》台と呼ばれる土台があり、上部には陶製井戸や排水管が発見されている。また、その南部には東西五〇〇メートル、南北三二〇メートルの城壁に囲まれた長方形の宮城遺跡と考えられる区域も確認されている。西城のこの区域は宮殿区と考えてよいであろう。東城内には、銅器、鉄器、玉器、骨器製作場遺跡が確認されており、近年では貨幣を鋳造した陶《とう》范《はん》や石《せき》范《はん》も発見されている。したがって、東城は居住区と考えられる。

一九九三年に遺跡を訪問した時には、新鄭県の町は至る所で開発が進行中であった。県城内東部の新鄭県文物保管所の資料室の遺物を見学した後、西城の北城壁を見た。この部分の城壁はほぼ完全に残っているが、北に向かう道路によって断ち切られ、城壁の両端に亭のような建物が建てられていた（図15）。この部分は城門とも見なされているようである。このあたりの城壁の高さは三〇メートル、基底部の幅六〇メートル、上部の幅五～六メートルということであった。東西城を分ける城壁と交わる部分の外側には防御用の馬面《ばめん》がはっきりと造り出されていた。東城東部の銅器製作場遺跡は道路工事によって発見されたのとことである。道路によって削り取られた断面は高さ二メートルほどあり、陶片が層をなして堆積していた（図16）。また、地面上にも陶片の他に陶范《とうはん》や砥石《といし》のかけらが散乱していた。道路の南側は平らで、銅兵器が多数発見された白廟范村《はくびょうはんそん》が望見できたが、道路事情が悪くたどり着くことはできなかった。

以上はみな国都の遺跡であるが、地方都市の遺跡も紹介しておく。一九九三年には河南省の温県《おんけん》にある95州城遺跡を見学した。この遺跡は春秋時代末の温県盟書《めいしょ》が出土（図17）したことで名が知られている。戦国時代には韓の都市であった。東西一六八〇メートル、南北一七八〇メートルのほぼ方形の遺跡とされるが、城壁は東北角と東南角、東壁のほんの一部が残っているだけであった（図18）。東南角は』形に残り、高さは五～七メートルあったが、農家の敷地内になっており上部はレンガ窯に利用されていた（図19）。城内の調査は全く行われていない様子で、城壁も農民の土取り等でそのうち消滅するのではないかと思われた。同じ年に、山西省太原《たいげん》市の西南にある趙の17晋陽《しんよう》故城を見学した。報告書には城壁が残っていると記載されていたが発見できなかった。南城角村で村民から城壁の跡という場所を示されたが、幅一〇メートル、高さ一メートルの盛り土の上に農家が建っていた。地方都市の遺跡は、このように十分調査が行われないうちに破壊されていくものが多いのではないかと思われる。

　最近二〇〇四年、浙江《せっこう》省安吉《あんきつ》県で225安吉古城を見学する機会があった。南方地域で戦国時代の都市遺跡がほぼ完全な形で確認される例はきわめて珍しい。この遺跡は春秋後期から西晋《せいしん》時期まで居住されたとされるが、戦国期の遺物の散布が最も多い。航空写真によるとほぼ方形をしており、東西六五〇メートル、南北五五〇メートルということである（図20）。東城壁の底辺は二五メートル、上の幅は六メートルとされ、高さは三メートルといったところである（図21）。城壁外側の水田には堀の痕跡も認められた。城内中央部二箇所の村落部分は少し高台になっており、瓦当《がとう》が発見されている。このあたりに官署があった可能性がある。航空写真によって、古城の西南角外と東南角外に方形の遺構が見られるとされ、一種の防御施設ではないかと思われる。例えば、甘粛《かんしゅく》省寧県《ねいけん》で発見された戦国の古城遺跡（『考古与文物』一九九八年四期）や、降って明清時代の大同城《だいどう》（山西省大同市）にもこのような防護施設がみとめられる。城外には春秋時代から漢代の墓葬が多数確認されており、かなりの大墓もあってこの都市が各時代において重要な存在であったことが推定される。

戦国都市遺跡平面図・写真（図3～図21）

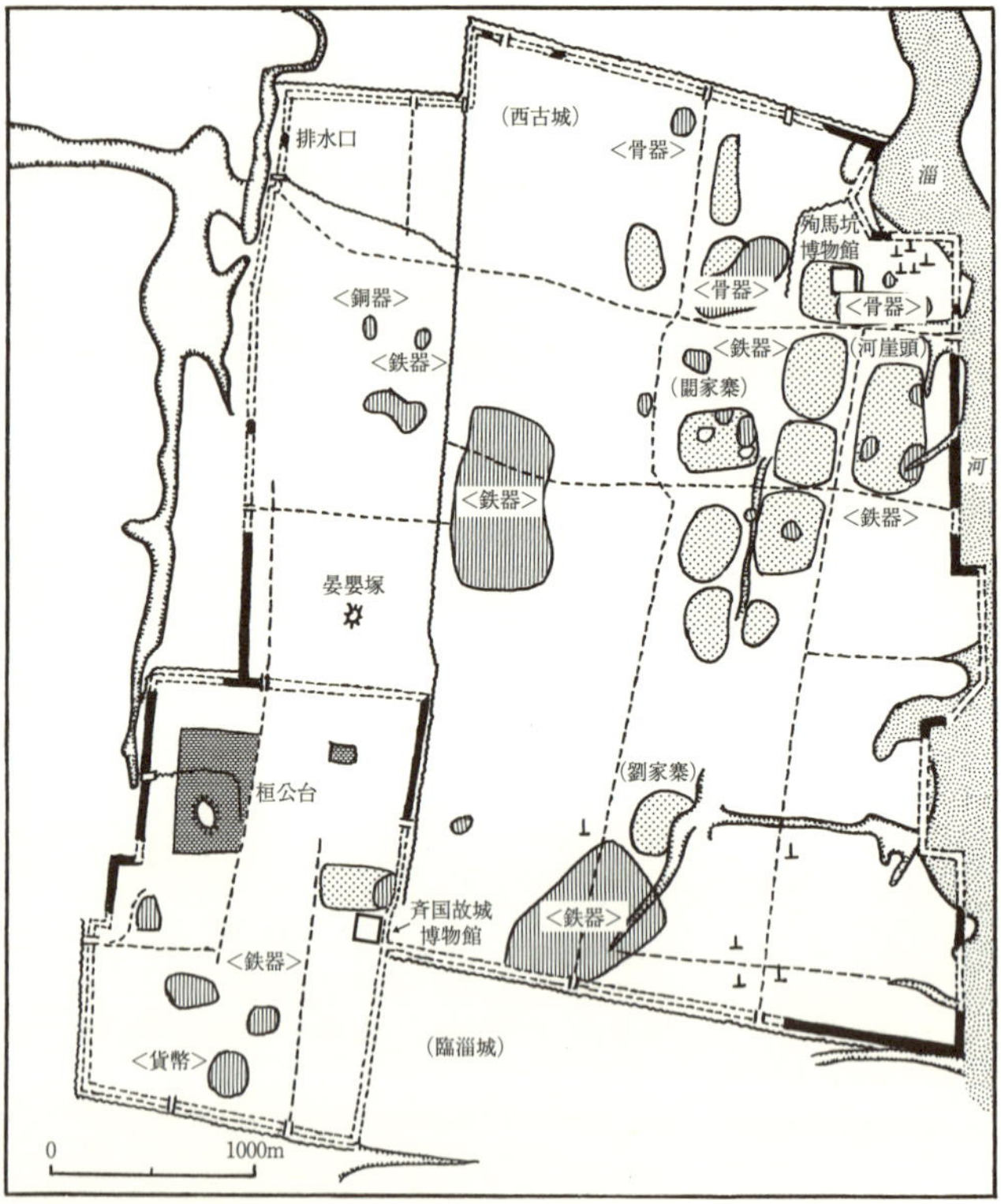

図３　臨淄故城平面図

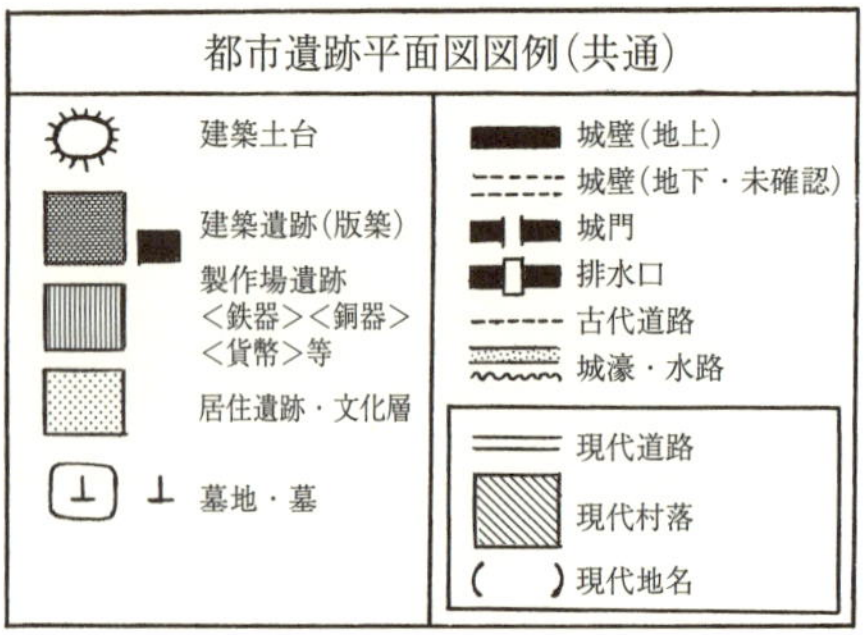

図４　臨淄故城桓公台

図５　臨淄故城排水口の通水部

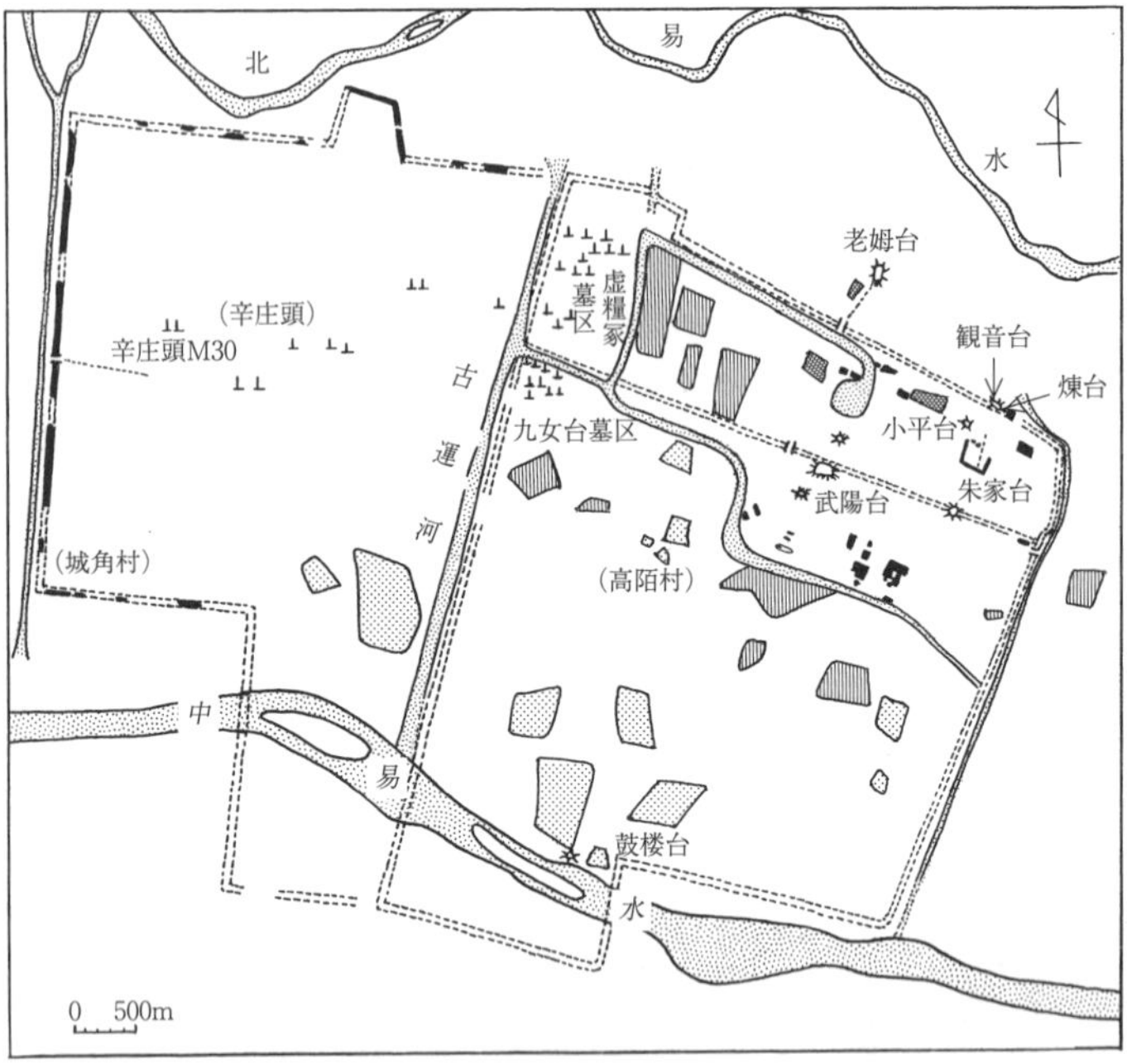

図6　燕下都平面図

図7　燕下都古運河跡（右側が中央城壁。左側の平地が古運河跡）

図8　燕下都西城西南角南壁
▶全体　▼部分（版築の幅と、版に縄をかけて固定した痕がわかる）

図9　燕下都西城壁南端

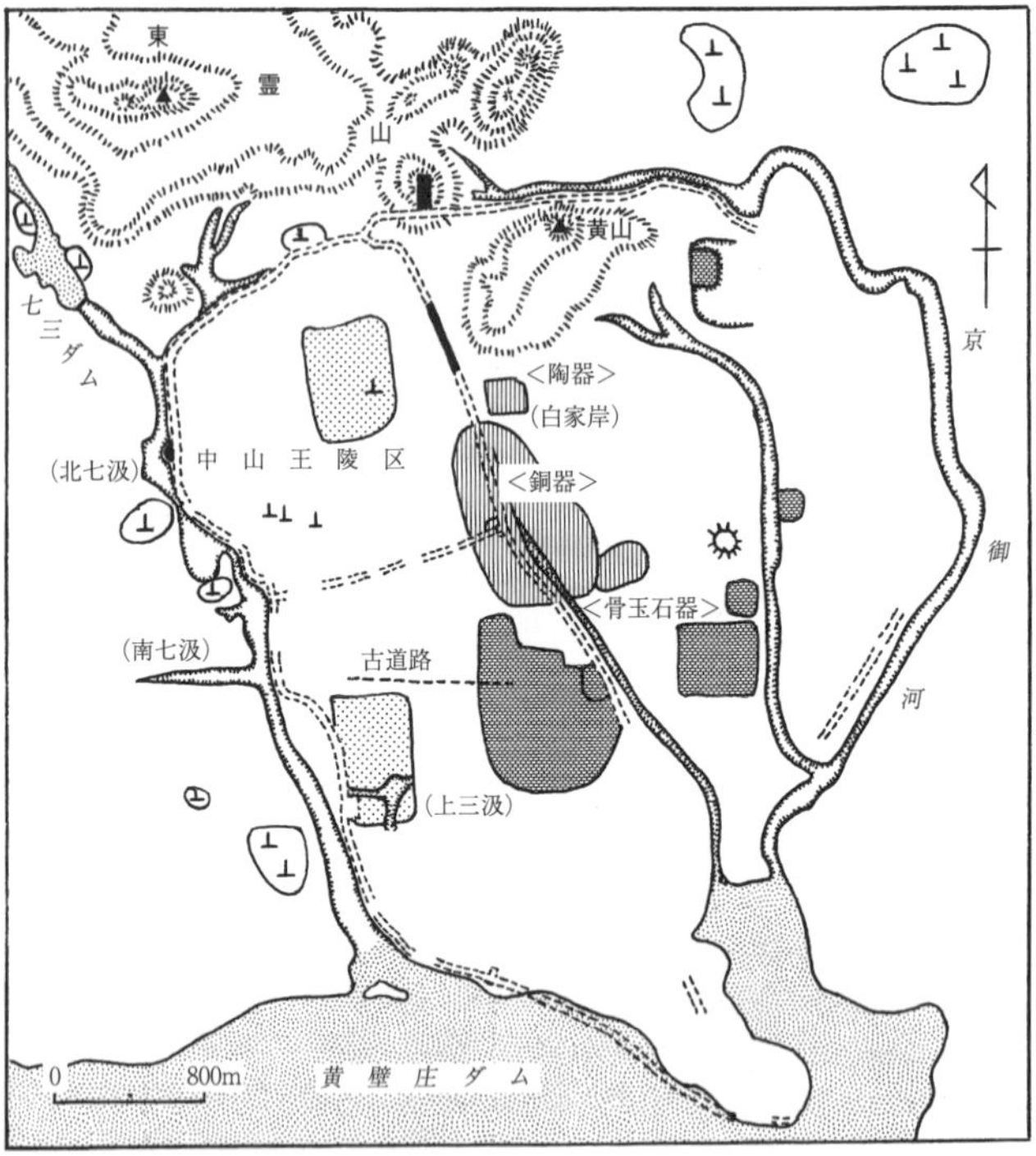

図10 霊寿古城平面図

図11 中山王墓

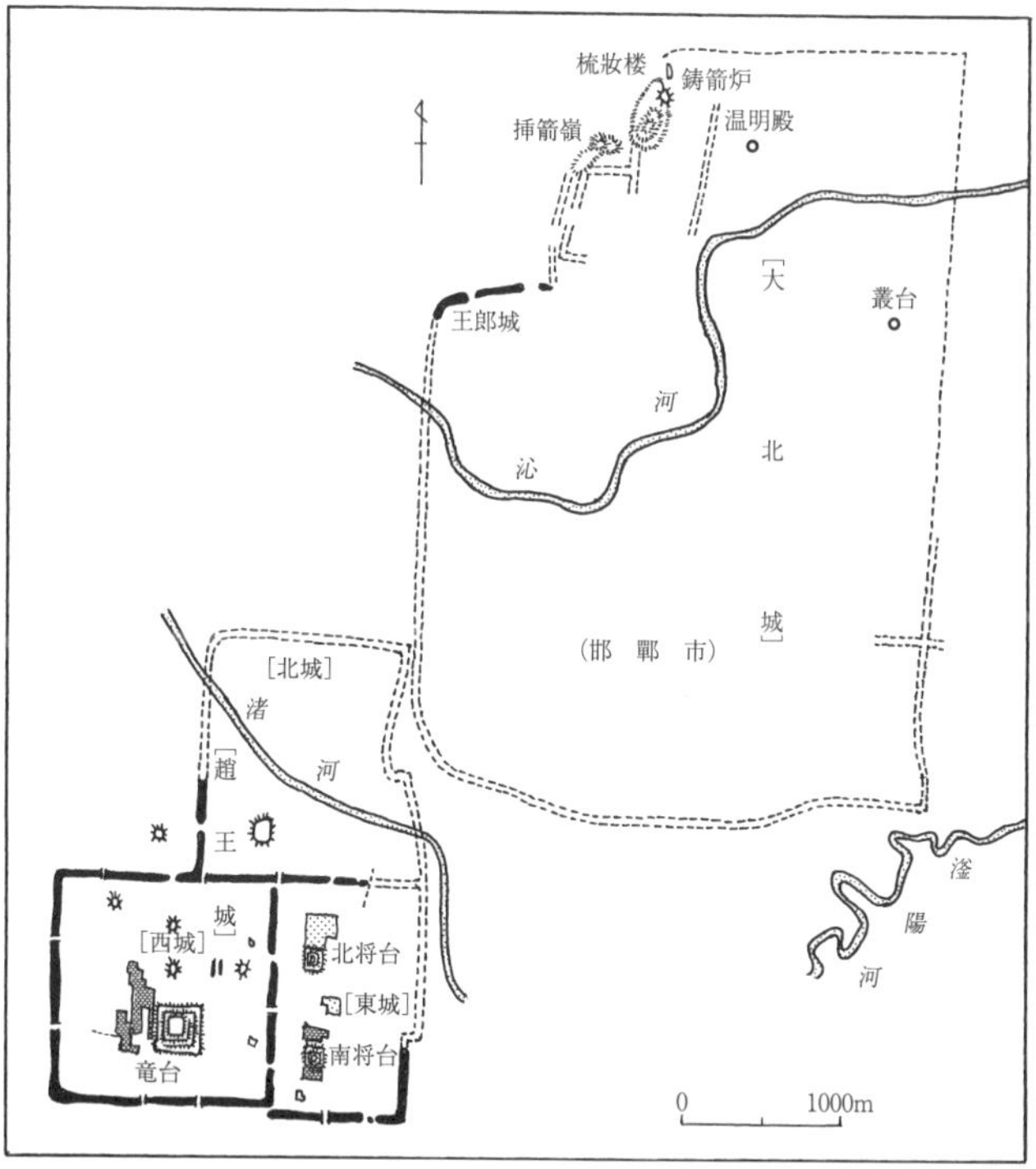

図12　邯鄲故城平面図

図13　邯鄲趙王城西城南城壁の葺瓦

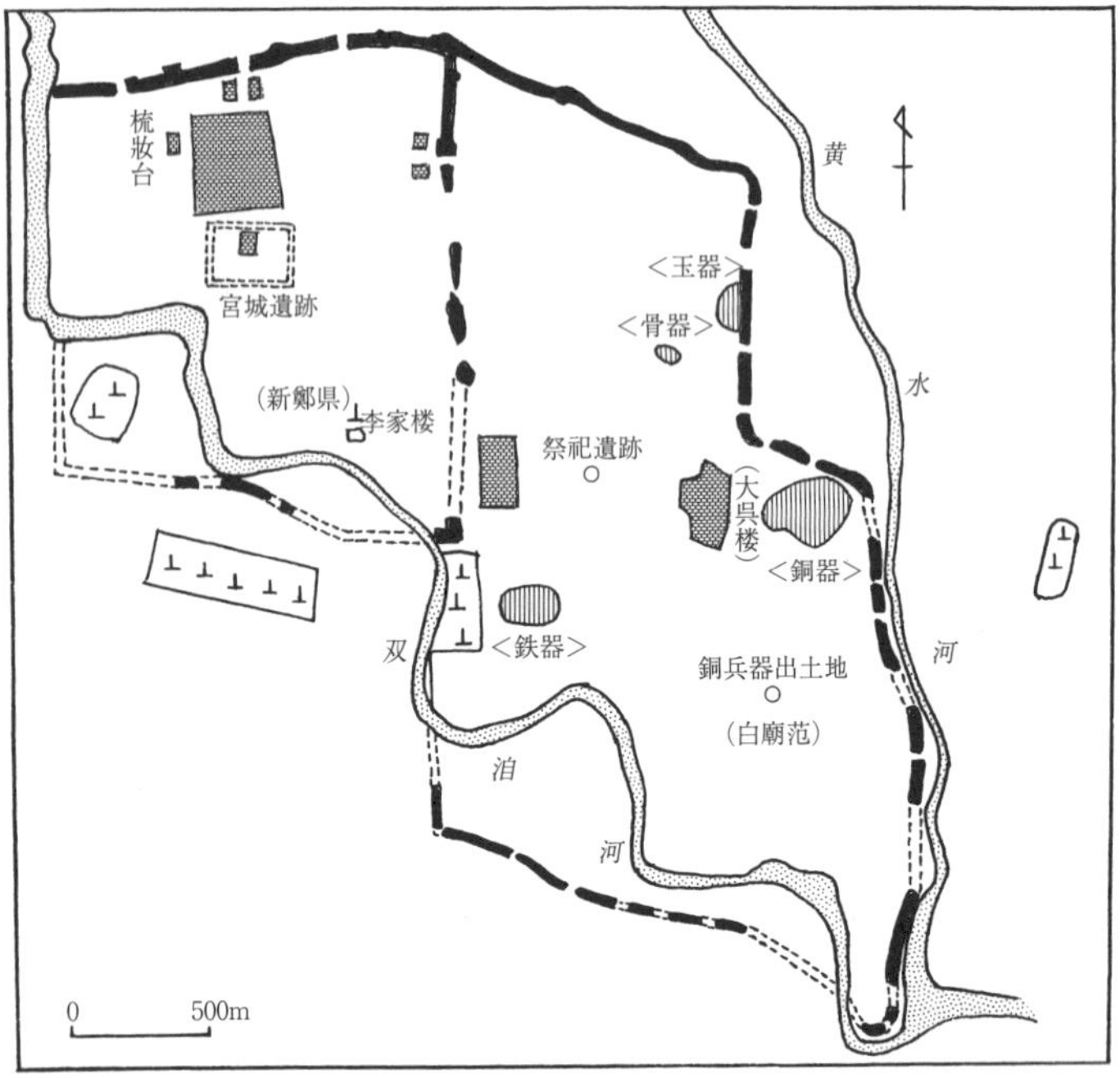

図14　鄭韓故城平面図

図15　鄭韓故城西城北城壁（南から北を望む）

▲図 16　鄭韓故城東城銅器製作場遺跡
（左側崖部が銅器製作場遺跡）

▼図 17　温県盟書出土地
（中央の建物が配電所。その右側の豚小屋あたりから盟書が出土した）

▶図 18　温県州城遺跡概念図

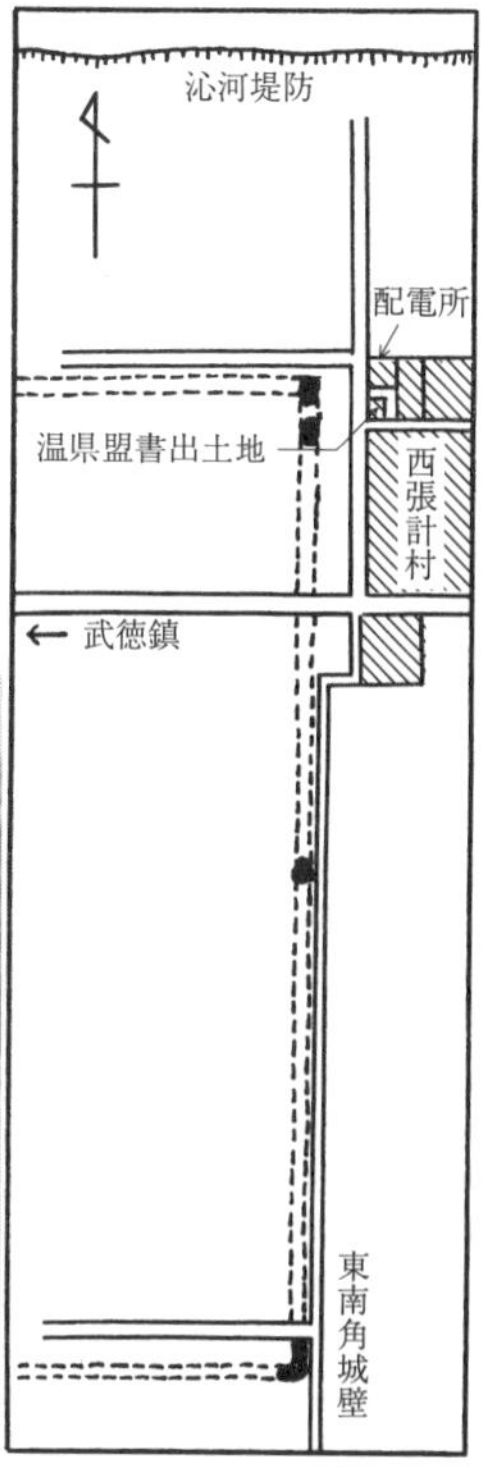

図19　温県州城遺跡東南角城壁

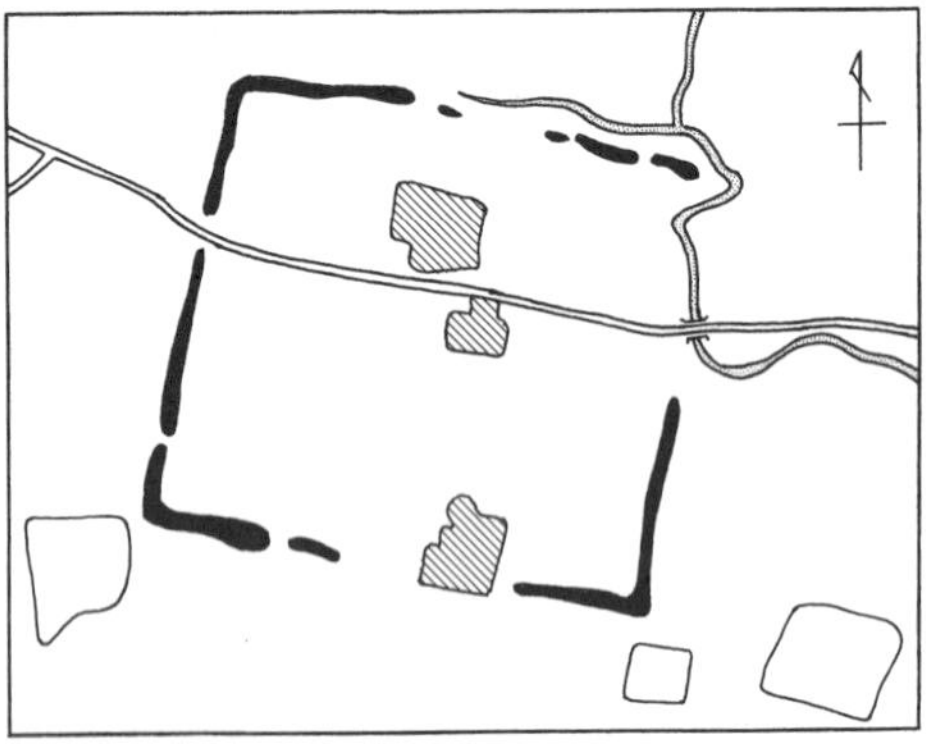

図20　安吉古城平面図

図21　安吉古城東城壁（北から南を望む）

第二章　都市発達に関する二つの見方

経済都市——宇都宮清吉説

戦国時代において、都市が前後の時代に比べてとりわけ発達したことについて、現在否定する研究者はだれもいない。しかし、戦国時代の都市がどのような性格の都市であり、どのような要因によって発達したのかについては意見が分かれている。

まず、一般的な説は、戦国時代の都市は、近現代や宋代の都市と同じく、経済的な要因によって発達した経済的な都市、すなわち交易によって栄えたいわゆる商工業都市であったとする考えである。日本では、このような説をとなえる研究者は早くから存在したが、史料的根拠にもとづいて具体的に立証しようとしたのは宇都宮清吉《うつのみやきよし》氏である。

宇都宮氏は、論文「西漢時代の都市」（『東洋史研究』第一一—四、一九五一年。『漢代社会経

済史研究』〈弘文堂、一九五五年〉所収）の中で概略以下のように述べている（ルビ、（ ）内は本書著者による。以下同）。

『荀子《じゅんし》』の記述によると、前四世紀ごろから前三世紀の末にかけて、中国の領域内で統一的秩序ある世界経済圏が成立していたことがうかがわれる。このような世界経済圏を成立せしめる要因として、共通貨幣としての黄金の使用と世界交通路の成立があった。黄金が流通貨幣として用いられていたことは、『戦国策』、『管子《かんし》』、『韓非子《かんぴし》』、『史記』などに例が見出される。前四、三世紀には大量の取引には主として黄金が用いられ、銅銭が一般に用いられるようになるのは前三世紀末以後である。

交通路の成立については、すでに岡崎文夫氏が前四、三世紀に南北交通の大幹線として、滎陽《けいよう》―開封《かいほう》―寿春《じゅしゅん》のラインの水路が開かれていたことを述べている。また蒙文通《もうぶんつう》氏も、東西の大幹線として渭水《いすい》―黄河―済水《せいすい》を連ねる水路があり、南北の大幹線として済水、泗《し》水《すい》、淮水《わいすい》から揚子江に至る水路があり、この二大幹線の交わる陶《とう》（山東省定陶市）が世界的に栄えたとしている。黄河は南北交通上の北段の重要水路であり、衛（河南省濮陽《ぼくよう》市）はカナメの地点であった。この時期、陶と衛は南北に相対して位置する世界的大都市であったのである。

宇都宮氏は、戦国時代の都市も近代都市と同様に、交通の要地に交易に依拠して発達したと考えているのである。氏はこのような形勢は、前二、一世紀の漢代になってもますます盛んになったする。『塩鉄論《えんてつろん》』の記載にもとづいて、当時繁栄した都市は交通幹線にそって布置しているとし、商業的な性格を持った都市であったことを強調する。とくに、前漢時代の大都市は華北でも東方の交通線上に集中しており、この地域は産業と人口と文化の点で第一流の地帯をなしていたとも述べている。

宇都宮氏は都市の人口についても言及している。牧野巽《たつみ》氏の研究をふまえて、全人口に対する都市人口の割合を推定しているのである。

牧野氏の利用した史料は、『漢書《かんじょ》』食貨志《しょくかし》上に見える李悝《りかい》の言説である。戦国時代前期、李悝は魏の文侯《ぶんこう》のために国政改革を進めたが、その政策は「法経《ほうけい》」の制定や「地力を尽くすの教え」、「平糴法《へいてきほう》」などとして知られている。李悝は政策を実行する上で基礎となる農民の経済状況を以下のように述べている。

今、農民一人が五人家族で百畝《ぼ》の土地を耕作しているとする。年に一畝あたり粟一石《ぞくこく》半の収穫とすると全収穫量は百五十石となる。十分の一の税としての十五石を差し引くと百三十五石残る。一人月一石半食べるとして、五人で一年では粟九十石となり、残りは四十五石である。一石の値段を三十銭で計算すると、残りの粟の値段は千三百五十銭となる。春秋の祭祀に用いる費用三百銭を差し引くと、残りは千五十銭である。衣服の費用は一人おおむね三百銭であるから、五人で一年分千五百銭が必要となる。これでは四百五十銭足りなくなる。

牧野氏は、以上の記述に見える食料の全収穫量と食料消費量の比率とから戦国時代の人口比率を推定している。すなわち、一人の農民が消費する食料は九〇石であるが、これは全収穫量一五〇石の十分の六にあたる。これが全人口に対する農民人口の割合に対応し、残りがそれ以外の人口の割合になる。農民人口とそれ以外の人口との比は六対四となるとするのである。

宇都宮氏は、李悝の言説は当時のものかどうか疑問であるが、少なくとも前三世紀には存在したとみなす。そして、非農民人口としては、官僚その他の政府要員、その家族と使用人、軍隊、商工人、さらにその家族および使用人が考えられるとする。このうち、官僚その他と軍隊は田租《でんそ》（十分の一税）として納められる一五石分、一〇分の一の穀物を食料とする。したがって、これらの人口は全人口の一〇分の一と考えてよい。そうすると、残りの売り出し分四五石分、一〇分の三の食料は官僚、軍隊以外の分であり、純粋な都市住民の割合を示すことになる。氏は、前三世紀から前二、一世紀の社会では、農村人口の都市人口に対する比は六対三くらいであったと結論づけている。

ここで注目されるのは、宇都宮氏が純粋都市人口として商工人とその家族、使用人を想定している点である。都市住民には農民は含まれていないのである。これは、戦国時代から漢代にかけて繁栄した都市は、経済的な要因によって発達した商業都市と考えていることと対応している。一般に農業を主体とする前近代において、このように商工業者を中心とする都市人口が全人口の三割を占めていたすると、かなり高い比率ということになろう。

中国の研究者の見解

中国の研究者も、戦国時代に繁栄した都市は宇都宮氏と同様、ほとんどが経済的要因によって発達した商工業都市であったとするのが一般的である。楊寛《ようかん》氏の『戦国史』(上海人民出版社、旧版一九五五年、新版一九八〇年）は、戦国時代を理解する上で基本となる教科書的書物であるが、都市に対する見方は宇都宮氏とほとんど同じである。

楊寛氏によると、戦国時代になっても城は封建統治階級の堡塁《ほるい》であるが、商品経済の発展により「市《し》」がすでに城の主要な部分となっているとする。春秋戦国の間には、農業と手工業生産の発展や、商品経済の発展により都市も発展を始め、黄河流域や長江《ちょうこう》（揚子江《ようすこう》）流域において大商業都市が興起した。そして、『塩鉄論』通有篇では、燕の涿《たく》と薊《けい》、趙の邯鄲、魏の温と軹《し》、韓の滎陽《けいよう》、斉の臨淄、楚の宛《えん》と陳、鄭の陽翟《ようてき》、三川の二周（洛陽と鞏《きょう》）などを富裕な「天下の名都」として挙げているが、これらは戦国時代に興起した重要な都市である。また、とくに宋の陶邑《とうゆう》は重要で、中原地域の交通の中心に位置して手工業、商業ともに発達し人口も多かった。さらに、衛の都の濮陽《ぼくよう》も同様に繁栄した都市で、当時の人々は常に「陶、衛」と併称していたとし、宇都宮氏と同様のとらえ方をしている。この他、洛陽や陽翟も商業が発達した都市としており、戦国時代の都市の商業都市としての性格を強調している。

中国の研究者は、その後も基本的に楊寛氏の考え方を継承している。例えば、張鴻雁《ちょうこうがん》「論戦国城市的発展」（『遼寧《りょうねい》大学学報（哲学・社会科学版）』一九八二年六期）も、楊寛氏と同様に、戦国時代以後、市場の設置により、一定程度に発達した民間商工業が都市の経済生活内にすでに主要な位置を占めるようになったとする。そして、王城、侯国の都城、水陸交通の要道の都市や規模の大きい采邑《さいゆう》、そして大部分の新興の郡県治所の都市は、大体商工業都市ということができるとしている。加えて、戦国時代には商工業人口はすでに都市人口の多数をなしており、『管子』に見える「郭民《かくみん》」による商品作物の生産は都市経済の成熟を示しているとも述べている。

さらに張氏は、戦国時代の都市人口の総人口に占める割合を推測している。まず、総人口であるが、『通典《つてん》』は一〇〇〇余万としているが、張氏は梁啓超《りょうけいちょう》の推定二〇〇〇余万を採用している。梁啓超は「中国史上人口之統計」（『飲冰室文集《いんぴょうしつぶんしゅう》』一〇所収）の中で、蘇秦《そしん》、張儀《ちょうぎ》の言説をもとに秦、趙、斉、楚の一等国の兵力は一〇〇万、魏、韓、燕の二等国は六〇万とし、これら七雄の兵力は合わせて七〇〇万前後とする。そして臨淄の例にもとづいて一戸で三人の兵隊を出すとすると七国の総戸数は二五〇余万戸となる。孟子《もうし》の言によって一戸八人で計算すると二五〇余万戸は二〇〇〇余万人となるとしているのである。

そこで張氏は、仮に臨淄の人口を七万戸の半分として、毎戸八口で計算して二〇余万人とする。全国の主要都市は六〇余あるが、最少でも七つの都市（七雄都城を指す）がこれに匹敵する人口を擁《よう》し、二〇万人がこうした一流都市に居住していた。一方、「万家の邑」が中等の都市にあたり、全国の約五〇余万戸がそこに居住していた。結局、合計すると全国で約四〇〇万人が都市に居住していたことになる。しかし、斉国だけでも一二〇城、あるいは七二城あったから、以上の一連の数字はきわめて控え目な数字である。ともかく、戦国時代には全人口比から見ると約二〇パーセントの人が都市に居住していたことになる。

そして張氏は、この数字の意味についても言及している。ソビエト連邦の学者は宋代の都市人口は二五パーセントとしている。また、ヨーロッパの一一世紀、商工業が比較的発達したイギリスではたったの五パーセントの都市人口に過ぎなかった。このことから、戦国時代には、当時の生産力の発展の状況のもとで、いかに人口が急速に増加し、都市が発展したかがわかるとしている。

もう一つ、中国の研究者の戦国都市に対する見解を代表するものとして、兪偉超《ゆいちょう》氏の論文「中国古代都城規画的発展階段性―為中国考古学会第五次年会而作―」(『文物』一九八五年二期)を紹介しておく。

兪偉超氏によると、遅くとも前六世紀には黄河流域から長江流域に至るまですでに鉄器時代に入っているとする。その結果、農業と手工業がすみやかに発展し、あわせて両者の分業関係を急激に拡大させ、引き続いて商品と貨幣の関係の迅速な発展が引き起こされた。そして、この農業、手工業、商業の新しい発展といっそうの分業化は、各地でぞくぞくと新しい都市の形成をもたらし、このような都市の大量の興起はまた商品と貨幣の関係と手工業の発展を促進させた。兪氏も経済の発展が新しい都市の発達をもたらしたと考えているのである。

兪氏もまた、張鴻雁氏とは別の方向から戦国時代の都市人口の割合を推測している。楊守敬《ようしゅけい》は『秦郡県図序』の中で、秦代の全国の県城数を八百から九百としているが、戦国時の県城の総数もそれほど変わらないはずである。『後漢書《ごかんじょ》』郡国志一の注に引かれている晋の皇甫謐《こうほひつ》『帝王世紀《ていおうせいき》』の説によると、戦国中期の人口総数は約一〇〇〇余万人である。当時、列国の都城のうち同時並存で最大のものは七つあり、やや小さいものがいくつかあった。最も繁華な斉都臨淄の人口は三、四〇万に達したから、すべての都城の人口総数は二〇〇万前後となるはずである。列国にはまた合わせて三、四〇の郡府があったが、各郡府の平均人口は数万を下らなかったはずである。その他、各県城の人口の平均数は少なくとも数千単位であったであろう。以上を合計すると、あるいは全国の人口の三分の一以上が都市に集中していたかも知れないとする。この数字は、張氏の推定よりかなり高くなっている。そして、兪氏は最後に、人口が都市に集中した割合は、戦国から漢代まで、少なくとも前漢時代までにおいて、中国の歴史上まれに見るものであったとしている。

ちなみに、現代の総人口に対する都市人口の比率は、二〇〇二年末の時点で三三・七パーセントである。

政治・軍事都市──宮崎市定説

上記の宇都宮氏の論文が出されるとまもなく、宮崎市定《いちさだ》氏が根本的な部分で異議をとなえた。それが、論文「戦国時代の都市」(『東方学会創立十五周年記念東方学論集』一九六二年。『アジア史論考（中）』〔朝日新聞社、一九七四年〕、『宮崎市定全集3　古代』〔岩波書店、一九九一年〕などに所収）である。ここで宮崎氏は、中国古代の城郭都市の本質は農業都市であり、その自給自足性は甚だ高度であったに違いないとする。そして、社会自体は全般的には商業化しておらず、国内マーケットも甚だ未発達であったが、それにもかかわらず大都市の市場や商業の未曾有の繁栄が記録されているのは、次のような理由によるとしている。

戦国時代における大都市の発達は、純粋に経済的な原因によるものではなく、最も多く政治的、或いは軍事的な理由による繁栄であった。併《しか》し如何なる理由にもせよ、富力が大都市中に蓄積されると、今度はそれが経済力として働いて商工業の発展を促し、大都市をして同時に経済の中心たらしめる結果を招くようになる。だから結果から見れば非常によく似通《にかよ》った現象を呈するが、戦国時代の大都市の性格は、千余年後の宋代の都市が多分に自然発生的な、純粋な経済力の発達の結果成立したのと比べて、大分に大きな逕庭《けいてい》がそこに存在するのである。

宮崎氏は、戦国時代の大都市の発達は、内在的、自生的な経済的要因によるのではなく、政治的、軍事的な要因によって外在的に発達させられたのであり、大都市の商工業的な側面は二次的な結果に過ぎないとみなしているのである。

宮崎氏はしかし、このような大都市は一般的ではなく、むしろ例外的な存在であったとしている。すなわち、前章で挙げた『史記』蘇秦列伝の記す斉都臨淄のように、七万戸の大軍事都市の出現は驚くべきことであるが、このような大都市がぞくぞく出現したわけではない。『史記』趙世家《ちょうせいか》には「万戸の都三を以て太守を封《ほう》じ、千戸の都三を以て県令を封ず」とあるように、戦国時代を通じ一流都市で万戸、二流都市で千戸と数えるのが常識であった。そして邑《ゆう》と称せられる都市はもっと小さく、『史記』周本紀《しゅうほんぎ》に西周君が秦に献上した邑について「邑三十六、口三万」とあるように、一邑の平均人口は一〇〇〇人たらずで、戸数はせいぜい二〇〇ないし三〇〇しかなかったとしている。

また、国都が専制君主の権力の根源地として、全領土の経済力や武力が集中されたのに対して、一般の都市がいかに弱小であったかも強調している。斉は湣王《びんおう》の時、燕に簡単に奪われた七〇余城がまた簡単に復帰して斉の領土となったことを例に挙げ、次のように述べている。

斉の領土の七十余城というものは全くあれども無きが如く、ただ大勢に順応して去就を定めるのみで、それ自身何等の独立性を有しないように見えるが、事実においてそれは人口も少なく、富力も貧弱で、軍隊もおかれぬ単なる農業都市で、甚だ無力な存在であったのであろう。

そして最後に、戦国時代の都市の性格について次のようにまとめている。

戦国時代に中国の都市と商業は著しい発達を遂げたが、それは一面甚だ人為的且つ不自然な、またアンバランスなものであった。それは主として政治的な中央集権政策の強行によって生じたもので、首都もしくは一、二の重要な軍事都市に限られており、大多数の地方都市は依然として、むしろ微力な農業都市に止まっていた。この形勢は漢初まで続くのであって、史記貨殖《かしょく》列伝に列挙するような都会、或いは通邑大都は、そこに名が出ている限りのもので、極めて例外的な存在でしかなかった。

宮崎氏は、戦国時代の巨大都市の出現は強力な専制権力によってもたらされた例外的なもので、宇都宮氏の言うように経済の発展にしたがって自然発生的に出現したものではないとするのである。

その後の日本の研究者の見解

宮崎氏の説が出されると、伊藤道治《みちはる》氏が「先秦時代の都市」（『研究』三〇、一九六三年）という論文ですぐさま考古学的材料によって補強した。

伊藤氏は、先秦時代の都市遺跡一五カ所について検討し、これらの都市が春秋時代以後に建設されたこと、そして前漢末、後漢初期には荒廃したものが多いことを明らかにした。すなわち、最も変動の激しい春秋戦国時代に建設され、秦漢の統一により安定が到来するとともに衰退したとするのである。戦国時代に巨大な規模を誇った臨淄故城、芮城《ぜいじょう》の魏城、安邑《あんゆう》古城、洛陽東周王城などは、戦国末から漢代にかけてみな縮小されているのである。

そして伊藤氏は、なぜ縮小されたかその原因を探るため城内の家屋の密集状況について検討している。洛陽王城の内部は、東西に貫く中州路《ちゅうしゅうろ》建設にともなう発掘によって、かなり広い範囲で様子がわかるようになった。発掘報告によると、王城内の中心部は墓葬も少なく建築群の存在が認められる。しかし、その東西両側には同時代の墓が多数発見された。このことから、王城の城郭内中央部一キロメートルの地区は居住区であったが、その周囲の城郭内には墓地を含むかなりの空き地が存在していたことになる。

また、燕の下都は群を抜いた大きさであるが、これは北方遊牧民に対抗するために軍事上の必要から、巨大な城壁で広い土地を囲い込んだものと考えられる。東城の東部、東南部ではあまり遺跡が発見されていないことから、かなりの空き地が残されていたようである。西城の役割については、運河を保護し東城の防御を確実にし、農耕地と農民をあわせて保護するために後から築かれたものと思われる。そして、「負郭《ふかく》の田《でん》」というのも、外郭内のこうした耕地ではないかとしている。

伊藤氏はまた、家屋の面積から都市内の戸口の密度を推測している。都市遺跡の面積と戸数から、一戸当たりの面積を計算すると、臨淄では約一八〇平方メートル、孟嘗君《もうしょうくん》の薛城《せつじょう》では一六八平方メートルとなる。民家の占める面積をその半分とすると、それぞれ九〇平方メートル、八四平方メートルとなる。しかし、現実の住居址の面積を見てみると、侯馬《こうば》の東周住居址は約一〇・五平方メートル、河南県城の前漢住居址は二一・八平方メートルでかなり小さい。臨淄などは密度が高い方としても、一般の都市の戸口の密度は高くはなかったとしている。また、臨淄にしても計算上の面積は実際の都市よりも相当広く、かなりの余地を残したものではないかとしている。

要するに伊藤氏は、戦国時代の都市の内部は空き地が多く、現在の都市の商工業区域のように、家屋の密集しているような地域ではなかったとするのである。そして、戦国末から漢代にかけて都市が縮小されるのは、それが自然成長の形で成立したものでないことを示しており、宮崎氏が指摘したとおりであるとし、次のように述べている。

これらの都市が、本来工業的に独自の基盤と活動をもつ都市であれば、経済的に発展する戦国から漢代にかけての期間に、急に衰微することはなかったであろう。こうした大都市が政治的な要因で衰微するということは、逆にその発達は多分に政治的なものが要因となっていたことによるのであり、しかもそれによって栄えた産業が商業を中心としていたために、一旦政治的な要因がとり除かれると、急に衰微することになったものと考えられる。或いは衰微という表現を不適当とするならば、少なくとも本来必要以上に拡大されていた城郭が縮小されて、当時における都市としての本来の大きさに回復したと言うことが出来る。

伊藤氏によると、戦国時代の大都市は一種の水膨《みずぶく》れ状態にあったことになり、秦漢の統一とともに軍事的な要因がなくなり、また国都が地方都市化するなど政治的な要因が取り除かれると、本来の経済的実力に見合った大きさにもどったということになる。

このように、宮崎説は考古学的に補強されることによって、その後一般に日本の研究者に受け入れられることになり、宇都宮説はほとんどかえりみられなくなった。しかし、それにはもう一つ別のところに理由があったからだと考えられる。

戦後、日本における中国古代史研究の最大の課題は中央集権的専制支配体制の解明であった。「はじめに」で述べたように、秦漢帝国の成立以来、清朝の滅亡まで継続するこのような体制がいかにして形成され、それは如何なる構造を有していたのかということが、中国史の本質を解明する最重要課題とされたのである。

戦国時代は、まさにこの中央集権的専制権力が形成される時代と位置づけられ研究が進められてきた。宮崎説は、戦国時代の都市はこの専制権力により発達させられたものとしており、都市の発達と専制権力の形成の関係は矛盾なく説明ができるのである。これに対して、宇都宮説は、経済的な発展が都市の発達をもたらしたとしており、これは明らかに専制支配体制の形成と矛盾する。世界史的に見て、都市民の経済的実力によって発達した経済都市は独立性を強めていくのが通常である。ルネサンス期のイタリア諸都市や、ドイツのハンザ同盟都市などは、周知のように自治権を獲得し都市民によって運営されていた。一方、専制支配体制は都市など地方を中央集権的に支配し、独立性を認めない体制であるのである。

戦国時代の都市も、都市民の経済力によって自然に発達した経済都市であるならば、専制支配と相容れない存在であり、むしろ専制権力の形成を阻害したはずである。しかし、現実には戦国時代を経て、秦漢帝国という強力な中央集権的専制支配体制が確立されたのである。宇都宮説は、この戦国時代から秦漢時代にかけての大きな歴史の流れを説明することができないのである。宇都宮説が日本の学界でかえりみられなくなった最大の理由はここにあるであろう。

一方、中国の研究者において、その後も宇都宮説のように経済的要因を重視する考え方が行われているのは、中国史に中央集権的専制支配の要素を重視しない傾向があるからと考えられる。マルクス主義の立場からすると、専制支配体制の強調は中国の歴史の停滞性を強調することになるからである。歴史を経済の発展としてとらえる立場からすれば、経済にもとづく都市の発展は歴史の発展でもあるのである。

第三章　都市発達の地域的片寄り

都市遺跡の分布

前章では、戦国時代の都市発達の要因に関して、相対立する見方が存在することを示した。日本の研究者間では宮崎説が優勢であるが、必ずしも決着がついているわけではない。宇都宮説や中国の研究者の見解のように、経済的な要因によって都市が発達したとする見方は、はたして根拠のないものなのであろうか。言い換えれば、すべての都市が専制権力によって外在的に発達させせられたのであろうか。国都や軍事的な大都市はそのように考えられても、戦国時代に新たに増加すると考えられる中小の都市はどのような要因によって発達したのであろうか。

従来、資料的な限界から都市発達は地域的な視点から十分には検討されてこなかった。宇都宮氏が東方の交通線上に都市が集中して発達したと述べているのがほとんど唯一の例である。

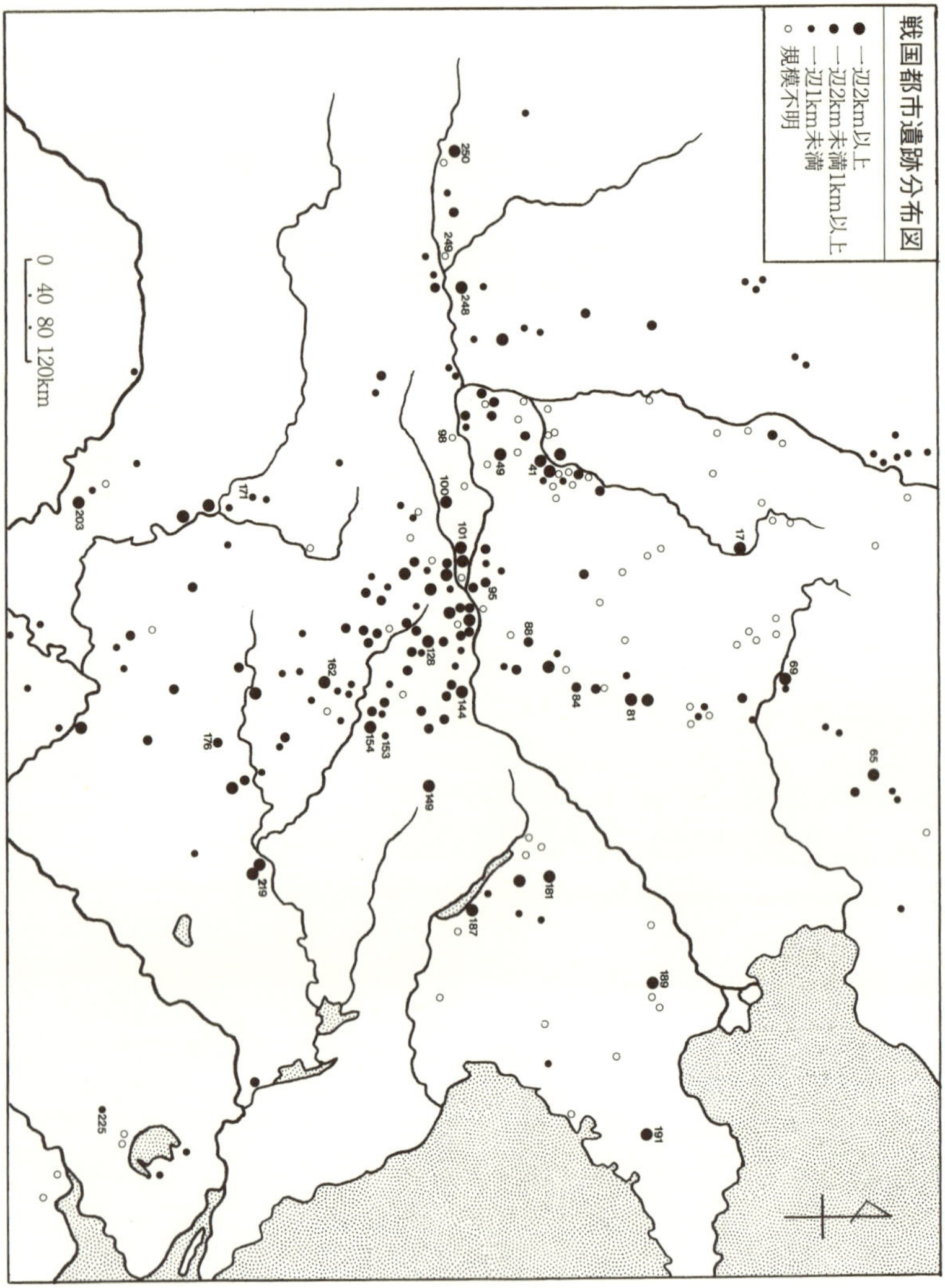

図22 戦国都市遺跡分布図

しかし、上述のように一九八〇年代以後、都市遺跡の調査の事例の増加により、遺跡の分布傾向がわかるようになってきた。そこで、実際に遺跡分布図を作成してみると、明らかに分布に地域的な片寄りが見られるのである。

「戦国都市遺跡分布図」（図22）は、第一章で説明したように、考古学関係の雑誌や報告書、各省の『中国文物地図集』のデータに基づいて作成したものである（地図上の数字は、本書巻末資料「戦国都市遺跡表」の番号に対応）。規模の区別も、資料上の限界から、同じく城壁一辺の長さ一キロメートル未満、一キロメートル以上二キロメートル未満、二キロメートル以上という大まかなものとなっている。分布図を見てみると、河南省と山西省南部の黄河中流域に遺跡の分布が集中している。とくに、河南省中央部の集中度が顕著であり、88共城以南、162蔡《さい》国《こく》故城以北、100宜陽《ぎよう》古城以東、153臨蔡《りんさい》故城以西の東西、南北それぞれ二五〇キロメートル前後の範囲内に七〇もの遺跡がひしめいている。

河南省中央部と山西省南部は遺跡が集中しているだけではない。一辺二キロメートルを越える規模の遺跡がかなり目立つ。この地域で、二キロメートルを越える遺跡は一六カ所存在する。この中、戦国時代に国都であったのはそれほど多くはなく、晋の41侯馬古城群、魏の49安邑古城（禹王城）、周の101東周王城、韓の128鄭韓故城、楚の154陳楚《ちんそ》故城くらいである。これら国都以外のこのランクの遺跡は春秋時代に諸侯の都城であったものが多い。しかし、それらの都城は戦国時代になると大国に併合されて県に編成されており、もはや国都ではない。ただし、これらの遺跡は春秋時代に国都としてすでに巨大であり、戦国時代になって巨大になったのではないと考えることもできるかも知れない。

しかし、次のランクの一キロメートル以上二キロメートル未満の遺跡の多くは、散布遺物の年代から戦国時代になって出現したものと考えられる。このランクの遺跡は河南省中央部にとりわけ広く集中して分布している。この地域には、国都や軍事都市以外に、かなり規模の大きな地方都市が濃密に分布しているのである。

これに対して、黄河中流域の周辺地域の遺跡分布はかなり閑散としている。河北省の太行《たいこう》山脈沿いや、山東省東部、河南省から湖北省にかけての淮水《わいすい》上流と漢水との間の地域にやや分布が目立つが、河南省中央部や山西省南部の集中度に比べるとかなり見劣りがする。周辺地域でも、確かに二キロメートル以上の規模の大きな遺跡が存在する。しかし、これらの遺跡はほとんど戦国時代に繁栄した国都である。分布図を見る限り、国都の遺跡は地域に関わらず例外なく巨大であるが、地方都市遺跡は地域によって分布に相当な差違が存在するのである。

ところで、この分布図にはいくつかの問題点が存在する。実は、遺跡の調査には地域によって相当精粗があるのである。最も遺跡が集中している河南省は早くから考古学が発達し遺跡の調査もとりわけ進んでいる。中国における近代的考古学は河南省の仰韶《ぎょうしょう》遺跡の発見から始まり、戦前の殷墟《いんきょ》における計画的発掘により発展したことはよく知られている。河南省では、すでに一九八五年に、省内の当時知られていた先史から革命に関わる遺跡までを網羅的に紹介した書物を公刊している。楊育彬《よういくひん》『河南考古』（中州古籍出版社）がそれで、この書の附録の遺跡表は当時の河南省内の遺跡の全貌を知ることができる遺跡台帳の性格を有している。そして、この実績を踏まえて、一九九一年末に中心部の省では先駆けて、国家文物局主編『中国文物地図集　河南分冊』（中国地図出版社）を刊行しているのである。この書は遺跡地図と個別遺跡の簡単な紹介部分からなっている。遺跡地図には、遺跡の種類に応じた省レベルの遺跡分布図と省内各県ごとの遺跡所在地図があり、後者によって遺跡の正確な位置が確認できるようになっている。

この書によって、河南省内全体の都市遺跡の所在地をほぼ網羅的に知ることができるようになった。したがって、河南省内の遺跡分布はほぼ確かであると言ってよいのではないかと思われる。「戦国都市遺跡分布図」では、河南省内に含まれる遺跡は、北は84防城故城、西は98曲《きょく》沃《よく》故城、南は171高洼《こうわ》城址、176古城村城址、東は149宋国故城となる。この範囲内の遺跡の分布を見てみると、河南省中央部東寄りに集中しており、西部、南部は稀薄である。これによって、河南省内でも遺跡の密度の高いところは特定の場所に限定されていることがわかる。

現在のところ、中心部の省で『中国文物地図集』が刊行されているのは、一九九八年刊行の

「陝西《せんせい》分冊」（陝西地図出版社）、二〇〇二年刊行の「湖北分冊」（同上）に止まっている。これらの省の遺跡分布の正確度は河南省と同様かなり高いと考えられる。しかし、未公刊の山西省、河北省、山東省、安徽《あんき》省、江蘇《こうそ》省など、都市遺跡の分布を考えるうえで重要と思われる省の遺跡の全体的な状況は把握できない。これらの省では、たまたま考古学の雑誌や報告書に掲載されたデータを集成するのがせいぜいであり、どうしても網羅的なデータというわけには行かない。遺跡の空白地はいまだ調査されていない可能性が高いのである。

考古学的な分布図には、さらに決定的な問題が存在する。考古学の調査では、遺物や遺跡の発見によってそれが「有る」と言うことができても、「無い」と言うことができないのである。遺跡や遺物の分布の空白地はいまだそれらが発見されていないだけで、地中に埋もれているかも知れない。河南省、陝西省、湖北省などのように、網羅的な調査が進んでいて結果が公表されている所でも、統計上は分布の正確度が他の省に比べて高いとしても、空白地に遺跡、遺物が存在しないと言い切ることはできないのである。したがって、「戦国都市遺跡分布図」がどれだけ現実を反映しているかは、他の方法によって検証してみる必要がある。

考古資料の限界

戦国時代になると、青銅器、漆器《しっき》、陶器などの器物や青銅貨幣に地名を記したものが多くなる。その地名はその器物を使用する場合を示す場合もあるが、一般には器物を製造した場所を示している。したがって、器物に記された地名によって、その製作場の所在地を知ることができる。そして、その製作場の所在地は、単なる農業的な集落ではなく、多くの場合ある程度の経済力を有する都市であった可能性がある。とりわけ、青銅器や青銅貨幣を鋳造した場所はそれ相応の都市であった可能性が高い。貨幣を含めた青銅器の鋳造には、青銅材料の調達と精錬、鋳型の製作と鋳造など、高度の技術と分業化が必要であり、それを可能とする人的、経済的基盤が必要とされたと考えられる。中でも貨幣の場合は、それを発行するには、その信用を支える発行地の経済力が不可欠であったと考えられる。

実際に、青銅器を鋳造し貨幣を発行したのが都市であったことは、都市遺跡との関係からも証明することができる。これまで調査された都市遺跡の内部には、青銅器製作場の遺跡が数多く発見されている。貨幣を鋳造した鋳型が、銘文と同じ地名の都市遺跡から発見された例は斉都臨淄（国都名は「斉」）くらいしかないが、都市遺跡に比定されている地名と同名の地名を有する貨幣はかなり存在する。したがって、この時代の器物、とくに青銅器や貨幣の地名にもとづいて、経済力のある都市の所在地を推定することが可能となるのではないかと思われる。

青銅器には製造を命じた県令名がタガネで刻されることが多く、器物は県の置かれた都市で製造されたと考えられる。とくに兵器の例が多く、三晋諸国の兵器製造地名については黄盛《こうせい》璋《しょう》氏が整理している（『考古学報』一九七〇年一期）。ここで黄氏は兵器に関しては、韓では一一、趙では八、魏では一七の地名を列挙し、青銅容器の地名も付記している。これら三晋諸国以外では、秦と斉の兵器に製造地名が記されているが、斉の場合はほとんど鋳造銘である。なお、青銅容器に製造地名を刻している例は多くはない。

青銅貨幣で地名が鋳込まれているには、斉、燕、三晋諸国の貨幣である。斉、燕の地名の種類は少ないが、三晋諸国のものは大変多い。とくに趙の貨幣とされる尖足布《せんそくふ》と三晋諸国いずれもが発行したとされる方足布《ほうそくふ》の種類が多い。貨幣研究の専門家である鄭家相《ていかそう》氏によると、尖足布の大型で九種類、小型で三二種類、方足布は七九種類挙げられている（『中国古代貨幣発展史』生活・読書・新知三聯書店、一九五八年）。また、最近では黄錫全《こうしゃくぜん》氏が網羅的な検討を行っており、尖足布で五〇余種、方足布で一六〇種にのぼるとしている（『先秦貨幣通論』紫禁城出版社、二〇〇一年）。楚の貨幣発行状況は他の国とはやや特殊で、文字を刻印した金版が発行されている。金版の文字は現在六種類確認されているが、発行地の地名を含むとされている。

漆器には、烙印《らくいん》が押されたり、針のようなもので文字が刻されている場合がある。これらの文字の中に製造地名と考えられるものがある。現在、知られているのは、鄭、許、咸《かん》（咸陽）、呂《ろ》（呂城）、成（成都）の五カ所のみであるが、当時の大都市を含んでる。漆器の製造には、銘文からも木地師《きじし》、下塗師《したぬりし》、上塗師《うわぬりし》などによる分業が行われていたことがわかり、単なる農村手工業的な生産ではなかったと考えられる。陶器については、製造過程において製造地や製造機構を示す印を押したものが発見されている。陶器の製造は農村手工業的な生産形態でも可能であるが、製造責任を示す印が押されている点大量生産が想定される。地名の場合、ほとんど秦漢時代の県名と一致しており、ある程度の規模の都市で製造された可能性がある。ただし、陶器の年代は戦国末か秦の天下統一後とされており、戦国時代一般の状況を反映していない可能性がある。

「戦国都市分布図」（図23）は、以上の器物に記された地名で、地名比定にほとんど問題がないものを取り上げ、先に示した「戦国都市遺跡分布図」の都市遺跡の位置に重ね合わせたものである。地図上の位置は、地名考証のいきとどいていると考えられる譚《たん》其《き》驤《じょう》主編『中国歴史地図集』第一冊（地図出版社、一九八二年）の戦国部分を参考にした。ただし、この地図に見られない地名でも、研究者による従来の位置比定に問題がないと思われるものは用いた。

この分布図を見てみると、やはり河南省中央部に集中が見られ、しかも都市遺跡ともかなり重なりあっている。これによって、河南省中央部に経済的に有力な都市が密集していたことが改めて確認できる。しかし、河南省南部ではほとんど重なりが認められない。この地域は、戦国時代にはほとんど楚の領域に入る地域であり、楚の支配のあり方と何らかの関係があるのであろう。分布傾向でもう一つ注目されるのは山西省の部分である。都市遺跡の分布では南部に

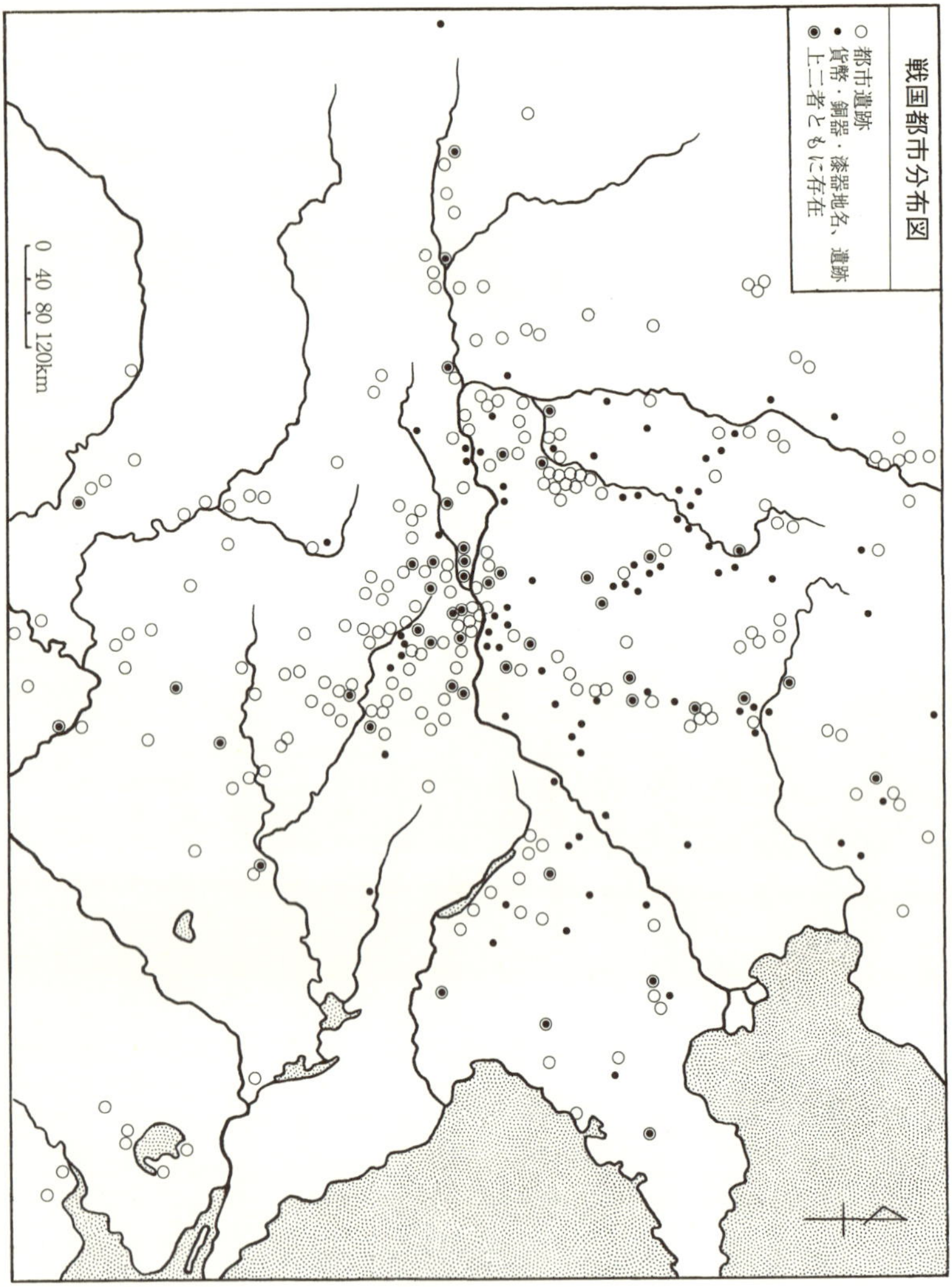

図23 戦国都市分布図

集中していたが、この分布図ではその北方、中部にまで拡大している。とくに汾水《ふんすい》流域や太行山脈西側の盆地に集中しており、ほとんどが貨幣の発行地である。この地域でも貨幣を発行できるほどの経済力を有する都市が存在していたことが確認できる。山西省はまだ都市遺跡の調査は不十分であるが、都市の分布はこのような器物の地名によって補足できるであろう。

しかし、以上のような器物の地名による分布の補足も問題がないわけではない。まず第一に、地名比定の困難さである。これは貨幣の場合に顕著であり、文字の解釈に異説があるものが相当数ある。文字の解釈が異なれば位置比定も異なってくる。たとえば「盧陽」の文字の当てられている方足布は、魯陽《ろよう》、漁陽《ぎょよう》、虞陽《ぐよう》の三とおりの解釈がある。魯陽なら河南省魯山県、漁陽なら河北省密雲県、虞陽なら山西省平陸県となる。また、文字の読み方に問題がなくても位置が確定できない場合もある。その代表的な例は、方足布の「安陽」である。「安陽」の地名は文献にいくつか見え位置が異なる。河南省に何カ所か、また山西省、河北省、山東省、江蘇省にも見え、出土地も広範囲にわたり位置は確定できない。貨幣の場合、位置が未確定なものが多すぎるため、実際の発行地の分布は大きく変わってくる可能性がある。

第二に、都市遺跡と同様に偶然の発見によっており、未発見のものが多数あるはずである。遺物の場合は未発見なだけでなく、遺跡などよりも年月により失われる確率も高いのではないかと思われる。したがって、考古資料としての器物の地名は、遺跡の分布を補う材料にしかならないであろう。やはり、考古資料は同時代性や位置の確実性などメリットはあるが、残存の問題や発見の偶然性がきわめて大きく、資料的に限界があることは否定できない。

『史記』の記述の検討

文献史料には同時代性という点では問題があるが、考古資料に比べて格段に高い情報量を有していることは確かであろう。これまで、都市の分布という観点から文献史料が十分検討されたことはないが、考古資料による分布傾向を念頭において文献史料を読みなおすとどうであろうか。考古資料という全く別の方向からの知見によって、文献史料を再解釈することが可能ではないかと考えられる。

このような方向から文献史料を見直すと興味深い材料に行き当たる。『史記』魏世家《ぎせいか》には、信陵君《しんりょうくん》無忌《むき》が魏の安釐王《あんきおう》に進言した言葉として次のようにある。

> 林郷《りんきょう》の布陣から今に至るまで、秦は七たび魏を攻め、五たび圃田《ほでん》の地（鄭州東）に入りました。辺境の城はことごとく抜かれ、文台は破壊され、垂都《すいと》は焼かれ、林木は伐採され、麋《び》や鹿は絶滅し、かくてついで国都は包囲されました。秦はまた、国都大梁《たいりょう》の北を長途駆け抜け、東は陶や衛の郊外に至り、北は平監に至りました。秦に滅ぼされたものは、山

南、山北、河外《かがい》、河内《かない》で大県数十、名都数百にのぼります。

同じ内容の記事は、『戦国策』魏策三、馬王堆《ばおうたい》出土の帛書《はくしょ》『戦国縦横家書《じゅうおうかしょ》』第一六章に見え文字に多少の異同がある。『戦国策』では進言者は朱己《しゅき》となっており、信陵君とは別人の可能性もある。また、「秦は十たび魏を攻め」、「大県数百、名都数十」とあり、「山南、山北」は「山北」のみになっている。しかし、帛書のこの部分は『史記』とほとんど同じである。ただし「名都」は「名部」となっている。帛書の成立は前漢の文帝期以前と考えられ、『史記』や『戦国策』(前漢末劉向《りゅうきょう》の編纂) より早く戦国時代に近い。『史記』のこの部分は現行『戦国策』によって改める必要はないであろう。

この進言がいつ頃行われたのかははっきりしない。『史記』はこの記事を安釐王一一年（前二六六年）から二〇年（前二五七年）の間に挿入している。帛書の整理グループは前二六三年のこととしているが、前二六五年とする研究者もいる。だいたい前二六〇年前後のことであろう。この頃までに、魏は秦によって、「山南、山北、河外、河内」で「大県数十、名都（あるいは名部）数百」を奪われているのである。

「山南、山北」について、陝西省の華山《かざん》の南北とする説もあるが、『史記会注考証《かいちゅうこうしょう》』は山を黄河の東の山、太行、王屋《おうおく》一帯を指すとする。しかし、これでは広すぎ趙や韓の領域も含んでしまう。帛書の整理グループは山西省南部の中条山の南北としている。この地は、魏が大梁に遷都する前の都であった安邑を含み、魏にとって重要な地であった。「河内、河外」について、『史記会注考証』は広く黄河の南北を指し区域ではないとする。しかし、秦漢時代には、河内郡は黄河が華北大平原に出て東北に向きを変える内側に位置し、現在の黄河以北の河南省に当たる。そうすると、「河外」は黄河の外側の河南郡に相当する。山西省南部の黄河の東側は戦国時代にも河東《かとう》と称されているので、「河内、河外」は単に広く黄河の南北を指すのではないであろう。そうすると、この「山南、山北、河外、河内」は、都市遺跡の集中する山西省南部と河南省中央部と完全に重なることになる。

「大県」については、馬王堆帛書『戦国縦横家書』第二六章に、「千丈の城、万家の邑、大県十七」とあり、「大県」は「城」や「邑」とも表現され、一辺千丈（二二五〇メートル）の城壁に囲われ、一万戸の人口を有する大都市であったことがわかる。これは、第一章でも触れた『戦国策』趙策三で、趙奢《ちょうしゃ》が趙では隣接して望見できるとしている大都市の規模と同じである。「名都」あるいは「名部」は「大県」の後に記され、しかも数が多いことから「大県」より規模の小さな都市であろう。同じく上に挙げた帛書には、引き続いて「小県の市《し》あるもの三十有余」とあるが、「名都」、「名部」は「小県」に相当するのではないかと思われる。「名」とあるのは、「名が知られている」といった程度で、「高名な」あるいは「有名な」大都市を指すのではないであろう。

要するに、魏都大梁以西の魏の旧領、山西省南部および河南省東寄りの黄河の南北には、人口五万に達する大都市が数十、それに次ぐ名が知られた都市が数百存在したことになる。このことは、都市遺跡の分布とも見事に重なり、文献史料からも山西省南部、河南省中心部に大都市が多く存在し、都市の集中度も高かったことを証することができるであろう。

なお付け加えれば、『史記』穣侯《じょうこう》列伝に次のようにある。

穣侯が封じられて四（三）年目に、秦は魏を攻めようとした。そこで、魏は河東の地、方四百里を献上した。秦は魏の河内を抜き、城大小六十余を取った。

『史記会注考証』は魏が河東を献上したのは秦昭王《しょうおう》一七年（前二九〇年）で穣侯が陶に封じられて二年であり、六〇余城を取ったのは翌年で別のこととみなしている。そうすると、ここでも河東と河内は別の地域となり、河内は河南省の黄河以北の地であり、ここには六〇以上もの大小の都市があったことになる。この記事も都市遺跡の分布の確かさを証明していることになるであろう。

趙と斉の都市分布と規模――『戦国策』趙策三の再検討

前節では、都市遺跡の分布が集中する地域が文献史料の記述とも一致することを示したに過ぎない。問題は、遺跡分布が稀薄な地域や空白地がはたして実際にもそのとおりであったのかどうかである。分布がないということを証明するのは大変困難であるが、先にも引用した『戦国策』趙策三の記事に興味深い部分があるので改めて検討してみよう。

趙恵文王《けいぶんおう》三〇年（前二六九年）、趙の宰相《さいしょう》である田単《でんたん》は将軍の趙奢《ちょうしゃ》に次のように問いかけた。

私は将軍の兵法を気に入っていないわけではありませんが、承服できないのはただ将軍が戦争に大軍を用いられる点です。大軍を用いれば、民を耕作できないようにし、食料や軍需物資の供給もできなくなります。これでは座して自壊する他はなく、わたくし単はこのようなことは致しません。単は次のように聞いております。「帝王の兵は用いるところは三万に過ぎずして天下は服した」、と。今、将軍は必ず十万、二十万の大軍を背負って動かされておりますが、これが単の承服できないところです。

これに対して、趙奢はまず、「あなたは、ただ兵法に通達されていないだけでなく、また今の時勢もまったく分かっておられません」と答える。そして続けて、呉の干将《かんしょう》のような名剣でも柱や石など切る対象を間違えれば折れてしまい、鍔《つば》や束《つか》など付属品が付いていなければ切るという機能すら果たせないが、軍隊もこれと同じで、三万の軍隊で強国の軍隊に立ち向かい、天下を自由に動き回ることなど不可能だと述べる。そして次のように続けている。

かつ、古《いにしえ》は四海の内は万国に分かれていました。城は大きくても三百丈を過ぎるものは無く、人は多くても三千家を過ぎるものはありませんでした。このような状況では、常備軍三万で対抗することはどうして難しいことがありましょうか。今は古の万国を戦国七国が分けて領有しています。数十万の兵を擁《よう》してただ為すすべもなく数年も無駄に日を過ごしているのは、それこそ斉がよい例です。斉は二十万の大軍で楚を攻め、五年でようやく軍をやめ、趙は二十万の大軍で中山を攻め、五年でやっと撤収しました。今、斉と韓の力は拮抗《きっこう》しており、互いに包囲したり攻撃したりしていますが、どうして「私が三万の兵で救援しましょう」などと言う者がおりましょうか。今は、千丈の城、万家の邑が互いに望見できる距離にあります。それなのに三万の軍隊で千丈の城を囲むように求められても、その城の一角に配置することもできませんし、ましてや野戦に用いることなど到底できません。あなたはどこに戦いに行こうとされているのですか。

この答えを聞いて、田単は大きくため息をついて自分の不明をわびたという。この話は、趙恵文王三〇年（前二六九年）となっているが、『史記』趙世家によると田単が趙の宰相になったのは趙孝成王《こうせいおう》二年（前二六四年）であるので、それ以後のことであろう。

趙奢の話では、古は小国が分立し城も小さかったから、田単の言う三万の軍隊でも対抗できた。しかし、今は七つの大国が対峙《たいじ》し、巨大な城がいたるところに存在する。このような状況で、三万の軍隊では相手の城一つを包囲することすらできないと言うのである。

攻城戦の場合、城の周りをまず包囲してから、城壁の一面に兵力を集中して攻撃する必要がある。そのためには、籠城《ろうじょう》軍の何倍もの兵力で包囲攻撃しなければならない。これに対して、籠城軍は城壁に守られ、城壁に取り付いて来る攻撃軍に対応するだけでよいから、かなり少ない軍隊でも防御が可能である。一万戸の人口を擁する都市にどれだけの守備隊が配置されていたか不明であるが、籠城戦が都市住民を巻き込んだ総力戦になることを考えれば、数万は降らないのではないかと思われる。これでは、三万の軍隊では到底攻めきれないであろう。趙奢のように一〇万、二〇万の軍隊を動員しなければ一つの都市さえ陥落させられないである。

ところで、この趙奢の話は古と今の比較という時系列の話となっているが、これは趙と斉という空間的な話としても読みとることができる。実は、田単は趙の宰相になる前は斉の将軍として赫々《かくかく》たる武勲を挙げているのである。田単はこの功績によって趙の宰相に抜擢されたと言ってよい。

前二八四年、燕の昭王は楽毅《がくき》を上将軍《じょうしょうぐん》として秦、楚、三晋と連合して斉を攻撃した。楽毅は燕の軍隊を率いて斉に攻め込んで斉都臨淄に入城し、斉王は国外に逃げ出した。燕の軍隊はまたたくまに斉の七〇余城を降し、かろうじて莒《きょ》と即墨《そくぼく》の二都市だけ陥落せずに残った。『史記』田単列伝によると、この時、田単は一族とともに即墨に逃げ込んだ。即墨は燕軍に包囲され、その長官が城を出て戦ったが敗死した。そこで、城中の人々は田単に軍事的才能があることを知り将軍に推したのである。

田単はまず燕の宮廷にスパイを放って攻城軍の有能な将軍楽毅を解任させた。また様々な策略をめぐらして籠城軍の志気を高めていった。その上で、兵士を伏せたまま老弱者や女子を城壁の上に立たせ、降服の使者を燕軍に派遣して油断させた。田単は、城中の牛一〇〇〇余頭をかき集め、それに五色で竜紋を画《えが》いた赤い布を着せ、兵刃《へいじん》をその角に結び付けた。そして油をかけた松明《たいまつ》を尻尾にくくり付けて火をつけ、城壁数十カ所に穴を開けて夜中に牛を外に放った。決死隊の壮士五〇〇〇がその後に従った。牛は尻尾の熱さで猛《たけ》り狂い燕軍に突入した。燕軍は驚きあわて、牛に触れてばたばた倒れ、ついで枚《ばい》を銜《ふく》んだ五〇〇〇の兵士が音も立てずにおそいかかった。同時に城中からは、天地を揺るがすばかりの鐘や太鼓の音がわき起こったので、包囲していた燕軍は肝《きも》を潰《つぶ》して敗走した。これを契機に斉は反撃に転じ、燕軍はちりぢりに北に逃亡を始め、燕に占領されていた城邑はみな田単に帰属した。このようにして斉の七〇余城はみなまた斉のものとなったのである。

このようにして田単は、少数の軍隊で燕の大軍を打ち負かした。田単の趙奢に対する言葉も古の空想上の話などではなく、実戦によって裏打ちされた言葉であったのである。ただし、斉では趙と状況が異なっていた。強力な防御力を備えた大都市は数えるほどしかなく、ほとんどが小規模な集落でしかなかったため、小数の軍隊でも占領は容易であり奪回も可能であったのである。宮崎市定氏が一般の都市が弱小であったと言っているのは、この史料が示している斉に限定すれば確かに正しい。都市遺跡の分布が斉の領域において稀薄であるのは事実を反映していると考えてよいであろう。しかし、ここで斉と対比されている趙を中心とした地域についてまで一般化できないと思われる。

分布の空白地への追究

「都市遺跡分布図」において空白となっている地域で、分布状態を補うことができる史料が存在する。それは、先にも一部引用した馬王堆帛書《はくしょ》『戦国縦横家書《じゅうおうかしょ》』第二六章である（図24）。この史料は現行の『戦国策』にも、『史記』にも重なる部分がなく、全く新発見の史料である。秦が魏の鄢陵《えんりょう》を攻め魏都大梁が危うくなってきた時、ある人が魏の将軍田儀《でんよう》に対して進言し

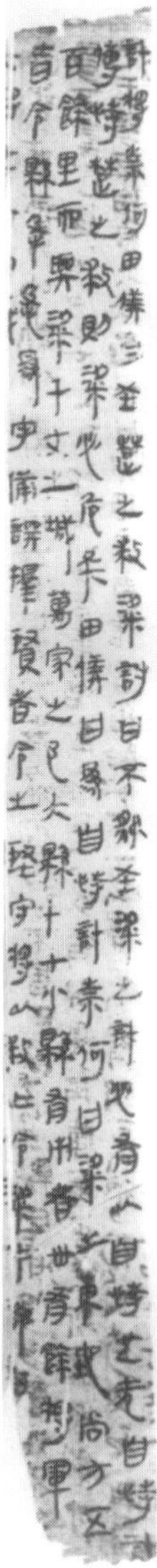
図24　馬王堆帛書『戦国縦横家書』第二六章

た言葉が記されている。

大梁から東側の土地はまだなお方五百余里あり、しかも大梁とともに戦うことができる千丈の城、万家の邑たる大県が十七あり、小県で市《し》のあるものが三十余もあります。将軍がこれらの県をして皆急いで守備を整えさせ、賢者を選んで堅守させれば、国の滅亡を救うことができましょう。大梁中の都尉《とい》や太守などに命じて、その親戚、父母、妻子のある者は皆魏王に従って東地の単父《ぜんぽ》に拠《よ》らせれば、よく守備をなしましょう。

これによると、魏都大梁の東側には一万戸の人口を擁する大都市が一七、それに次ぐ市場があり経済力を有する小都市が三〇以上もあったことになる。しかし、図22の「戦国都市遺跡分布図」には144大梁以東はほとんど空白地になっているのはなぜであろうか。これは帛書の記述の間違いであろうか。

実は、その理由はいまだ遺跡が発見されていないだけのことであると考えられる。その原因として考えられるのは黄河の氾濫《はんらん》である。黄河の氾濫によって大量の土砂が堆積し遺跡を埋没させたのである。黄河中流では、水一立方メートルに三〇から五〇キログラムの黄土《こうど》が、下流でも一〇から三〇キログラムの黄土が含まれていると言う。黄河は常時字の如く黄土色《おうどいろ》をしており透明度ゼロである。黄河は黄土地帯を通過するうちに、大量の黄土を削り取りながら流れ下っているのである。

水利部黄河水利委員会編『黄河流域地図集』（中国地図出版社、一九八九年）によると、黄河は文献史料で知られる限り、何度も大きく河道を変えている（図25）。黄河の原始河道は「禹王故道《うおうこどう》」と呼ばれ、華北大平原に出てから太行山脈にそって北流し邢台《けいだい》市の東方でやや東に向きを変え渤海湾《ぼっかいわん》に注《そそ》いでいたとされる。文献に見える最初の河道移動の記録は周定王《ていおう》五年（前六〇二年）であるが、詳しいことはわからないし、事実かどうかも疑わしい。

確実に黄河の河道の経路がわかるようになるのは前漢以後であり、北宋までは「禹王故道」の東側、現在の河道の北側を流れて渤海湾に注いでいた。しかし、河道は時々移動し、王莽《おうもう》の始建国《しけんこく》三年（一一年）に濮陽《ぼくよう》の西で決壊して前漢河道の東側に流れ出し、六〇年も流路が定まらなかった。その後治水により河道が固定し、唐代まで何度も決壊したが大きく流路を変えることはなかった。北宋代に入ると、また濮陽の西で頻繁に決壊が起こり、慶暦《けいれき》八年（一〇四八

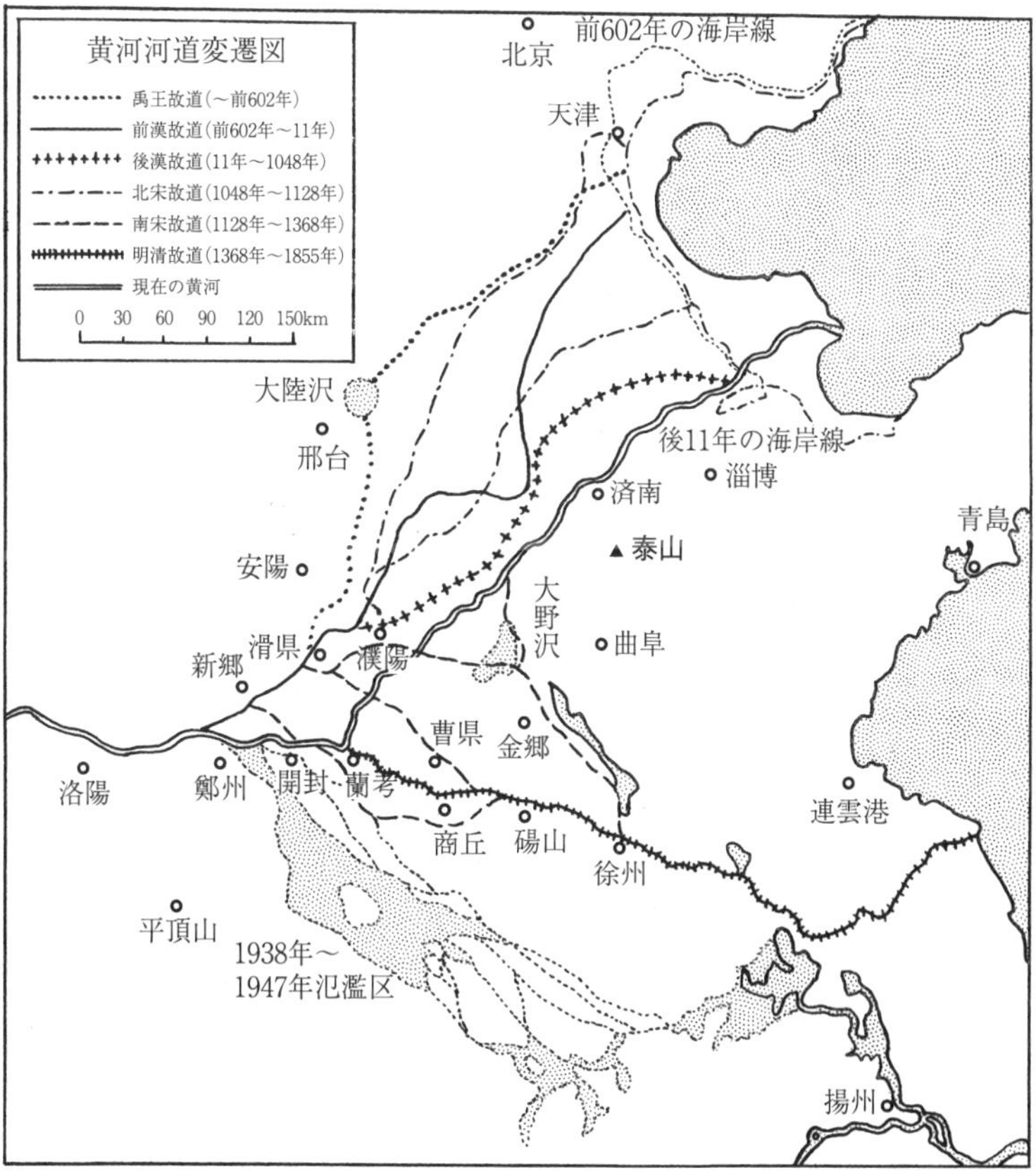

図25　黄河河道変遷図

年）には北流を開始した。ついで嘉《か》祐《ゆう》五年（一〇六〇年）の決壊では東流が生じ、黄河は二本に分流することになった。しかし、北宋時期までは黄河は現河道より南には流れ出すことはなく、大梁の東地、すなわち開封市より東側の遺跡を埋没させることはなかったと考えられる。

南宋の建炎《けんえん》二年（一一二八年）、東京留守《とうけいりゅうしゅ》の杜充《とじゅう》が金軍の南下を阻止するため、滑県《かっけん》で黄河を決壊させ南流させた。これにより黄河は東南流して泗水《しすい》より淮河《わいが》に入り黄海《こうかい》に注ぐことになった。しかし、この措置によって金軍の南下を防ぐことができなかっただけでなく、以後数十年にわたって分流して河道が定まらず、甚大な被害をもたらしたという。これによって開封市より東側にあった北宋以前の多くの遺跡が埋没した可能性がある。

その後、元、明代も漕運《そううん》が重視されて黄河の南側の堤防は強化されず、黄河は東南流を続ける。明代の弘治《こうち》年間（一四八八～一五〇五年）には四つに分流して淮河に流入している。嘉靖《かせい》二五年（一五四六年）以後、開封から曹県《そうけん》一帯にかけて頻繁に決壊したが、隆慶《りゅうけい》年間（一五六七～一五七二年）に開封から碭山《とうざん》まで南側の堤防を築いてようやく河道が固定した。これは「明清故道」と呼ばれている。

清の咸豊《かんぽう》五年（一八五五年）、黄河は蘭考《らんこう》県の銅瓦廂《どうがしょう》で大決壊を起こし、北流してまた渤海湾に注ぐようになった。その後二〇年間にわたって流路が定まらず、大水時には北は古北金堤まで、南は定陶、単県《ぜんけん》、曹県、成武、金郷にまで水が及んだと言う。以上の地は開封の東側にあたり、多くの遺跡が再度埋没したと思われる。光緒《こうしょ》三年（一八七七年）以後、堤防の建築が進み、現在の河道に固定した。ただし、一九三八年、蔣介石《しょうかいせき》の国民党軍が、日本軍の南進を阻止するため鄭州の花園口《かえんこう》で堤防を決壊させた。このため黄河は再び広い範囲で東南流し、運河に沿って長江に流れ出し、大きな被害をもたらした。しかし、一九四七年にもとの河道に復し今に至っている。

以上のように、黄河は二度にわたって大きく南北に河道を変えている。太古から北宋代までは黄河は東北流していたため、鄭州より東の華北大平原は黄河の氾濫に苦しめられることは少なかったと思われる。そのため、戦国時代において都市が立地することも可能であったと考えられる。しかし、南宋以後、黄河が東南流し、しかも何度も大決壊を繰り返したため、とくに開封市より東側は大量の土砂が堆積した。一九八二年には、開封市竜亭《りゅうてい》東側、潘湖《はんこ》の湖底一メートル（地面から四メートル）の所から明代周王府の建物が発見されている。また、開封市の地下一〇メートルの所から宋代の橋が発見されているという。開封は北宋の首都として栄えたが、現在地中に埋もれて輪郭さえ明らかになっていない。戦国の魏都大梁はまだその下に埋まっているのである。他の戦国時代の遺跡は推して知るべきであろう。河南省中心部の都市分布密集地域は、河南省東部から山東省西部にまで拡大すべきである。

鄭州の北から濮陽までの現行の黄河の北側も遺跡の空白地になっているが、この地域も黄河の氾濫によって埋没した可能性がある。他の空白地については、現在のところ十分な手がかりがない。後述のように、秦が三晋諸国を制圧するのに手こずる一方、三晋諸国を滅ぼした後、その周辺の燕、斉、楚の三国を滅ぼして天下を統一するまではあまり時間を要しなかった点なども、都市分布を考える上で参考になろう。趙と斉の都市分布のところでも述べたように、大都市が多ければ多いほど占領に手こずったと考えられるのである。都市遺跡の分布のところで提示したごとく、黄河中流域に都市が多数発達し、その周辺地域ではそれほどではなかったという構図は基本的に変更する必要はないであろう。

第四章　三晋地域の都市発達の要因

三晋地域の地理的位置

前章で、三晋地域で都市が発達したことを様々な角度から論証してきたが、それではなぜこの地域で都市が発達したのであろうか。結論から言えば、商業交通路の形成と密接な関係があると考えられる。

『史記』越王勾践《えつおうこうせん》世家によると、越王勾践の謀臣・范蠡《はんれい》は勾践が覇者《はしゃ》になるとそのもとを去って斉に行き、名を鴟夷子皮《しいしひ》と変えて農耕に励み数十万の財を築いた。斉から宰相に任命されたが辞退し、陶（山東省定陶市）にやって来た。「ここは天下の中心であり、物資を交易する道が通じている。ここで生業をなせば財産を築くことができよう」と考え、ここに止まって陶の朱公《しゅこう》を名乗って耕作と牧畜に励み、さらには投機的な商業にも乗り出した。その結果まもなく一億の財産を築いたとされている。

『史記』貨殖《かしょく》列伝にも同じ話が記載されている。こちらでは、陶にやってきた范蠡は「陶は天下の中心で、諸侯が四方から行き交い、貨物が交易される所である」と考え、投機的商業により一九年の間に三度も一〇〇〇金の財産を築いたとなっている。細部は微妙に異なるが、范蠡すなわち陶の朱公が、陶は四方からの道路が交わる交通の要衝《ようしょう》であり、天下の中心であると認識していたことは間違いない。

秦代末の例であるが、『史記』酈生陸賈《れきせいりくか》列伝によると、酈食其《れきいき》は沛公劉邦《はいこうりゅうほう》（後の漢の高祖《こうそ》）に陳留《ちんりゅう》を攻略して拠点とするよう勧めて、「そもそも陳留は天下の交通の要衝であり四通五達の開けた場所です。今、その城にはまた食料の備蓄も多くあります」と言っている。陳留は魏都大梁の東南近郊に位置する。

宇都宮清吉氏は、上述のように、陶に加えて北の衛（河南省濮陽市）も交通のカナメとして重視すべきだとしている。史念海《しねんかい》氏も、戦国時代に陸路、水路の交通の要衝に多くの経済都市が発達したことを認めており、とくに「天下の中心」としての陶を重視している（『河山集《かざんしゅう》』三聯書店、一九六三年）。また、伊藤道治氏も、春秋時代の斉と晋の会盟地の検討をもとに、陶や衛を含む曹、宋、衛の国境が接する地域は、春秋時代にすでに東西、南北の交通路が交差する商業交通の中心地であったと見なしている（『田村博士頌寿東洋史論叢』一九六八年）。

以上によって、確かに河南省東部から山東省西部にかけての地域に全国的な交通路の中心が存在し、そこに商業都市が発達していたことが確認できる。しかし、この地域は、これまで確認してきた河南省を中心とする都市密集分布地域の一部にすぎないし、しかも著しく東に片寄りすぎている。それでは、河南省の他の地域や山西省の南部の都市は商業交通路と無関係に発達したのであろうか。現在のところ、春秋戦国時代の交通路の実態を直接示す史料や研究は、以上の他は見つけだすことはできない。ただし、前の西周時代や次の前漢時代における交通路の概要が把握可能な研究や史料は存在する。前後の時代から、戦国時代の交通路の実態を推測するのも一考であろう。

西周時代の交通路に関しては、伊藤道治氏が「姫姓《きせい》諸侯封建の歴史地理的意義」（『中国古代王朝の形成』創文社、一九七五年）において詳細に論じている。氏は、周の同族である姫姓諸侯封建の目的の一つは、重要な交通路を確保することであったと考え、これら諸侯が交通路に沿ってどのように配置されていったかを明らかにしている。周は、本拠地の渭水《いすい》流域を起点として東方に進出するが、まず山西省南部に姫姓諸侯を配置する。そこから汾水《ふんすい》を溯《さかのぼ》る方向と黄河を下る方向に向かう。黄河を下った河南省中央部には多数の姫姓諸侯が封建され、この地域は東方支配の根拠地になる。周は、この地域を改めて起点としてさらに北方、東方、東南方に姫姓諸侯を配置しながら進出し、支配領域を拡大していったとしている。そうすると、西周時代においては、重要な交通路が分岐する地域として、山西省南部と河南省中央部が存在したことになる。この地域はまさに、戦国時代に都市が発達する地域そのものである。

次に、前漢時代の交通路の状況については、『史記』貨殖列伝に格好の記述がある。司馬遷《しばせん》は、彼の生きていた時代の全国各地の産物、風俗、交易や交通事情などをくわしく記述しているのである。彼はまず、都の置かれた関中《かんちゅう》の地の豊かさを記した後で、それ以外の地については「三河《さんが》」を中心に述べている。その書き出しの部分には次のようにある。

昔、唐の人は河東《かとう》に都を置き、殷の人は河内《かない》に都を置き、周の人は河南《かなん》に都を置いた。この三河は天下の中心であり、ちょうど鼎《かなえ》の足のようなもので、王者が入れ代わり居を定めた所である。それぞれの国は数百年から千年も続き、土地は狭いが人口は多く、郡国の人々や諸侯が集まってくる所である。

ここの唐は陶唐氏帝尭《とうとうしていぎょう》を指し、尭は漢代の河東郡に属した平陽（山西省臨汾《りんふん》市西南）に都を置いたとされる。殷は盤庚《ばんこう》以後、河南省安陽市の西北の殷墟《いんきょ》に都を置いた。この地は漢代では河内郡に属する。周は平王《へいおう》東遷以後、洛陽に都をおいたが、ここは河南郡に属する。

司馬遷は、以上の記述に続けて「三河」のそれぞれの地を起点として各地の状況を具体的に述べている。まず、河東に属する楊県《ようけん》や平陽の人々は西は関中や翟《てき》の居住地に、北は種や代など山西省北部にまで商売に出向いているとし、北方辺境の状況を記している。次いで、河内の温県や軹《し》県の人々は西は山西省の上党《じょうとう》の地に、北は河北省の趙や中山の地に商売に出向いているとする。そして、中山の地や、邯鄲、燕の状況から、さらには朝鮮についてまで言及している。最後に河南の洛陽の人々については、東は山東省の斉、魯《ろ》に、南は安徽省や江蘇省の北部にまでおよぶ梁《りょう》や楚の地まで商売に赴いているとしている。そして、臨淄、鄒魯《すうろ》、陶、睢陽《すいよう》などの状況を述べた後、より南方の旧楚の領域や呉、越の状況、さらには番禺《ばんぐう》（広州）にまで説き及んでいる。

司馬遷は、「三河」の地を全国から人々が集まってくる中心地として認識する一方、商人が全国に出向いて行く商業活動の拠点としてして捉えられているのである。彼は、「三河」の地を商業交通路が集中する商業経済の中心地として認識していたことは間違いないであろう。そして、この「三河」の河東は山西省南部に当たり、河内は河南省の黄河以北、河南は黄河以南にあたり河南省中心部に含まれる。以上の地域は、戦国時代に都市が発達した地域にぴったりと収まるのである。

要するに、春秋戦国時代を挟《はさ》む西周時代と前漢時代において、重要な交通路が集中する地域は、戦国時代に都市が発達した地域とほとんど重なっているのである。交通手段に大きな変化がなかったと考えられる古代において、重要交通路が集中する地域が容易に移動したとは考えられない。とくに、司馬遷の記述は戦国時代からそれほど隔たっていない時期のものであり、信頼度が高いであろう。文献史料にもとづくと、交通路の中心が東に極端に片寄っているように見えるのも、現存史料の片寄りによるためと思われる。

ちなみに、現在の中国における内陸交通路の中心は河南省鄭州《ていしゅう》市である。鉄道で言えば、北京から広州まで南北を縦貫する京広線《けいこう》と、上海から西安以西まで横断する隴海線《ろうかい》は、この鄭州市で交差している。道路についても東西、南北の道路が交差し、昼夜を分かたず貨物自動車が通過している。河南省が現在においても東西、南北の交通の中心であるのは、その地理的位置も大きいと思われる。

以上によって、宇都宮清吉氏と宮崎市定氏の戦国都市論は、それぞれ一面では正しく、一面では間違っていると言うことができる。戦国時代の都市発展に関して、黄河中流域の三晋地域に限っては宇都宮氏の経済都市説が妥当である。しかし、その周辺地位に関しては政治的、軍事的都市説も否定することはできないであろう。

春秋時代の下剋上《げこくじょう》の進行

西周時代から前漢時代まで、黄河中流域の地域に商業交通路の中心が存在したことは間違いないであろう。ではなぜ、この地域に戦国時代を中心とした時代に限って都市が発達したのであろうか。それは、春秋中期頃に始まるとされる大規模な社会変動と密接な関係があると考えられる。

春秋時代から戦国時代にかけては下剋上の時代とされる。「はじめに」でも述べたように、西周時代の「封建制」では、それぞれの国においては、君主である公《きみ》のもとに、公の家から分家した大夫《たいふ》が一族である士《し》を率いて従い、支配身分層を構成していた。そして、これらの支配身分層が土着の氏族集団からなる庶人《しょじん》を支配していた。春秋中期になると、このような西周以来の国の体制が崩壊を始めるのである。すなわち、公の臣下である大夫が国の実権を握るようになり、さらには大夫の下の下層支配身分である士や、被支配身分の庶人の台頭が見られるようになり、ついには国を奪う者も出てくるのである。

春秋時代の下剋上の様子は『左氏伝』に活写されている。この書は、儒教の経典の一つである『春秋《しゅんじゅう》』に、左丘明《さきゅうめい》という人物が付けた注釈とされるが、むしろ『春秋』の記事に関係する歴史記録を集成したものと言った方がよい。『春秋』は本来、魯《ろ》国の年代記とされ、『左氏伝』も魯国の歴史記録について特別詳細であり、下剋上の記載も豊富である。

魯国では、まず君主である桓公《かんこう》（在位前七一一〜前六九四年）の次男以下が分家した三つの大夫の家である三桓氏《さんかんし》（孟孫氏《もうそんし》、叔孫氏《しゅくそんし》、季孫氏《きそんし》）が国政の実権を握る。前五六二年に、季孫氏の季武子《きぶし》は、魯の国軍を三分して三桓氏がそれぞれ一軍ずつ率いることとした。これより後、魯の国軍は三桓氏に私物化され、公には軍事指揮権がなくなった。さらに、季武子の孫の季平子《きへいし》は君主の昭公《しょうこう》（在位前五四一～前五一〇年）を国外に追放して国政を掌握している。

しかし、このように君主を凌《しの》ぐ権力を握った三桓氏も、それぞれの家の内部は必ずしも安定したものではなかった。春秋時代も終わり頃になると、大夫の家の家臣である士の階層がその家の実権を握るようになる。叔孫氏の家臣である豎牛《じゅぎゅう》という人物は、主君の叔孫穆子《ぼくし》を騙《だま》してその嫡子を殺させ、ついには叔孫穆子自身を幽閉《ゆうへい》して餓死に追い込んでいる。そして、ついには自分の自由になる新しい主君を立て、一時は叔孫氏の家を完全に支配している。また、季孫氏の家臣の陽虎《ようこ》は、主君の季桓子《きかんし》を幽閉し、反対派の家臣や季孫氏の一族を殺したり追放したりして季孫氏の実権を握っている。しかし、陽虎はこれに止まらず、さらに国君や三桓氏、国人《こくじん》などとそれぞれ盟約を結んで、魯国の支配権まで掌握している。陽虎は国を簒奪することには失敗するが、魯国は国君の陪臣《ばいしん》である士階層出身者によって国政が執られることになったのである。

魯国では、結局下剋上は完成しないが、春秋時代の強国で、周王に代わって諸侯国を統轄した覇者《はしゃ》の国である斉国や晋国では完全な下剋上が起こっている。斉国でも、君主の家から分家した大夫の国氏と高氏が長く国政を担当してきたが、前六世紀中頃になると、やはり君主の分家出身である大夫の崔杼《さいちょ》と慶封《けいふう》が実権を握り、専横な行為が目立つようになる。崔杼は慶封といっしょに君主を殺して新君を擁立《ようりつ》するが、崔杼は間もなく慶封に攻め滅ぼされる。しかし、慶封の方も大夫たちに攻撃された他国に亡命を余儀なくされている。

慶封の国外逃亡後、台頭してくるのは他国から亡命してきた田氏《でんし》である。田氏の祖先は、陳《ちん》の君主の子であったが、陳の内紛のために斉に亡命して桓公《かんこう》に取り立てられた。田氏は、斉の君主に対して異姓《いせい》の大夫ということになる。その後、田氏は一般の民衆に恩徳を施すことによって民心を得、君主の廃立を意のままにし、有力な大夫たちを国外に追放した。前四八一年には、田常《でんじょう》は君主を暗殺して新しい君主を擁立し、自ら宰相として国政を執り、さらに斉の国土の半分を領有するまでになった。そして、田常の曾孫の田和《でんか》の代になると、前三八六年に周王から諸侯に列せられ、斉の国は呂氏《りょし》から完全に田氏のものとなったのである。

晋国でも斉国と同様に臣下による国の簒奪が起こっている。覇者となった文公《ぶんこう》が死亡すると、異姓の大夫である趙盾《ちょうとん》が国政を掌握するが、趙氏の専制は長くは続かない。一時、古くに君主の家から分家した欒氏《らんし》が実権を握るが、間もなく滅ぼされてしまう。前六世紀後半には、結局、異姓の大夫の家である韓氏、魏氏、趙氏、中行氏《ちゅうこう》、范氏《はん》、知氏の六卿《りくけい》が国政を担当し、晋の君主やその一族は政治から排除されるようになる。しかし、これらの六卿も内乱により淘《と》汰《た》されていく。まず、中行氏と范氏が滅ぼされ、前五世紀中頃までには知氏が韓、魏、趙の三氏を抑えて実権をにぎり、晋国を簒奪する勢いであった。だが、上述のように、前四五三年には、この三氏が知氏を攻め滅ぼし、実質上晋国を三分して下剋上が完成するのである。

以上の斉国や晋国の下剋上の結末は、『史記』の記述にもよったが、『左氏伝』では春秋時代の魯国や魯国と関係の深い斉国以外、他の諸国の状況はそれほど詳細ではない。大夫の動向はともかく、より下層の士やさらには庶人などの台頭が、どの地域に最初に起こるのかは明確にしがたい。魯国や斉国は、戦国時代に都市の発達する地域からは外れている。都市の発達した黄河中流域の諸国については、晋国を除いて『左氏伝』では多くを語ってくれない。そこで次に、文献史料から離れて、この時代の青銅器を手がかりに社会変動が主にどの地域で起ったかを探ってみたい。

青銅器から見た社会変動

中国の青銅器は、早く紀元前二〇〇〇年頃の竜山《りゅうざん》文化後期には製造が開始されていたとされる。そして、殷後期になると世界史でも例を見ないほど、技術的にも芸術的にも高度な青銅器が作られた。しかし、その後青銅器工芸は衰退の一途をたどり、西周末から春秋初めにかけては、稚拙《ちせつ》で粗雑なものがほとんどとなる。ところが、春秋中期になると一転して青銅器工芸の勃興が起こる。春秋中期から戦国時代は、中国における青銅器工芸の第二のピークと言ってよい。そして、このピークは、各国で下剋上が進行する時期と一致しており、下層身分の台頭と密接に係わっていると考えられる。

春秋中期になると、青銅器の器形に変化が発生する。従来の器形とは異なる全く新しい器形やモデルチェンジした器形の器物が出現するのである。従来、鼎《てい》や豆《とう》（高坏《たかつき》）には蓋がなかったが、蓋付きで丸くころっとした型式のものが出現する。水差しである匜《い》も無足のものや注ぎ口が獣首のものが出現する。敦《たい》は、西周以来の食物盛りつけ用の器物である簠《き》に代わって出現するが、お椀を二つ伏せたような球形をした全く新形式の器物である。鐎《しょう》は、殷以来の盉《か》の系統を引く酒器であるが、土瓶《どびん》型の全く異なる器形に変化する。水を入れる鑑《かん》、盥缶《かんふ》やスープを入れる鈃《けい》などは前例のない全く新形式の器物である。これらの新形式の青銅器は、器種によって地域ごとの出現の先後はあるが、大体春秋中期には黄河中流域の諸国と南方の楚国、東方の斉国で出そろうようである。楚国の影響下にある河南省南部の変化が早いようであるが、確実なことはわからない。

紋様についても、春秋中期以後、これまでとは感覚的に相当異なる新しい紋様が各地で流行するようになる。春秋前期の紋様は、本来の具体的な竜紋などが簡略化されたり、崩れたりした粗雑なものが多い。しかし、中期になると竜の紋様が再び具体的になる。ただし、型にきっちりはめたような図案的な紋様の繰り返しになり、さらには地紋風《じもんふう》の細密な紋様も現れる。一方、リアルな竜をレリーフ状に浮き立たせた紋様も出現する。紋様の変化もどの地域が特別に先行するのか明確ではないが、春秋中期には黄河中流域や楚の領域で変化が認められる。ここでも、楚の領域がやや先行するようである。

青銅器の主要なものは祭祀に用いられる祭器であり、礼器《れいき》とも呼ばれる。青銅器は、その用途によって四種類に分類される。煮炊きに用いられる鼎や鬲《れき》などの器物、食物の盛りつけに用いられる簋や簠《ほ》、敦などの器物、壷や罍《らい》などの酒器、水による清めに用いられる盤や匜などの水器である。青銅器を墓に埋葬する場合、これらの器種や数は身分によって規定されていたとされる。春秋前期までは、大夫以上の身分の中型墓より大きい墓では、四種類の祭器がそろって副葬されたが、士階層の小型墓では器種が一定せず、厳格な規制を受けていたようである。ところが、春秋中期になると、小型墓まで四種類の青銅器が副葬されるようになる。すなわち、大型、中型、小型墓では副葬の青銅器の数量は大きく隔《へだ》たっているが、その組み合わせ内容にはほとんど差がなくなるのである。これは、西周以来の祭祀制度が下層の士階層まで拡大したことを示しており、士階層の台頭を意味しているとみなされる。この変化も黄河中流域と楚の領域に見られる現象である。

春秋中期以後は、青銅器鋳造技術においても様々な革新が行われる。まず、青銅器本体に装飾部品を取り付けるために鋳掛《いかけ》の技法が多用されるようになる。複雑で豪華な青銅器を作成するためにこの技法が駆使されるのである。河南省新鄭《しんてい》県の墓から出土した春秋後期の立鶴方壺《りっかくほうこ》（図26）などはその典型的な例である。なお、戦国時代になるとハンダで竜の部品を複雑に接合した太鼓の台座が、湖北省随県《ずいけん》の曾侯乙墓《そうこうおつぼ》から出土している。強度をあまり必要としない部品の接合には、より簡便なハンダの技法が用いられているのである。

図26　新鄭出土立鶴方壺

スタンプによって紋様を鋳込《いこ》む方法も、この時期に多用されるようになる。殷代以来、青銅器に紋様を鋳込む場合、粘土の鋳型に直接紋様を彫り込んだとされる。しかし、この新しい方法は、紋様を彫り込んだスタンプを作って鋳型の粘土に押しつけて紋様を入れる方法であり、細密で複雑な紋様を器物の広い範囲に迅速《じんそく》に施すことができるようになった。これは大量生産に向いた方法である。

この時期、青銅器に金、銀、銅など色彩の異なる金属やトルコ石、赤瑪瑙《めのう》などを象嵌《ぞうがん》することが流行する（図27）。このような象嵌技術はすでに殷代に存在するが、その後技術は途絶え、春秋後期になって再び出現する。現在のところ、春秋期の最も早い事例は、河南省淅川《せきせん》県下寺《かじ》の墓葬から出土した銅象嵌の盥缶《かんふ》である。このような象嵌技術によって、これまでにない全く新感覚の青銅器を作成することが可能になったのである。

図27　金象嵌銅豆

図28　淅川下寺出土銅禁

この他、蠟型法《ろうがた》による鋳造の開始も見落すことはできない。この方法は、鋳造物の原型を蠟で作る方法であり、現代でも金属の鋳造には一般的にこの方法が用いられている。この方法によれば、相当複雑な器形のものでも大量に迅速に作ることができる。現在この方法で作られた最も早い器物は、やはり淅川県下寺の墓葬から出土した敦（盞《さん》）や禁《きん》（器物の台、図28）である。

このような新鋳造技術の出現は、青銅器の性格に大きな影響を与えたと考えられる。スタンプによる施紋《せもん》と蠟型法は鋳造の迅速化と大量生産をもたらした。これらの新技術に加えて、鋳掛の多用や象嵌技術の発展は、これまでにない新感覚の青銅器を製作する上で大きな作用をもたらしたであろう。実際、このような新技術は新しい需要に応えるものであった。すなわち、新しく勃興してきた下層の士階層や庶人までも含む新興階層の需要に応えるものであったのである。春秋中期以後の青銅器が大型で華麗、さらには多分に悪趣味とも言えるほど装飾過多であるのは、このような新興階層の成金趣味《なりきんしゅみ》を反映しているように思われる。

以上のように、青銅器の変化を通して見た場合、春秋中期以後、広い地域で新興階層の台頭を想定することができ、これは下剋上の盛行とも一致している。そして、このような変化はやや南方の楚の領域が先行的ではあるが、黄河中流域の地域でも確実に起こっていることが確認できる。

鉄器と牛耕の普及

以上のような新興階層の台頭は、いわゆる氏族制《しぞくせい》秩序の崩壊によって生み出されたとされている。西周以来の社会では、公《きみ》を中心として大夫《たいふ》や士《し》からなる支配層も、被支配層である庶人《しょじん》も、血縁家族が寄り集まって構成される氏族集団によって秩序が維持されていた。しかし、春秋中期以後、このような氏族制秩序が崩壊し、個々の家族が独立し、実力のある家や個人が台頭してくるとされるのである。

氏族制秩序の崩壊の引き金となったのは、鉄器と牛耕の普及であるとされている。農耕における鉄製農具と牛耕の普及は、耕作の効率化をもたらし、農業生産力の増大をもたらした。これによって、氏族単位の大規模集団農耕によらずとも、少人数の家族単位の農耕が可能となった。家族単位の農耕でも、家族を養うことができる食料を確保することが可能となったのである。

中国における鉄器の使用は、古く紀元前一四世紀の殷代に遡《さかのぼ》る。しかし、これは隕鉄《いんてつ》を青銅と組み合わせたもので、人工鉄ではないし、支配層の特別の武器として作製されたものである。最近の中国の研究者の説では、中国における初期の人工鉄は錬鉄《れんてつ》と銑鉄《せんてつ》（鋳鉄《ちゅうてつ》）の二系統があり、それらは西周末から春秋初めにかけて、近い時代に出現したのではないかとされている。

山西省曲沃《きょくよく》県の曲村《きょくそん》晋文化遺跡から出土した鉄片は錬鉄とされ、春秋中期（紀元前七世紀）のものとされている。近年、河南省三門峡《さんもんきょう》市《し》の虢国《かくこく》墓地二〇〇一号墓から出土した鉄剣（図29）と同二〇〇九号墓から出土した鉄刀は、錬鉄に炭素を浸透させた塊錬滲炭鋼《かいれんしんたんこう》とされる。両墓は西周末期の墓であり、人工鉄器の出現は紀元前九世紀に溯ることになる。錬鉄は粘りけがあるが簡単に折り曲げることができる。これでは武器や農具、工具にはならないが、六〇〇度くらいで加熱鍛造《たんぞう》し、炭火に接触させると鉄中に炭素が浸透して表面硬化《こうか》が起こる。この技術によって、鉄器は青銅器に劣らない実用性能を待つようになったとされる。

現在のところ、銑鉄（鋳鉄）の最も早い事例は、やはり曲村晋文化遺跡から発見された鉄器残片で、春秋中期、紀元前七世紀とされる。錬鉄は炉温一〇〇〇度で製造可能であるが、銑鉄は鉄を溶融して製造されるため鉄の溶解温度一五三七度以上の高温が必要である。しかし、鉄に炭素が二パーセント含まれると一一四六度で溶解が始まり、炭素量四・三パーセントで全部溶解する。鉄を炭火中

図29　虢国墓地二〇〇一号墓出土玉柄鉄剣

にこの温度で維持すれば熔けた鉄が得られるのである。中国では古くから青銅器鋳造技術が発達しており、春秋前期には炉温が一二〇〇度に達する竪炉が出現していたとされる。この技術がただちに鉄の溶融に用いられたとすると、銑鉄の製造は紀元前八世紀に開始されていたことになる。ただし、鋳造鉄器の出土は早い時期にはほとんどなく、紀元前五世紀になってようやく農具や工具の出土が増加するようである。

銑鉄は硬いが粘りがなく壊れやすい。これは炭素の含有量が多いためであり、炭素を減らせば器物の性能を高めることができる。遅くとも紀元前五世紀にはこの技術が発明されたとされる。銑鉄で器物を鋳造した後、改めて九〇〇度前後の温度で加熱して火を落として冷やせば強度の高い鋳鉄になるのである。このような改良された脱炭鋳鉄《だったんちゅうてつ》は戦国以後の農耕技術の進歩に貢献したとされている。

現在のところ、鉄製の農具の出土例は戦国時代になってから増加し、その普及が確認できる。そうすると、鉄器の普及と春秋時代の農業生産の増加、ひいては氏族制秩序の崩壊という社会変動とは直接結びつかないように思われる。しかし上述のように、春秋前期には人工鉄の製造が始まっていたことも確かである。鉄製品は、青銅器に比べて格段に錆《さ》びやすく、時代が溯れば溯るほど残存例が少なくなる傾向がある。春秋期に鉄器の出土例が少ないことから一概に鉄器が普及していなかったと断定することはできない。

上述の如く、下層の士や庶人を含む新興階層の出現によって、春秋中期に青銅器の変化が起こる一方、青銅器の大量需要が生じたと考えられる。このような大量需要に応えることが可能となったのは、鉄製農工具の普及が背景にあったとする説がある。従来の青銅製の農工具が、人工鉄の製造が可能になったことによって鉄器に置き換わり、青銅の原材料に余剰が生じてきた。その余剰青銅が新興階層の祭器の鋳造に振り向けられ、青銅器工芸の再度の勃興が起こったとするのである。この他、近年では、人工鉄は早く紀元前一〇〇〇年以前に新疆《しんきょう》地区で出現し、河西回廊《かせいかいろう》を通って西周中晩期には中原地区に技術が入ってきていたとする説がある。そうすると、早い時期に渭水《いすい》流域から黄河中流域にかけての黄土地帯の農耕技術の改良に影響を与えた可能性がある。現在、鉄器の普及がどこまで溯れるか不明であるが、春秋期における鉄器の普及と農耕技術の改良がなかったとしてしまうことはできないであろう。

牛耕の普及については、鉄器の普及よりも物証が乏しい。上海博物館で展示されている春秋から戦国にかけての牛形の青銅製温酒器（図30）が注目される。この牛の鼻には鼻輪がはめられており、役牛《えきぎゅう》であったことを示していて、牛耕に用いられたのではないかとされている。ほぼ同じ頃の斉の国差缶《こくさかん》の牛形の取っ手にも鼻輪が付いており、孔子の弟子の司馬牛や冉伯《ぜんはく》牛の字《あざな》が耕であることなどから春秋後期、紀元前六世紀には牛耕が始まっていたとする説もある。

鉄器と牛耕の普及がいつ頃から始まるのか確実なことは言えないが、春秋中期以後にこれらの普及によって農業生産の増加が始まったと考えられる。これによって、氏族制秩序が解体し、家族や個人が独立した存在として立ち現れた。同時に、農業生産の増加は人口の増加ももたらしたはずである。また、氏族制秩序の解体により、これまで氏族単位で国家に隷属していた手工業者の独立も促された。『左氏伝』によると、前五二〇年、周室では王子朝《おうしちょう》が反乱を起こし内乱状態になるが、「百工」の「職や秩禄《ちつろく》を失った者」が内乱に参加している。彼らは国家の規制から外れた手工業者であるが、単なる失業者ではなく内乱の動向を左右するほどの実力を備えていた。

図30　牛形銅温酒器　全体（上）、首部（下）

このような氏族制秩序から解き放たれた人々は、生業を営む機会が多い土地に集まってきたと考えられる。そのような土地が交通の要衝であった黄河中流域であった可能性が高い。人々は古くからその土地に存在した都市や集落に集住するか、あるいは新しい都市を建設したであろう。このようにして新たに出現した都市は、もはや旧来の血縁氏族を基礎とした都市ではなく、独立した家族や個人によって構成され、新しい秩序によって維持される全く新しい都市であった。

第五章　戦国都市の制度的特質

出土文字資料

戦国時代になると、黄河中流域には経済的な要因によって発達した経済都市が多数出現した。一方、その周辺地域では、国都や軍事的都市は別としてそれほど都市は発達しなかった。それでは、それぞれの地域の都市はどのようなあり方をしていたのであろうか。とくに、都市はそれぞれ特定の国家に属していたと考えられるが、国家の中に制度的にどのように位置づけられていたのであろうか。

このことを明らかにするには史料上の問題が存在する。戦国時代になると、前の時代に比べて、確かに文献は飛躍的に増加する。しかし、その多くは諸子百家の書物である。諸子の書物は、その学派の政治的理想を述べることに重点が置かれており、現実の制度や、政治、社会に言及している部分は意外に少ない。戦国時代の歴史研究の中心となる文献史料は、やはり『史記』と『戦国策』である。しかし、これらの書も、都市の制度の具体的な記述はほとんどなく、ましてや制度の地域的な差異を明らかにすることなど望むべくもない。

これに対して、第三章でも少し言及したが、戦国時代になると考古学的に発見された文字の書かれた遺物が増加する。これらは研究者の間で出土文字資料と呼ばれている。これらの資料は偶然の発見によることが多いが、地域的に広く出土し、出土地不明でも文字に地名が含まれる場合は、銘文の地域的な比較が可能である。

戦国時代の出土文字資料について、最初に国ごとの全面的な整理を行ったのは李学勤《りがくきん》氏である。李氏は、すでに半世紀近く前に、「戦国題名概述《だいめいがいじゅつ》（上）（中）（下）」（『文物』一九五九年七期～九期）を表し、戦国時代において出土文字資料の性格に大きな変化が起こったことを指摘している。すなわち、春秋時代より前の出土文字資料を代表するものは青銅器銘文（金文《きんぶん》）であるが、それは「銘功紀徳《めいこうきとく》」のために入れられた。青銅器は王侯貴族や有力者がオーダーメイドで作らせたものであり、銘文は自らの功績や徳を示すために鋳込まれたのである。

ところが、戦国時代になると、「物勒工名《ぶつろくこうめい》」の新形式の銘文が現れる。この語は『礼記《らいき》』月令《げつれい》篇の中に見える「物ごとに工名を刻み、その誠を検査する」から取られている。すなわち、その器物を製造した工人が名前を彫り込むようになるのである。器物がレディーメイドで大量に生産されるようになり、一般に市販されたり、公的機関によって兵士など不特定多数の人々に供給されるようになると、その品質を保証する必要が出てきて、製造者や製造場所の名前が入れられるようになったのである。

戦国時代になっても、青銅器にはもちろん「銘功紀徳」の銘文も存在する。しかし、格段に増加するのは「物勒工名」の銘文である。青銅器銘文では、この種の銘文は兵器の銘文に多く見られ、兵器がどこで製造されたかということだけでなく、どのような機構によって製造されたかを国ごとに明らかにすることができる。また、青銅祭器にも事例は多くないが同様の銘文を見ることができる。青銅兵器の国ごとの銘文内容の比較については節を改めて詳述する。

陶器の製造に関わる銘文は、製造過程において押印《おういん》の形で入れられることが多い。これも国ごとの陶器製造業の特色を明らかにすることができる。斉では国都臨淄から多数の押印のある陶器が出土している。「左《さ》

図 31　斉国陶文拓本

里敀《りはく》（伯）」などの印文のあるものは官営製陶業製造の陶器とされ、「楚郭鄙膚里芰」（図31）などのように「鄙《ひ》（あるいは郷《きょう》）」名や「里」名のある印文の陶器は民営製陶業のものとされている。

秦でも官営と民営の製陶業の区別が確認されている。秦始皇帝陵の周辺からは、「左司空《さしくう》」、「大匠《たいしょう》」、「寺水《じすい》」など中央官署の印文や、地方の県の「工」の印文のある磚《せん》や瓦が多数発見されており、兵馬俑《へいばよう》の一部にも官署の印文のあるものがある。これらは国家の製陶機構が製造し国家の用に供されたものである。また国都咸陽《かんよう》附近からは、官営と考えられる「市《し》」や「亭《てい》」の印文のある市販陶器や、「里」名の印文のある民営製陶業の陶器と考えられるものも多数出土している。

燕でも、国都の燕下都から、「陶攻《とうこう》」や「左宮《さきゅう》」などの印文のある国家に関わる製陶業製造の陶器が発見されている。三晋諸国の都市遺跡からは都市名の入った印文の陶器が発見されているが、このような例は他の諸国でも見られる。戦国時代には、中央官署に独自の製陶機構が設置されるとともに、地方都市にも公的な製陶機構が存在したようである。一方、都市には民営製陶業が存在し陶器を市販しているが、「市」や「亭」、「市亭《してい》」などの印が押された陶器の存在から、官営の製陶業も市販していた可能性がある。漆器についても、「市」や「亭」名の烙印《らくいん》の押されたものが数例発見されている。これも、公的な「亭」で製造されて市販された漆器かも知れない。

この他、戦国時代になって各国に広く出現する出土文字資料として注目されるのは青銅貨幣である。青銅貨幣がいつ頃出現するのかはそれほど明確ではないが、春秋後期には明らかに流通している。先秦時代の青銅貨幣は、その形態によって布銭《ふせん》、刀銭《とうせん》、円銭《えんせん》、貝貨《ばいか》の四種類に分類されるのが一般的である。布銭はスコップ型をした農具のスキの形をした貨幣であり、刀銭はナイフ型の貨幣である。円銭は円形や方形の穴のあいた円形の貨幣、貝貨は子安貝《こやすがい》（宝貝《たからがい》）の形を模した貨幣である。このうち、布銭と刀銭の出現が早く、円銭や貨幣としての貝貨の出現は遅れ、戦国時代に入ってからである。

初期の布銭は首部が空洞で実物のスキに近い形態の空首布《くうしゅふ》である。洛陽を中心としたかなり限定した地域で出土する。多く、一字か二字の銘文が鋳込まれているが、それは地名ではなく鋳造の炉《ろ》の記号ではないかとされている。刀銭の初期の形態は刀身の先端が尖った尖首刀《せんしゅとう》である。燕国やその周辺に限定して出土する。この銘文も空首布と同様に地名ではないとされる。布銭や刀銭は戦国時代に入ると変化し、また円銭や貝貨が出現し、青銅貨幣は様々な形態のものが各国で広く流通するようになる。また、銘文内容も国によって特色が見られ、地域的な比較が可能である。貨幣についても節を改めて検討する。

この他、戦国時代になって出現する出土文字資料としては、印章や簡牘《かんとく》、帛書がある。印章は青銅や玉石で作られたものがあり、官印と私印、そして図形的な象形印《しょうけいいん》がある。とくに官印は、戦国時代の官僚機構の研究に重要である。都市にどのような官僚組織があったかを知る上で参考になるが、その性格までは明らかにすることはできない。簡牘は、すでに甲骨文字に「冊」や「典」の文字があることから、殷代に存在したことは明らかであるが、実物は戦国前期の曾侯乙墓《そうこうおつぼ》から出土した竹簡が最も早い。戦国時代の簡牘は、ほとんどが湖北省から出土し、楚国や秦国のものである。包山楚簡《ほうざんそかん》や雲夢秦簡《うんぼうしんかん》には両国の制度に関する豊富な材料が含まれており、非常に有用である。しかし、他の諸国からは現在のところ戦国時代の簡牘類は発見されておらず、比較は困難である。

兵器製造機構

戦国時代になると、銅戈《どうか》、銅矛《どうぼこ》、銅鈹《どうひ》（長い身の槍型の兵器）などの青銅兵器にタガネで銘文を彫り込んだものが多くなる。これらの兵器のうち、三晋諸国のものの解読と整理を最初に全面的に行ったのが、先にも少しふれた黄盛璋《こうせいしょう》氏である。黄氏は、戦国兵器の銘文で「軍」と呼ばれていた文字を、始めて「庫《こ》」と読んで製造機構を示す文字として確定した。「庫」は後代のように武器庫を示すのではなく、最初は兵器製造工場を意味し、そこが製造兵器の貯蔵も行ったので倉庫の意味にも用いられるようになったのであろう。黄氏はついで、銘文内容を整理して、簡単な書式から複雑な書式に変化することを明らかにした。戦国の早い時期には、「甘丹（邯鄲）上庫」や「奠（鄭）武庫」など製造機構名や「工師《こうし》」名、「冶《や》」名など実際の鋳造者名を入れた簡単な銘文であったが、しだいに製造を命令し監督した役人の名前も入れられるようになった。

例えば、『三代吉金文存《さんだいきっきんぶんぞん》』第一九巻、五二葉に掲載されている銅戈（図32）の銘文には、「六年、奠（鄭）命（令）韓熙《き》、右庫工帀（師）司馬鴟、冶狄」とある。黄氏は、このうち、「鄭令韓熙」は監造者すなわち製造命令監督者、「右庫工師司馬鴟」は主者すなわち製造機構の責任者（工場長）、そして「冶狄」は造者すなわち実際に兵器を鋳造した職人（工人）であるとしている。

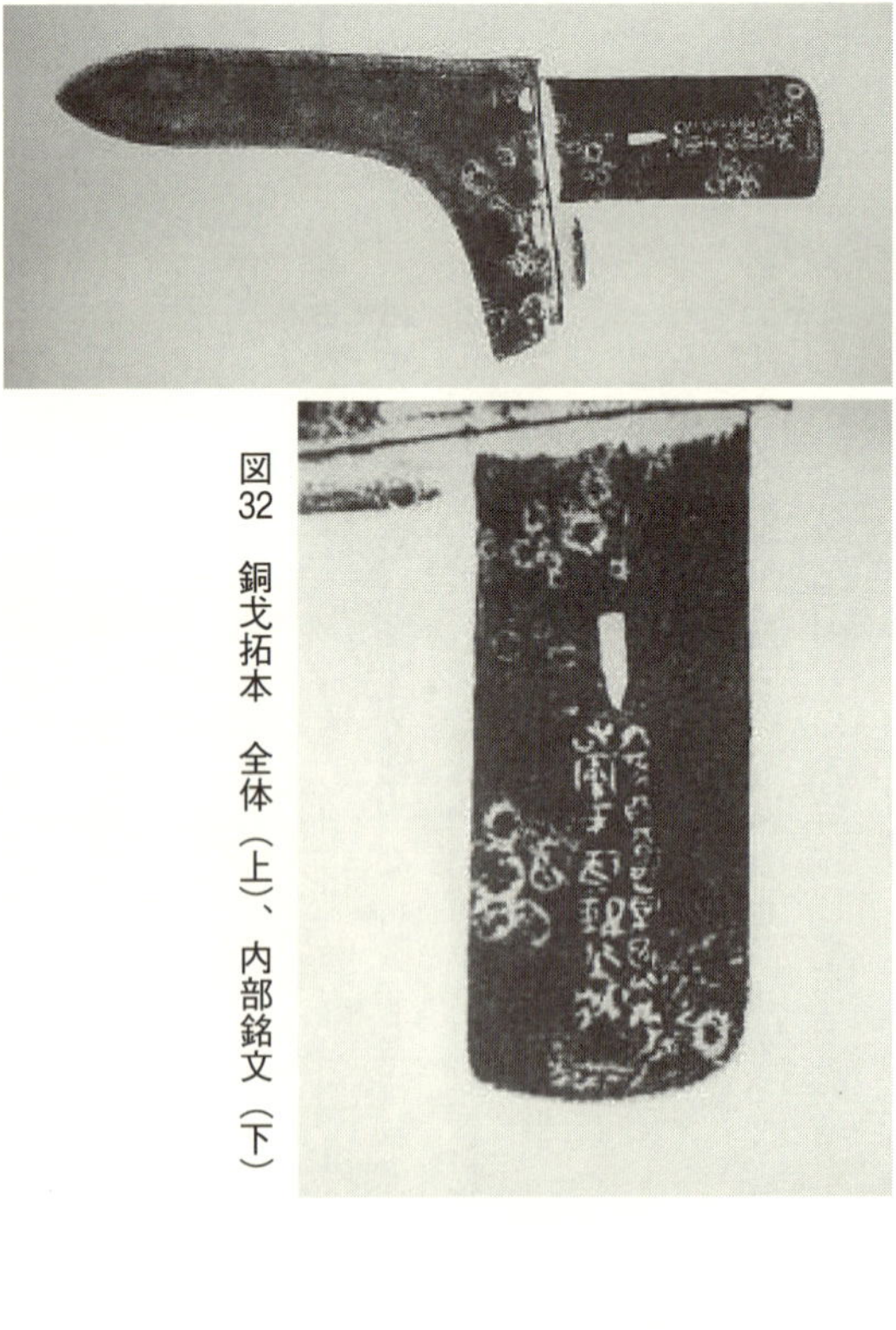

図32　銅戈拓本　全体（上）、内部銘文（下）

次ページの表2「三晋諸国・秦国銅兵器製造機構表」は、黄氏の整理をもとに、その後に発見された兵器銘文を追加して、三晋諸国と秦国の兵器製造に関わった者の統属関係を整理したものである。以下、この表にもとづいて、三晋諸国と秦国の兵器製造機構の特色を見て行きたい。

まず、三晋諸国の製造機構には中央と地方の区別がある。うち中央では、中央政府直属と考えられる製造機構と都市としての国都の製造機構が存在する。これは、現代において、都市東京に中央政府が置かれて全国を統轄し、一方東京の都市としての管轄は東京都知事が行っているのと対応する。中央政府直属の製造機構の監督者として、趙国では「冢子《ちょうし》」が置かれ、「大官《たいかん》」という製造機構を監督している。「冢子」については趙王の世継《よつ》ぎとする説がある。魏国では「邦司寇《ほうしこう》」が監督者、趙国では国政の最高責任者である「相邦《しょうほう》」あるいは「守相《しゅしょう》」が監督者である。中央政府直属の製造機構では、高位高官が監督しているのである。

国都にはいずれも県令が置かれて都市として統轄している。国都としての都市にも兵器製造機構が置かれているが、こちらは県令が監督している。韓の国都は鄭令、趙の国都は趙令が監督している。魏については国都の県令名がある兵器は発見されていない。「大梁左庫工師丑」銘の銅戈（『考古』一九七七年五期）の存在から、やはり国都の大梁令が監督した可能性がある。地方について見てみると、三晋諸国では共通して県令が製造監督者となっている。国都も含め、

表2　三晋諸国・秦国銅兵器製造機構表

<table>
<tr><th></th><th colspan="2">中央、地方の別</th><th>製造監督者</th><th>製造責任者</th><th>工人</th></tr>
<tr><td rowspan="3">韓</td><td rowspan="2" colspan="2">中央</td><td>冢子（＋吏）</td><td>（大官）（邦、上、下庫）嗇夫（＋庫吏）</td><td>冶</td></tr>
<tr><td>鄭令（＋司寇）</td><td>（左、右、武、生庫）工師</td><td>冶（冶尹）</td></tr>
<tr><td colspan="2">地方</td><td>（県）令（＋司寇）</td><td>（左、右庫）工師</td><td>冶</td></tr>
<tr><td rowspan="3">魏</td><td rowspan="2" colspan="2">中央</td><td>邦司寇</td><td>（左、右庫…）工師</td><td>冶</td></tr>
<tr><td>（大梁令）</td><td>（左庫…）工師</td><td>冶</td></tr>
<tr><td colspan="2">地方</td><td>（～県）令</td><td>（左、右庫）工師</td><td>冶</td></tr>
<tr><td rowspan="6">趙</td><td rowspan="4" colspan="2">中央</td><td rowspan="2">相邦あるいは守相（＋大攻尹）</td><td>（邦左、邦右庫）工師</td><td>冶（冶尹）</td></tr>
<tr><td>（邦左、邦右庫）校＋工師</td><td>冶</td></tr>
<tr><td>导工嗇夫</td><td>（左导工…）工師</td><td>冶尹</td></tr>
<tr><td>趙令</td><td>（左、右庫…）工師</td><td>冶</td></tr>
<tr><td rowspan="2" colspan="2">地方</td><td>（～県）令</td><td>（左、右、上、下、武庫）工師</td><td>冶</td></tr>
<tr><td>（～国）相</td><td>（左、右庫…）工師</td><td>冶</td></tr>
<tr><td rowspan="4">秦</td><td rowspan="2" colspan="2">中央</td><td rowspan="2">相邦あるいは丞相</td><td>寺工＋丞</td><td>工</td></tr>
<tr><td>詔事＋丞</td><td>工</td></tr>
<tr><td rowspan="2">地方</td><td>内史</td><td>相邦あるいは丞相</td><td>（～県）工師＋丞</td><td>工</td></tr>
<tr><td>郡</td><td>（～郡）守</td><td>（～県）工師＋丞</td><td>工</td></tr>
</table>

すべて県の置かれた都市では、県令が兵器製造機構の最高責任者となっているのである。県の置かれた都市には、中央・地方を問わず、製造機構である「庫」が置かれ、現場の製造責任者として「工師」が配置されている。中には、一つの都市にいくつもの製造機構が置かれた場合があったようである。韓の国都には、「左庫」、「右庫」、「武庫」、「生庫《しこ》」の四つの工場が置かれていた。国都以外の県でも、「左庫」、「右庫」もしくは「上庫」、「下庫」など二つの工場が置かれていた可能性がある。

三晋諸国の県の置かれた都市には、兵器製造機構が設置され、都市の管轄者である県令が製造を監督していた。都市では、県令より上位の郡守《ぐんしゅ》や中央政府の監督者が見られず、県令が県の兵器製造の実権を握っていたと考えてよい。すなわち、都市が独立して兵器を製造していたのである。そして、都市で製造された兵器は、その都市の守備兵に供与された可能性が高い。都市には独立した守備兵が配置されており、そのため独立した兵器製造機構を設置する必要があったのである。このことは、三晋諸国の都市の軍事的な独立性を示しているであろう。

三晋諸国の兵器銘文と比較可能なのは秦国のものである。秦国でも同じく、製造機構には中央と地方の区別があった。中央には、「寺工《じこう》」と「詔事《しょうじ》」の二機構が置かれ、国政の最高責任者である「相邦」あるいは「丞相《じょうしょう》」が監督している。この点は趙国の場合と同じである。さらに、地方の県に製造機構が置かれ、「工師」が製造現場の責任者として配置されている点も三晋諸国と同じである。ところが、地方における兵器製造に関わる者の統属関係はかなり異なっている。秦の畿内《きない》には特別行政区域として内史《ないし》が置かれ、その長官も内史と呼ばれた。この内史に属する県の製造機構を監督したのは、県令でもなく、内史でもなく、さらに上位の「相邦」あるいは「丞相」であった。内史の県の製造機構は中央政府によって直接統轄されているのである。また、内史以外の郡に属する県の製造機構も、県令でなく上位の郡の長官である郡守が監督している。

秦国では、県の置かれた都市の兵器製造機構は、県令ではなくより上位の官が監督しているのである。秦の兵器製造は、三晋諸国に比べて中央集権的であり、都市の独立性は認めがたい。また、県の機構で製造された兵器も必ずしもその県で使用されたのではない。例えば、遼寧《りょうねい》省で発見された銅戈の「内《ない》」の部分には、「元年、丞相斯《し》造、櫟陽《やくよう》左工〔師〕去疾《きょしつ》、工上□□」とあり、「蘭《らん》」の下部には「石邑《せきゆう》」、「武庫《ぶこ》」の銘がある（『考古与文物』一九八三年三期）。この銅戈は、丞相李斯《りし》の監督のもとに、内史に属する櫟陽県で製造されたものである。しかし、これが設置され使用されたのは製造地とは遠く離れた河北省石家荘市近くの「石邑」という所である。この場合の「武庫」はこの兵器が保管された武器庫であろう。秦の兵器には、このように製造機構の他に、設置使用場所が記される場合が多い。三晋諸国の兵器には、このような記載がほとんどないのは、製造された県の軍隊で使用されるのが原則であったためであろう。

秦では、軍隊が県より上位の官に掌握されていたため、兵器の製造監督も上位の官に握られ、製造された県を越えて軍隊に供与されたと考えられる。

この他、斉国、燕国、楚国でも銘文のある兵器が多数出土している。斉国では。「平阿《へいあ》左戈」などのように、地名に「左」「右」を附した銘文の銅戈が見られる。これは、三晋諸国で初期に現れる書式と同じである。しかし、三晋諸国や秦国に見られるような製造監督者の官名のあるものはなく、どのような統属関係にあったのかわからない。燕国では、燕王の製造兵器が多数発見されているが、都市製造と考えられる銘文の兵器は未発見であり、都市の兵器製造機構や軍隊が中央政府とどのような関係にあったか不明である。楚国の兵器銘文の事例は少なく、また銘文内容も簡単で都市の軍事的あり方は兵器からは明らかにしがたい。

貨幣の発行

兵器銘文に関する資料は、国によってばらつきがあり、都市の軍事に係わるすべての国についての比較は難しい。しかし、貨幣の場合は出土例が多く、かなりのところまで国ごとの比較が可能である。戦国時代の貨幣は、出土地と銘文により発行国がかなり限定できるのである。

都市の発達した三晋諸国の青銅貨幣は多様である（図33）。魏国の貨幣としては、橋形方足布《きょうけいほうそくふ》、方足布などの平首布《へいしゅふ》や円孔円銭《えんこうえんせん》がある。鋭角布《えいかくふ》は魏国発行説と韓国発行説がある。韓国は

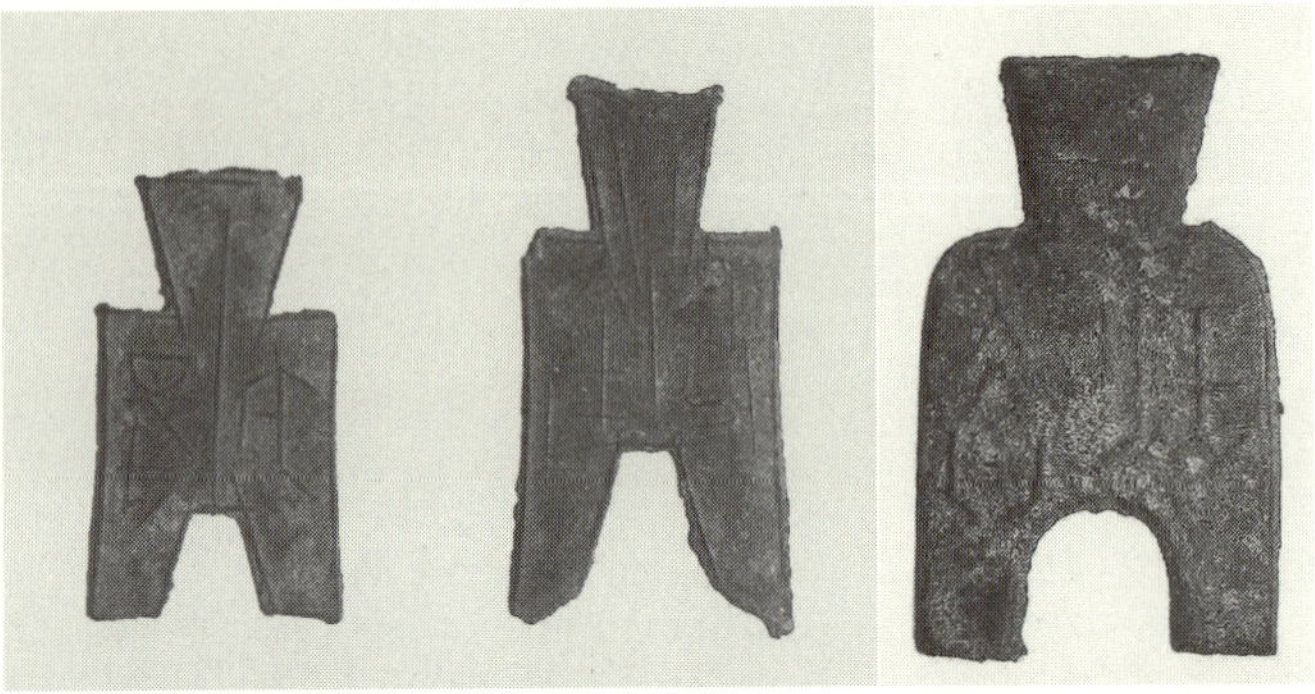

①方足布（宅陽）2/3　②尖足布（寿陰）2/3　③橋形方足布（安邑一釿）2/3

④円孔円銭（垣）2/3

図 33　三晋諸国の貨幣

方足布のみであるが、趙国では尖足布《せんそくふ》、方足布、円足《えんそく》布《ふ》などの平首布や円孔円銭、直刀銭《ちょくとうせん》など多様な貨幣が発行されている。三孔布《さんこうふ》も趙国発行とする説があるが中山国発行説が近年有力になっている。これら三晋諸国の貨幣の銘文はほとんど発行地の地名とされ、その地名が文献上の都市名と一致するものが多く都市で発行された貨幣とするのが通説になっている。ただし、中国の研究者は、実際に都市で発行されたとしても、発行主体は都市の属した国家とするのが一般的である。

しかし、次のような理由で、三晋諸国の青銅貨幣の発行主体は都市であった可能性が高い。まず第一に、尖足布、方足布などは地名の所属国を越えて出土しており、国内のみに限定して流通した貨幣ではない。第二に、方足布の形態も三晋諸国と燕国で同じであり、国家を越えて共通している。第三に、大量に発見されている貨幣の地名は必ずしも国都の地名ではない。たとえば、「襄平《じょうへい》」「安陽」「平陽」「宅陽《たくよう》」銘の方足布はとりわけ多数出土しているが、これらの都市は流通時期には一地方都市にすぎない。一方、魏都発行の「梁邑《りょうゆう》」方足布や趙都発行の「甘丹（邯鄲）」尖足布などの出土数は多くはない。第四に、同一地名の貨幣の形態や銘文の字形はかなり多様である。たとえば、「晋陽《しんよう》」の地名のある貨幣には尖足布、類円足布《るいえんそくふ》、橋形方足布、直刀、円孔円銭など五種類もの形態がある。他の地名の貨幣でも二、三種類の形態があるものがかなり存在する。また、「平陽」方足布の「陽」字の中の「日」字の書き方には∪∩▽△○の五種類がある。貨幣の発行に国家の統制が働いておれば、これほど多様にはならなかったであろう。第五に、「藺《りん》」や「离石《りせき》」円足布などの鋳型《いがた》は、その地名と全く関係のない中山国都の霊寿古城や韓の国都の鄭韓故城で相当数出土している。藺や离（離）石は趙の都市であったが、戦国中期には秦に占領されている。これらの鋳型は、秦による占領を逃れた都市の有力者が亡命先の他国で貨幣を発行するために作った可能性がある。もし、国家が発行主体であれば、他国での発行を許すことはありえないであろう。

　以上により、三晋諸国の貨幣は都市の商人など民間の有力者が発行した可能性があろう。三晋諸国で大量に発行された尖足布や方足布は一ミリに満たないほど薄く、重量も五グラム前後で極めて軽い。その他の貨幣も橋形方足布以外は全体に軽量である。これらの貨幣を多数鋳溶《いと》かしても青銅の地金《じがね》の重量はたかが知れている。これら三晋諸国の青銅貨幣は重量によって価値が規定される実体貨幣ではなく、紙幣と同じような名目貨幣であったと考えられる。名目貨幣は発行主体の経済力によって価値が裏付けられることによって流通するのが一般的である。三晋諸国の貨幣は都市の経済力によって支えられていたと見なされる。三晋諸国には国家の統一貨幣は存在せず、都市は経済的にも独立していたと考えられるのである。

これに対して、周辺諸国の貨幣は異なったあり方をしている。斉国内で主に流通している貨幣は大型の刀銭《とうせん》である。「即墨《そくぼく》」、「安陽」、「斉」、「譚邦《たんほう》」の四種類の地名が確認されているのみで、貨幣を発行できる有力な都市が少なかったことがうかがわれる。そして、戦国後期になると、「斉法化《せいほうか》」銘の刀銭（図34）の発見例が圧倒的に多くなる。「斉」は国都臨淄のことであり、臨淄故城からは「斉法化」刀銭の陶製鋳型が多数発見されている。「斉法化」刀銭は斉の国都で発行された実質的な国家の統一貨幣であったと言える。斉では、この刀銭とほぼ並行して賹化《えきか》方孔円銭（図35）も発行されるようになる。この円銭の重量と銘文の数字は刀銭のそれと対応関係にあり、刀銭の補助貨幣として国家が発行したものであろう。

燕国では、戦国の早い時期から明刀銭《めいとうせん》（図36）が大量に発行されている。銘文の「明」字は燕の国名「匽《えん》」字の異体とする説が有力であり、国家の統一貨幣と考えられる。燕の領域の地

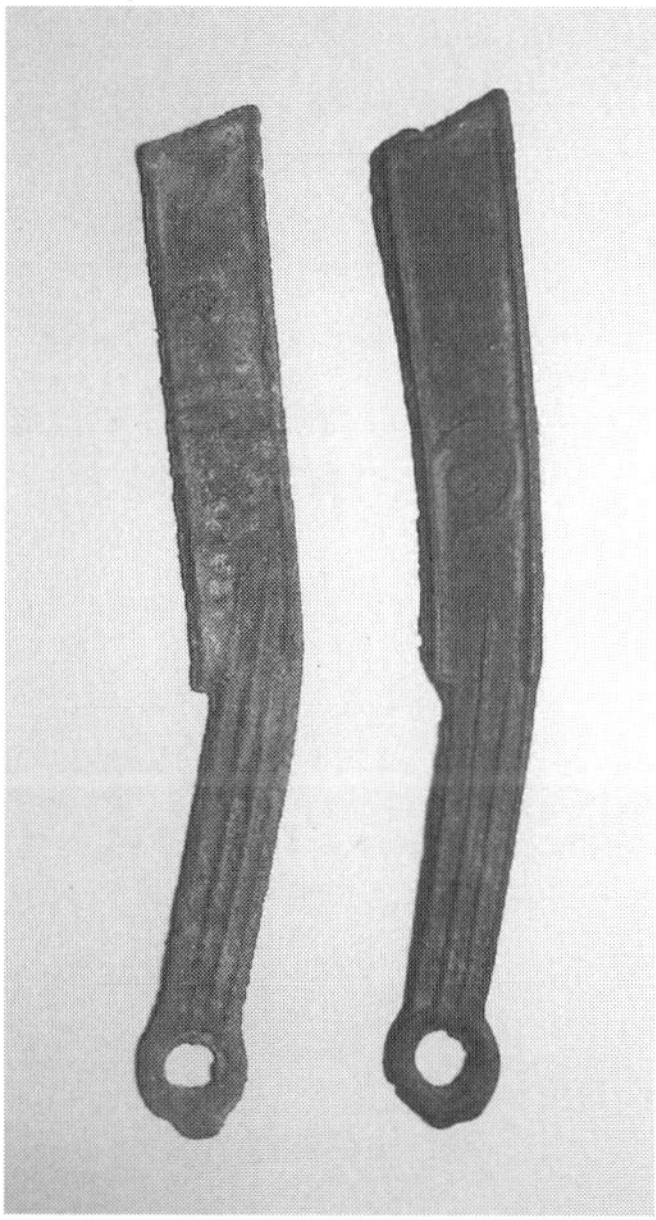

▲図 36　明刀銭　前期（右）、後期（左）1/2

◀図 37　「明化」方孔円銭　2/3

図 38　「郢爰」金版

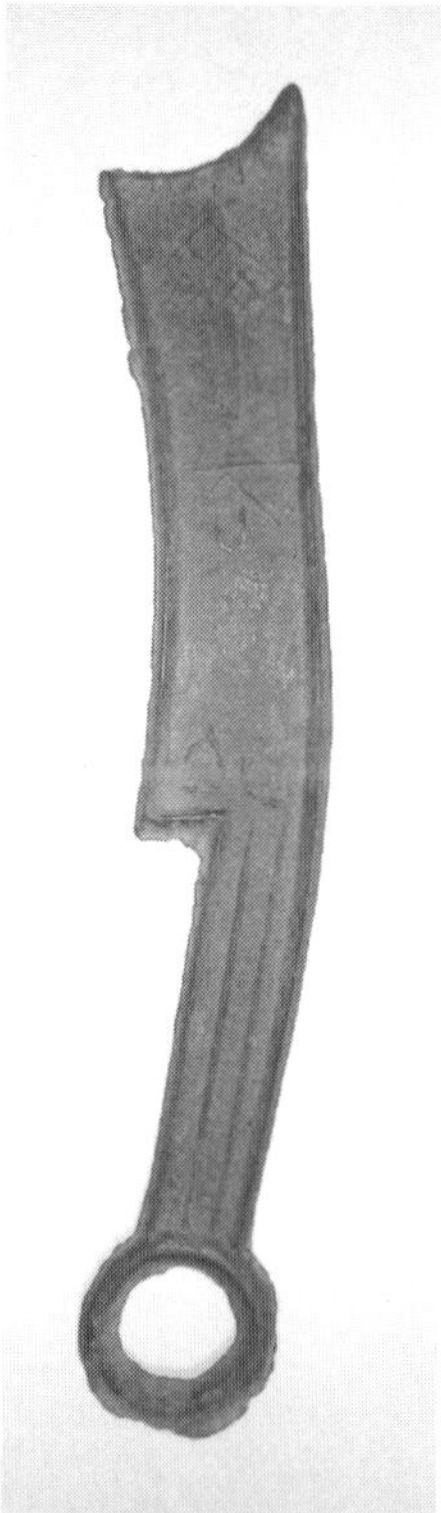

図 34　「斉法化」刀銭　1／2

図 35　「賹六化」方孔円銭　2/3

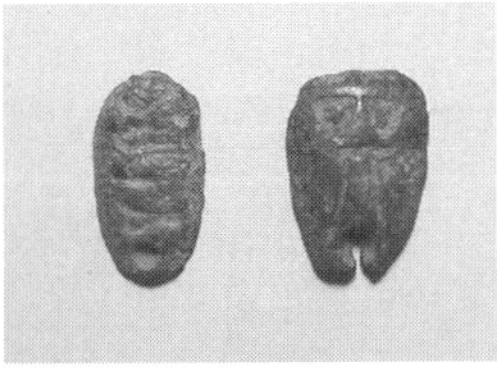

図39　楚国銅貝　右・蟻鼻銭（実大）

図40　秦半両銭（実大）

名を有し、燕国内で流通したと考えられる方足布が数種類存在する。燕国では、一部都市発行の貨幣も存在するが、明刀銭の発行量が圧倒的に多い。戦国末には「明彡」、「明化」（図37）、「一化」など軽量の方孔円銭が出現するが、これも明刀銭に代わって重量を減じて発行された統一貨幣と考えられる。

楚国では金版《きんぱん》が流通している。これは、切断して用いられる秤量《ひょうりょう》貨幣であり他国には例がない。金の延《の》べ板に刻印が押されており、刻印は数種類知られるが、「郢爰《えいえん》」の刻印を有するもの（図38）が圧倒的に多い。「郢」とは楚の国都の別名であり、国都が移ればその都市が「郢」と称された。楚国では、「郢爰」金版が国家の統一貨幣であったと考えられる。この他、青銅製の貝貨が流通している。この銘文も数種類知られるが、蟻鼻銭《ぎびせん》あるいは鬼臉銭《きれんせん》（図39右）と称される貨幣が圧倒的に多い。これも、金版に対する補助貨幣として用いられた、実質的に統一貨幣であった可能性がある。

秦国では、戦国中期の早い時期に半両銭《はんりょうせん》（図40）が発行されている。両甾銭《りょうしせん》など地方貨幣と考えられるものも存在するが、半両銭の発見数量が圧倒的に多い。「半両」は一両の半分の重量を示し、地名や国名ではないが、国家の統制のもとに発行されたと考えられる。戦国時代の半両銭は秦の軍事的進出経路に沿って発見されていることや、天下統一後の統一貨幣であったことからも、最初から国家の統一貨幣として発行されたと見なされる。

以上の周辺諸国では、例外なく国家の統一貨幣と考えられる貨幣が存在し、国内経済が中央集権的に統制される傾向があった。これは、これらの諸国に有力な経済都市があまり存在しなかったことの反映であろう。これに対して、三晋諸国では経済的実力を有する都市が多数存在したため、国家も都市による貨幣の発行を容認せざるを得なかったと考えられる。

戦国諸国家の都市支配

戦国時代になると、ほとんどの国に郡県制が敷かれ、県の置かれた都市には、王によって任命された県令、あるいは県大夫《けんたいふ》、県公《けんこう》などの地方官が中央から派遣されて、中央集権的に強力に統治されていたとされる。また、県を統轄する郡も設置され、郡守あるいは郡太守によって県は軍事的に支配されていたとされる。県の設置は春秋時代から見られるが、郡は戦国時代になって、国境地帯の防衛のために、あるいは新しく獲得した領地において、軍事的目的のために設置されたのである。楊寛『戦国史』の附録一「戦国郡表」によると、三晋諸国でも、魏国に五郡、趙国に四郡、韓国に三郡が設置されていたことが確認できる。その他の国では、楚国で六郡、燕国で五郡、そして秦国では三六郡が挙げられている。『史記』秦始皇本紀によると、秦は天下統一時に全国を三六郡に分け、守《しゅ》、尉《い》、監《かん》を置いて支配させている。

先に述べたように、確かに秦国では県の兵器製造機構は郡守あるいは中央に直接統轄されており、県は軍事的に中央集権的に支配されていた。ところが、三晋諸国の県は、制度上から見て軍事的、経済的に独立していて、郡など上位の権力の支配を受けていたようには見えない。三晋諸国の王や中央政府は、都市あるいはその住民をどのように支配しようとしていたのであろうか。すべての国の施策がわかるわけではないが、この点に焦点をしぼって文献史料から考えてみよう。

魏国は、戦国前期の文侯《ぶんこう》（在位前四四二～前三九五年）の時に、李悝《りかい》を宰相に任命して国政改革を行ったことは先に述べた。『漢書』食貨志上には、この時に李悝が行った「平糴法《へいてきほう》」という施策について記載されている。

穀物価格が極端に高騰《こうとう》すれば民を傷つけ、極端に下落《げらく》すれば農を傷つける。民が傷つけられれば離散し、農が傷つけられれば国が貧しくなる。だから、穀物価格の極端な高騰と極端な下落は、その傷つけるという点では同一である。よく国を治める者は、民を傷つけずに一層勉め励ませるものである。

李悝はこの後、国が穀物の豊凶にもとづいて、穀物を買い入れたり売り出したりして、その価格を安定させる方策を具体的に述べている。李悝の施策は、農民保護の観点からなされたもので、商人の投機的活動を抑制する方向にあるが、農民以外の「民」をも配慮していることに注目される。この「民」は下級の支配層をも含む商工業者と考えられ、主として都市住民を指すと考えられる。国力の基礎として農業を重視する李悝にあっても、魏国では都市住民の存在を無視できなかったのである。あるいはむしろ、農民と対置されている点、国力のもう一つの基礎として認識されていたと考えてもよいかも知れない。

魏国ではこの後、恵王《けいおう》（在位前三七〇～前三一九年）の宰相になった白圭《はくけい》には、明らかに重商主義的な発言が見られる。『史記』貨殖列伝によると、

白圭は事が変化するのを観察するのを楽しんだ。それ故に、人が棄てる物は手に入れ、人が取ろうとする物は与えた。また、穀物が実れば穀物を受け取って代わりに絹糸や漆を与え、繭《まゆ》が出回れば帛《はく》や真綿《まわた》を受け取って代わりに食料を与えた。

とあり、さらに「チャンスがあると猛獣や猛禽《もうきん》が獲物に飛びかかるが如くである」とあって、時期を見て敏速に売買することの重要性を述べている。これはまさに投機的商業そのものであり、白圭自身商人出身であった可能性もある。このような人物が宰相の地位にあれば、都市の商人に対して抑圧的であったとは考えられない。この恵王の時には、孟子が自給自足的な農業政策を進言して退けられていることも参考になろう。魏国の統治方針は、自由な商業活動を容認する方向にあり、都市の独立性を否定して中央集権的に規制することはなかったと思われる。

魏国以外の韓国や趙国については、県や都市の支配に直接係わる施策は史料的には見出すことはできない。韓国では、昭侯《しょうこう》（在位前三六二〜前三三三年）の宰相になった申不害《しんふがい》が中央集権的な君主専制支配を押し進めたとされている。これによって県や都市に対する統制も強化された可能性がある。

しかし、申不害は君主の意図を臣下に覚らせない「術」を重んじたと言われ、『史記』老子韓非列伝には「申不害の学問は黄老《こうろう》に基づいて刑名《けいめい》を主とする」とある。「黄老」とは黄帝《こうてい》と老子のことで、この両者に仮託された思想は、後述のように前漢前半期に黄老思想という政治思想として支配層の間で大いに流行した。黄老思想に基づく政治とは、上位の者は政治の大体を把握するのみで、下位の者にこまごまと干渉せずに自由に任せるというものであった。「黄老」の政治と申不害の「術」とは通じるところがあり、申不害の施策が都市に積極的に干渉するものであったかは疑問である。

三晋諸国以外で、県あるいは都市に対する支配の傾向をうかがうことができるのは斉国と秦国の場合である。まず斉については、『史記』田敬仲完世家《でんけいちゅうかん》には威王《いおう》（在位前三五六〜前三二〇年）の地方官統制にまつわるエピソードが記されている。威王は即位すると政治を卿大夫《けいたいふ》に任せきりにしたため、九年間も周りの諸侯に攻め続けられ、国内も大いに乱れた。ところが、威王は突然目が覚めたように即墨大夫《そくぼくたいふ》（即墨を統轄する地方官）を呼び寄せて次のように告げた。

君が即墨に赴任してから君に対する悪口が毎日我が耳に入ってきた。しかし、人を派遣して即墨を調査させたところ、田野は開墾され、民衆は満ち足り、役所の業務も滞ることはなく、これよって国の東方は安寧であった。これは君が我が側近に取り入って誉《ほま》れを求めようとしなかったからである。

威王は、即墨大夫に一万家の領地を与えた。ついで阿大夫《あたいふ》を召し寄せて告げた。

君が阿に赴任してより誉《ほ》め言葉が毎日我が耳に入ってきた。しかし、使者を派遣して阿を調査させたところ、田野は開墾されず、民衆は貧困に苦しんでいる。先頃、趙が我が甄《けん》を攻めた時も君は救援せず、衛が我が薛陵《せつりょう》を奪った時も君は知らなかった。これは、君が我が側近に賄賂《わいろ》を贈って誉れを求めたからである。

威王は即日、阿大夫と彼を誉め称えた側近を煮殺《にころ》してしまった。そして、軍隊を動員して周囲の国々に攻め込んで打ち敗った。このため、斉の人々は恐れおののき、斉国は大いに治まったとされる。

ところで、『史記』滑稽《こっけい》列伝では、この話は「諸県の令長七十二人を召して朝見し、一人を賞し、一人を罰した」となっている。この時、斉国の全県の長官が召集され、彼らの面前で即墨と阿の長官の賞罰が行われたのである。このエピソードからは、斉王が全地方官の治績を直接把握し、賞罰を明確にすることによって厳しく統制しようとする意図を読み取ることができる。

秦国については、やはり孝公《こうこう》（在位前三六一～前三三八年）の時の商鞅《しょうおう》の改革が問題となる。この改革は多岐にわたるが、県や都市の支配に関係するのは、小集落をいくつか合わせて県という行政単位を設置したことである。これは、上から行政的、人為的に各集落を統制しようとするものであり、個別の集落の独自性は考慮されていない。また、この改革の基本は農業に置かれており、都市住民に対する保護的な施策が見あたらないだけでなく、都市の重要な構成員と考えられる商人への抑圧が見られる。『史記』商君《しょうくん》列伝には次のようにある。

大人も子供も力を合わせて農耕と機織《はたおり》を本業とし、粟《ぞく》や帛《はく》を多く税として納めた者は労役《ろうえき》を免除する。商業によって利益を得ることにつとめたり、怠けて貧乏な者はすべて犯罪者として官有奴隷とする。

商鞅は明らかに「重農抑商」の立場に立っている。商行為そのものを禁止しているわけではないが、それに近い施策である。商鞅の改革は、都市の自由な商業活動を厳しく規制するものであった。

以上、すべての国の施策が明らかになったわけではないが、三晋諸国のうち魏国や韓国では、都市の制度的独立性と、その国の施策が対応していると考えてよいであろう。一方、斉国や秦国など周辺諸国の方も、県や都市に対する施策は制度的な側面とほぼ対応していると見なしてよい。

第六章　三晋都市住民の性格

都市住民の構成と組織

以上に述べてきた三晋諸国の都市の制度的独立性は何によってもたらされたものであろうか。これまで漠然と都市の経済的実力がもたらしたものと見なしてきたが、もう少し具体的に都市住民の実態に迫る必要がある。

すでに述べたように、戦国時代の都市遺跡を見ると、支配層の居住する内城と一般住民の居住する外郭に区分されているのが一般的である。内城に主として居住した支配層としては、国都には王、貴族、官吏が考えられ、地方都市では貴族の封邑《ほうゆう》には貴族と封邑管理の官吏、県が置かれた都市には県令など県の長官と属吏《ぞくり》、県が置かれなかった都市でも都市管理の官吏がいたであろう。そして、内城内とは限定できないが、都市を防衛するための兵士も配置されていた。『戦国策』東周策二によると、韓国の宜陽《ぎよう》（河南省宜陽県）には「材士《ざいし》十万」が置かれていた。『史記』穰侯《じょうこう》列伝では、魏国が国都大梁を秦に攻められた時、「百県の勝甲」三〇万を動員して国都を守備したとされている。大梁の場合は、国都を包囲された緊急で特別の場合であり、宜陽は秦に対する最前線防衛基地であるから、守備兵の数は別格であろう。しかし、一般地方都市でも城壁をめぐらし、兵器製造機構を設置した軍事的防御力を有する都市である以上、相応の守備兵が配置されていたはずである。

外郭内に居住した一般住民としては、生業を有する商人、手工業者、農民が考えられる。ある程度の規模の都市には、商品を取り引きする「市《し》」が設けられていることから、当然商人が居住していたはずである。上述のように、越の范蠡《はんれい》は陶で投機的商業に従事して巨万の富を築いているし、秦の宰相にまでなった呂不韋《りょふい》は衛の濮陽《ぼくよう》（河南省濮陽市）あるいは韓の陽翟《ようてき》（河南省禹州市《うしゅうし》）の大商人であったとされている。都市遺跡内には、国都のみならず地方都市にまで各種の製作場の遺跡が確認されている。そこには、多くの手工業者たちが働いていたはずである。これもすでに触れたように、兵器や陶器の銘文から、官営手工業や民営手工業が存在していたことがわかる。なかには製陶業のように大量生産も行われていた形跡もあり、生産物が広く市販されていた。この他、家畜を解体する「屠者《としゃ》」など都市生活に欠かせない特殊な技能をもった人々も居住していたことが確認できる。これらの人々は商工業者に準じて考えればよいであろう。

城郭内に農地があり農民も居住していた可能性もある。また、城外近郊の農地を耕作する農民も城郭内に居住していたようである。『韓非子《かんぴし》』外儲説《がいちょせつ》左上篇には、春秋末か戦国初期に、晋国の中牟《ちゅうぼう》令の壬登《じんとう》が、一日のうちに中牟（河南省鶴壁市西）の学者を二人も中大夫《ちゅうたいふ》に推薦したため、「中牟の人は農耕を止め、自宅を売り払い、学問に従事する者が邑の半分にもなった」とある。これはややオーバーな話ではあるが、中牟という都市の城内には確かに農民が住んでいたことがわかる。また、『戦国策』秦策四には、趙国が剛平《ごうへい》に都市を建設したため衛国は東郊を失い、「牧畜や薪採《たきぎと》りをする人々は、敢えて国都の東門を出なくなった」とある。これによると、衛の国都濮陽内には牧畜や薪の採集を生業とする人々も住んでいたことになる。

都市には、「学問に従事する者」のように生産活動に従事しない者として、貴族や高級官吏など都市の有力者に依附《いふ》する「食客《しょっかく》」あるいは「賓客《ひんきゃく》」と呼ばれる人々も相当数住んでいた。戦国の四君《しくん》の一人、魏の公子《こうし》信陵君は、魏都大梁に居住していたと考えられるが、各地から集まった「食客」を三〇〇〇人も抱えていたとされる（『史記』魏公子列伝）。また、東武城《とうぶじょう》（山東省武城県西北）に封じられた趙の平原君《へいげんくん》も多数の「食客」を抱えていたことで知られる（『史記』平原君虞卿《ぐけい》列伝）。彼らは一国の有力な貴族であるが、一般の庶民でも財力や人望のある者は「食客」を抱えることがあったようである。『史記』張耳陳余《ちょうじちんよ》列伝には、魏国の外黄《がいこう》（河南省蘭考県《らんこう》東南）という都市の富人が客を抱えていることが見え、またこの富人の娘を娶《めと》った張耳は財力を得て千里もの遠方から客を召し寄せたとされている。

都市には、以上のように支配層、兵士、各種生業を持つ人々の他、「食客」など生業を持たない一種の遊民が居住していたことは明らかである。そこで問題となるのは、都市住民はいかなる階層の人々が主体となっていたかである。個別の都市住民の構成を明らかにする史料はないが、第二章でもふれた『漢書』食貨志上に記載されている魏の李悝《りかい》の言説が参考になる。収穫された食料の取り分や消費量の身分あるいは職業ごとの割合を、それぞれの人口比と考えると、魏国の人口比は官吏と兵士一：商工業者三：農民六の比率となる。このうち、四割にあたる官吏、兵士、商工業者が純粋な都市住民とみなしてよいであろう。

問題は農民がどの程度都市に居住していたかである。農民全てが都市に居住していたとすると、都市住民の六割が農民ということになり、都市は農業都市と見なしてもよい。雲夢秦簡《うんぼうしんかん》の中に含まれていた「魏戸律《ぎこりつ》」という法律には、次のような規定がある。

民があるいは邑《ゆう》（都市）を棄てて野《や》（田野）に居住し、他人の孤児や寡婦《かふ》の家に入り込み、他人の婦女を求めるのは我が国の習わしではない。そのような人間には一家を為さしめてはならないし、田畑や住居を与えてもならない。

この法律は、かってに都市を離れて郊外に居住することを厳禁したものであり、民衆は都市に居住するのが古来の慣習であったことを示している。そうすると、農民も本来すべて都市に居住していたことになる。しかし、逆にこうした慣習が崩れてきたために、このような法律が制定されることになったとも考えることができる。

戦国時代になると、人口の増加にともない山林藪沢《さんりんそうたく》の開墾が進み、純粋な農村も増加していったと考えられる。また、都市の遠郊まで開墾されるようになると、農民の中には農繁期には郊外に居住し、次第にそこに定住する者も現れてきたであろう。戦国時代に経済的都市と農村の分離が進行したと考えると、都市人口に占める官吏や兵士、商工業者、そして遊民の割合は自ずから高まったと考えられる。経済的都市には農民が多数を占めていたわけではないであろう。

では、都市の商工業者など一般住民はどのように組織されていたのであろうか。都市の内部は里《り》に区画されていた。『史記』刺客《しかく》列伝に見える聶政《じょうせい》という人物は、韓の軹《し》という都市（河南省済源《せいげん》市南）の「深井里《しんせいり》」の人であった。また、『戦国策』趙策一では、遊説家の蘇秦《そしん》は洛陽の「乗軒里《じょうけんり》」の人とされている。宮崎市定氏は、漢代以前の里について、単なる支配のための行政区画ではなく、都市の内部は都市住民に推戴《すいたい》された里老《りろう》、郷三老《きょうさんろう》、県三老などを精神指導者として相互扶助的な団結が存在していたとしている（「中国における聚落形態の変遷について」『アジア史論考（中）』朝日新聞社、一九七六年などに所収）。

『史記』滑稽《こっけい》列伝の褚少孫《ちょしょうそん》補記には、有名な西門豹《せいもんひょう》の「河伯《かはく》の嫁取り」の逸話が引かれているが、魏文侯の時の鄴《ぎょう》という都市（河北省滋《じ》県南、河南省安陽市北）には県の「三老」や里の「父老《ふろう》」がいたことになっている。これらの人々は、「河伯の嫁取り」の儀式に際しては、鄴の役人たちや有力者たちと並んで主要な列席者となっており、鄴の住民を代表する指導的立場にあったと見なされる。しかし、この褚少孫補記は漢の元帝《げんてい》、成帝《せいてい》の時に書かれたものであり、後の漢代の現実を反映している可能性が高い。戦国時代の三晋諸国の都市に、漢代に見られるような里の「父老」や県の「三老」が存在して住民の意志を代表していたかどうかは明らかでない。

上党郡の都市住民の動向

戦国時代の三晋諸国の都市に、里の「父老」あるいは有力者を代表とする自律的な組織が存在していたかどうかは、史料的に直接裏付けることはできない。しかし、『戦国策』趙策一には、韓国の上党郡《じょうとうぐん》における住民の動向に係わる注目すべき記載がある。この記載に関してはいくつかの異伝がある。異伝も参照しながら以下事実に近いと思われる部分を剔出《てきしゅつ》してみたい（地名については**図41**参照のこと）。

『史記』韓世家によると韓の桓恵王《かんけいおう》一〇年（前二六三年）、白起王翦列伝《はくきおうせん》では秦昭襄王《しょうじょうおう》四五年（前二六二年）に、秦国が軍隊を動員して韓国に対して攻撃を開始した。秦軍は二手に分かれて進み、一軍は黄河の南側の滎陽《けいよう》を、もう一軍は黄河の北側の太行山脈の方面を攻撃する動きを見せた。

　白起王翦列伝には、秦軍はこの時、野王《やおう》（河南省温県東あるいは沁陽《しんよう》県）を攻めたとする記事と、邢丘《けいきゅう》（河南省温県東）を攻めたとする記事の二つがある。ともに黄河の北側にあり、韓の国都と上党郡を結ぶ通路にあたる。これらの地を秦軍に抑えられる

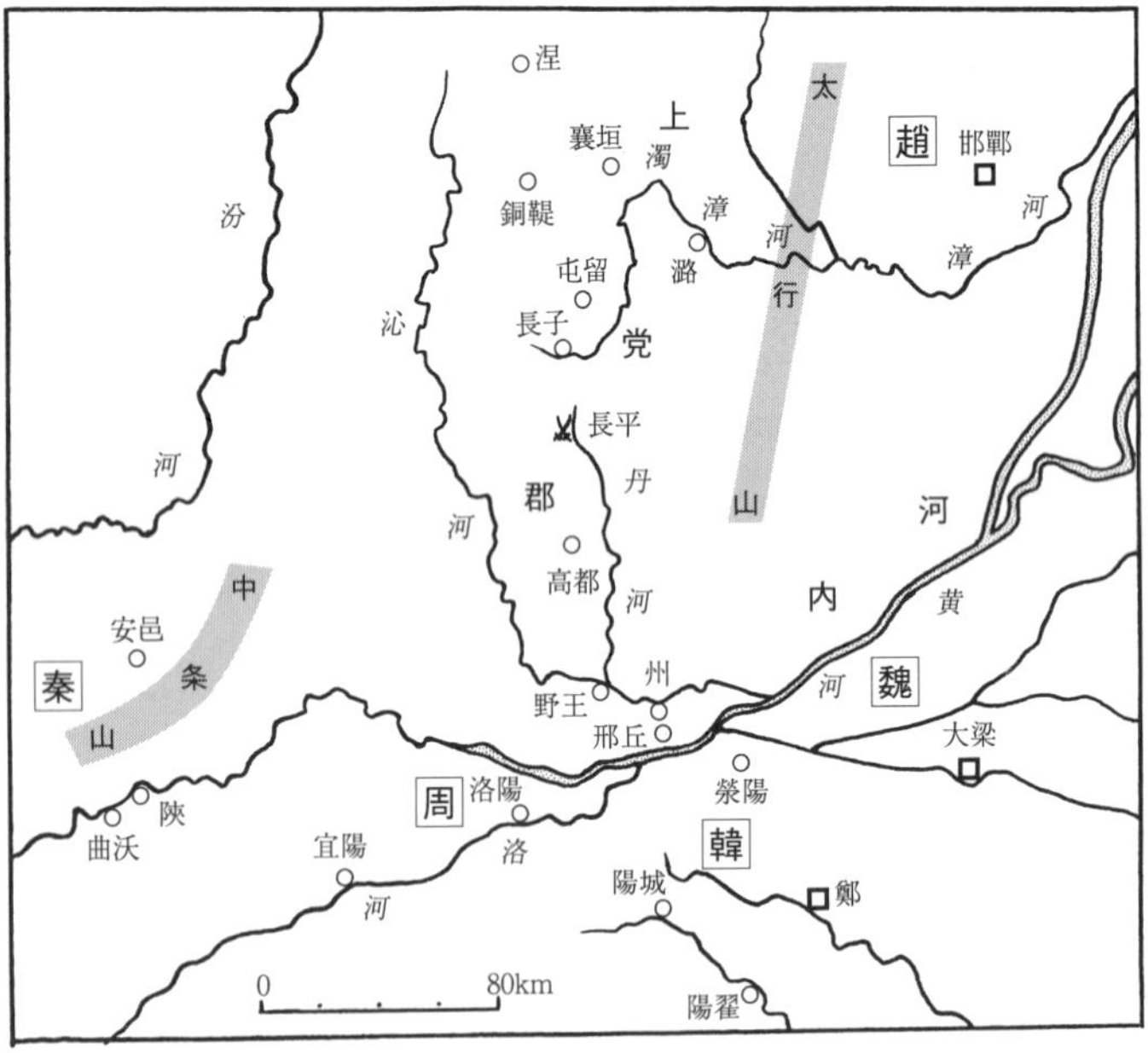

図 41　上党郡関係地図

と、上党郡は完全に孤立してしまう。滎陽は韓の国都鄭《てい》の西北に位置する要地で、ここを落とされると国都は相当危うくなる。
　そこで、韓は恐れて陽城君《ようじょうくん》を秦に派遣し、上党郡を献上することを条件に和平を請わせた。一方、上党郡には韓陽《かんよう》という人物を派遣して、上党郡の守（長官）の靳黈《きんとう》に韓王の命令として上党郡を秦に献上するように伝えた。しかし、靳黈は秦軍に対する死を賭《と》しての徹底抗戦を主張し、王命を拒否した。
　使者の韓陽は急ぎ立ち返ってこのことを韓王に報告した。韓王は直ちに靳黈を解任して馮亭《ふうてい》に交代させた。しかし、馮亭は郡守に着任して三〇日間にわたって上党郡を守り抜いた。そして、ひそかに趙王に人を遣《つか》わして次のように請わせた。

　韓は上党郡を守ることができなくなりました。そこで郡をそっくり秦に与えようとしましたが、その民はみな秦に属することを望まず、趙に属することを願っております。今、上党郡には邑が七十あります。謹んで、これを王様のもとに入れさせていただきたいと思います。どうかよろしくご決断賜りますように。

ここで注目されるのは、馮亭が上党郡を以て趙に降ろうとした理由である。馮亭は、主君の韓王の命令よりも、上党郡の「民」の意向を優先して趙に降ろうとしているのである。

『史記』趙世家でも、馮亭の使者は、「韓は上党を守ることができなくなって、これを秦に入れようとしています。しかし、その吏民《りみん》はみな趙に属することに安心感を覚え、秦に属することと望みません。城市《じょうし》の邑が十七有ります。謹んで、これを趙に入れさせていただきたく思いますので、どうか王様から吏民にどのような恩賞を賜るのかお聞きかせ下さい」と言っている。ここでは、趙に属することを望んだのは「吏民」となっている。『戦国策』趙策一でも、この後の趙王の言葉では「吏民」となっており、趙王が与えた恩賞の対象も上党郡の「民」の他に、太守、県令、諸吏《しょり》になっていることから、趙に属することを願ったのは民衆だけでなく官吏も含むものであろう。上党郡の邑、すなわち都市の数も、『戦国策』秦策一や『韓非子』初見秦《しょけんしん》篇では、「上党十七県」となっている。漢代の上党郡の県の数も一四しかなく、「十七」が正しいと思われる。古文字《こもんじ》では、「十」と「七」の字形は極めて近くよく混同される。ここで、韓王の命令を無視して趙に属することを願ったのは、上党郡下の一七の県＝都市の全住人であった。

ところで一方、白起王翦列伝では、馮亭は民と謀って、「国都への道路はすでに断ち切られ、韓はもはや民を治めることができなくなった。秦の兵隊は毎日前進し、韓はくい止めることができない。上党をもって趙に帰属するよりしょうがない。趙がもし我々を受け入れてくれれば、秦は怒って必ず趙を攻めるだろう。趙が秦の攻撃を被《こうむ》れば、必ずや韓と親しくするだろう。このようにして、韓と趙が一つになれば、秦に対抗できるはずである」と言っている。ここでは、馮亭の方から「民」に謀ったことになっており、「民」の意志という側面は薄れている。そして、趙に帰属する理由も、趙が韓と一体となって秦に当たらざるを得なくするよう仕向ける馮亭自身の策謀の色彩が濃くなっている。しかし、これも上党郡の住民の秦に対する拒絶の意志を踏まえた上での策謀であることには変わりはない。

上党郡の住民が秦の支配に対して拒絶感を持っていたことは、白起王翦列伝の他の部分でもうかがうことができる。上党郡が趙に降った後、秦昭襄王四七年（前二六〇年）、「秦は左庶《さしょ》長《ちょう》の王齕《おうきつ》に韓を攻めさせ上党を取った。上党の民は趙に逃亡した」とある。また同伝で、その後の秦の武安君《ぶあんくん》白起の言葉として、「前に秦はすでに上党を抜いたが、上党の民は秦に属するのを楽しまず趙に帰属した」とある。秦側の人間にとっても、上党の住民の秦に対する拒絶の意志は強烈に感じ取られていたのである。同じようなことは、やはり同伝で蘇代《そだい》が秦の宰相応侯《おうこう》（范雎《はんしょ》）に語った言葉に見え、「上党の民はみな反して趙に属しました。天下の人々が秦の民と為ることを楽しまないのはずっと以前からです」とある。

秦の侵攻と上党郡の行方

『戦国策』趙策一によると、上党郡をもって趙に降りたいと言う馮亭の使者の申し出に対して趙王は喜び、平陽君趙豹《へいようくんちょうひょう》を召して意見を聞いた。趙豹は、聖人の言葉に「理由もなく受ける利益は大きな災いである」とあるように、秦が居ながら労せずして上党を手に入れようとしている時に、韓がそれを趙に入れようとしているのは災いを趙に転嫁《てんか》させようとしているからだとして反対した。これに対して趙王は激怒して趙豹の考えを退けた。趙豹が退出した後、王は改めて平原君趙勝と趙禹《ちょうう》を召して意見を聞いた。二人はともに、「軍隊を動員して一年を越えてもいまだ一城も獲得できていないのに、居ながらにして城を獲得できるのは大きな利益です」と答えた。そこで、趙王は趙勝に上党郡を受け取りに行かせた。

この部分は、『戦国策』、『史記』趙世家、白起王翦列伝ともに内容的にはほとんど同じである。趙豹の意見のごとく、趙側には馮亭の策略ではないかという疑いが一部にあったことは確かであろう。

趙勝は上党郡にやって来て、趙王からの恩賞を与える命令を馮亭に伝えた。それは、太守を三万戸の都市に封《ほう》じ、県令を千戸に封じ、もろもろの官吏には爵《しゃく》三級を増し、民の趙によく服属して土地に定着する者には六金を下賜するというものであった。馮亭はこれに対して、涙を流してひれ伏し、自分は主君である韓王のために命を懸けて領土を守ることができず、主君の命令にも従わず、主君の領土を他国に売ってそこに封じられるという三つの不義に当たると述べ、趙王からの恩賞を辞退した。その後、馮亭は韓に戻《もど》り、韓王に対して「趙は韓が上党を守ることができないと聞いて、出兵してこれを奪ってしまいました」と報告した。そこで、韓は趙が軍隊を動員して上党を奪ったと秦に通知した。秦王はこれを聞いて怒り、公孫起《こうそんき》と王齕に趙を攻撃させ、趙の軍隊と長平《ちょうへい》で対峙《たいじ》することになったのである。

このように『戦国策』では、秦を怒らせて趙を攻撃させるという馮亭の策略が成功したことになっている。『戦国策』趙策一は、全体として馮亭が韓の災いを趙に転嫁するという策謀の話に仕立て上げられているのである。

しかし、『史記』趙世家では、馮亭が恩賞を辞退して韓に帰って王に報告したという部分はない。また、白起王翦列伝では馮亭は華陽君《かようくん》に封じられたことになっている。『漢書』馮奉世《ふうほうせい》伝では、「馮亭はそこで上党郡を入れて趙のために秦軍を防いで戦った。趙は馮亭を華陽君に封じた。そして趙の将軍趙括《ちょうかつ》とともに秦軍を防ぎ、長平で戦死した」とある。この部分は『戦国策』とは大きく異なっている。『漢書』はずっと後世の史料であるが、馮亭の子孫は秦代でも高位高官に登っており、漢の文帝の時には『史記』に列伝がある馮唐《ふうとう》がいる。元帝の時に将軍として活躍した馮奉世も『漢書』に伝があり、馮亭の子孫である。馮亭の家は前漢末まで名家として途切れることなく続いており、『漢書』の記事は家伝に基づくかなり確かな史料ではないかと思われる。馮亭は、主君である韓王の命令を無視してまで、あくまで上党郡の吏民の意志に従い、秦との戦いに殉じたということになる。馮亭にとって、趙に降ることは韓のための策謀といったようなものではなかったのではなかろうか。

なお、長平における趙軍と秦軍の対峙は悲惨な結果に終わる。この間の状況は『史記』白起王翦列伝が詳しいので、これに基づいて述べよう。韓の上党郡が趙に降ると、秦は、昭襄王四七年（前二六〇年）、左庶長の王齕に命じて趙を攻めさせて上党郡を奪った。上党郡の住民は趙に逃れ、趙は出兵して長平（山西省高平県西北）に陣を構えた。上党郡の多くの都市は、漳河《しょうが》上流の濁漳河《だくしょうが》の流れる盆地にある。長平は丹河《たんが》の上流にある谷間の地であり、この盆地に南方から入るには通過せねばならない要地である。王齕が趙を攻撃すると、趙は廉頗《れんぱ》を将軍として防がせた。両軍の小競《こぜ》り合いが続いたが、趙軍の方が劣勢であった。

そこで、廉頗は長平に防塁を築いて持久戦に持ち込むこととした。秦軍がしばしば挑発したが、趙の兵卒は固く守って防塁から出なかった。ところが、趙王は廉頗の軟弱さを責めた。そして一方、秦側では反間《はんかん》を放って廉頗の引きずり降ろしを謀った。趙王は反間の言葉を信じ、若年で血気盛んな趙括《ちょうかつ》をして廉頗に交代させた。趙括はかの名将趙奢《ちょうしゃ》の息子である。しかし、『史記』廉頗藺相如《りんしょうじょ》列伝によると、彼は兵法には詳しいが、実戦経験に乏しいお坊ちゃんであった。秦はこのことを知ると、用兵の天才とも言える武安君白起を上将軍に据《す》え、王齕に補佐させた。

　趙括は着陣するとすぐに防塁から出て秦軍を攻撃した。秦軍は伏兵を二部隊隠して偽って敗走した。趙軍は勝ちに乗じて秦軍を追撃し、秦の防塁にまで至った。秦軍は防塁によって堅守したので趙軍は突破できず立《た》ち往生《おうじょう》した。そこへ秦の伏兵二五〇〇〇が趙軍の防塁の後方を遮断《しゃだん》した。また、別の伏兵五〇〇〇騎が立ち往生している趙軍と趙の防塁との間を遮断したので、趙軍は二分され補給路が断たれた。さらに秦は軽装備の兵を出して攻撃したため、趙軍はやむなくその場で防塁を築いて固く守りながら救援軍を待った。秦王はこれを聞いて自ら河内《かない》まで出向き、一五歳以上の男子をすべて徴発して長平の戦場に向かわせ、趙の救援と補給を絶たせた。趙の兵卒は四六日間も食料を絶たれ、お互いに殺し合って人肉を食らうほどであった。何度も秦の防塁を突破しようと攻撃を仕掛けたがかなわなかった。

　将軍の趙括は、最後の望みをかけて自ら精鋭を率いて突撃したが、逆に秦軍に射殺されてしまった。趙括の軍隊は敗れ、兵卒四〇万人が白起に降服した。白起は、先に上党の民が秦に属することを拒否したことや、趙の兵卒も叛服《はんぷく》常ならないことから、皆殺しにしなければいずれ反乱を起こすのではないかと考え、計略を設けてことごとく生き埋めにして殺してしまった。『史記』趙世家や秦本紀では、この時白起が殺した趙の兵卒は四〇余万となっている。また、廉頗藺相如列伝では、数十万を生き埋めにし、趙はこの戦争を通じておよそ四五万人を失ったとされている。

数十万人としても膨大な人数である。秦は反乱を恐れただけで、果たしてこれだけの人間を殺す必要があったのであろうか。捕虜として本国に連れ帰って労働力として用いることを考えなかったのであろうか。秦は本国から遠く離れて軍隊を送っており、しかもかなりの長期戦になっている。あるいは、捕虜の数があまりにも多すぎ、食料の手当がつかず殺さざるをえなかったのかも知れない。

図42　長平の戦いの戦跡　永禄一号坑

長平の戦いで大量虐殺が行われたことは、最近考古学的にも確認されている。一九九五年に、高平市と長平村の間の永禄《えいろく》村周辺で戦跡調査が行われ、人骨の埋まった穴が一八箇所発見された（『文物』一九九六年六期）。その中の一箇所が発掘されたが、長さ九・四メートルの長方形の穴の中から乱雑に放り込まれた形で六〇体分の人骨が発見された（図42）。穴の半分は破壊されていたので、全部で一三〇体は放り込まれていたとされている。人骨は鑑定の結果みな男性で、三〇歳前後が多く、二〇歳以下はわずかであるが四五歳以上は一定の割合を占めていた。平均身長は一七〇センチメートルほどで、死体のほとんどは殺されてから放り込まれたもので、大量に生き埋めにされたという証拠はないとのことである。この点、史書の記述と異なるが、趙の二〇代から三〇代の働き盛りの男性が大量に殺されたことは確かであろう。廉頗藺相如列伝に、「趙の壮年の者は長平でいなくなってしまった」とあるのはそれほど的《まと》はずれではないであろう。長平の戦いの明年、秦は趙都邯鄲を包囲した。邯鄲の包囲は楚と魏の援軍により解かれるが、その後趙の国力は急速に衰えていった。秦の長平での勝利は、秦による天下統一への道程を大きく一歩進めるものであった。

しかしその後も、上党の住民は秦の支配に容易に服さなかったようである。白起王翦列伝には、秦昭襄王四八年（前二五九年）「秦はまた上党郡を定めた」とある。秦本紀では、同じ年に「司馬梗《しばこう》が北方の太原《たいげん》を平定し、ことごとく韓の上党を領有した。正月、軍事作戦を止め、また上党を守備した」とある。王齕が上党郡を占領した後も不穏な動きが有ったようである。上党郡は、その後随分たった後でも反乱を起こしているようである。『史記』秦本紀の荘襄王《そうじょうおう》四年（前二四七年）には「王齕が上党を攻めた」とある。これは、六国年表の韓桓恵王《かんけいおう》二六年（前二四七年）の項に「秦が我が上党を抜く」とある記事に対応する。このことからも、上党郡の住民の秦に対する拒絶感は極めて強く、かつ持続的であったことがわかる。

三晋諸都市の反秦抵抗

では、なぜ上党郡の住民は、秦に属することを拒否して趙に属することを願ったのであろうか。その最大の理由は、秦に属することは秦の支配の方式を受け入れることであり、それは取りも直さず自らの都市の自律的な体制の解体を意味したからだと考えられる。それ故、主君である韓王の命令を無視してまで、同質的な趙の支配を選んだのではなかろうか。

すでに述べたごとく、秦の都市支配は、その独立性を制限して上位権力が中央集権的に統制しようとするものであった。このような秦の都市統制をより徹底して意図したものとして注目されるのは、占領した都市の住民を強制的に移住させるという都市支配の方式である。『史記』には、戦国時代に秦が占領した三晋諸国の都市住民を強制移住させた例が五例見える。

（一）樗里子甘茂《ちょりしかんも》列伝：秦恵王《けいおう》八年（前三三〇年）、樗里子に右更《うこう》の爵を与え、軍を率いて曲沃《きょくよく》を伐たせた。ことごとくその人を出してその城を取った。その地は秦の領地となった。

（二）秦本紀：秦恵文君《けいぶんくん》一三年（前三二五年）、張儀《ちょうぎ》に陜《せん》を攻撃させて奪い、その人を出して魏に与えた。

（三）六国年表：魏哀王《あいおう》五年（前三一四年）、秦が我が曲沃を抜き、その人を帰してきた。

（四）秦本紀：秦昭襄王二一年（前二八六年）、司馬錯《しばさく》が魏の河内を攻撃した。魏は安邑を献上した。秦はその人を出した。河東に移りたい者を募集して、移る者には爵を与え、罪人の罪を赦して安邑に移住させた。

（五）秦始皇本紀：秦王政八年（前二三九年）、王の弟の長安君成蟜《せいきょう》が軍を率いて趙を伐ち、屯留《とんりゅう》で反乱を起こした。軍吏はみな斬られて死んだ。その民を臨洮《りんとう》に移した。将軍の壁《へき》は死に、卒の屯留の蒲鶮《ほこう》が反乱を起こして死んだ。その死体をさらした。

他に、魏が文侯一三年（前四三〇年）に繁龐《はんろう》の民を強制移住させた例が一つあるが、以上の秦の例より一〇〇年以上早い。戦国中期以後の強制移住の例は秦だけであり、秦特有の占領地支配の方式ではなかったかと思われる。

曲沃（河南省三門峡市西）について、『史記』六国年表の魏襄王《じょうおう》五年（前三三〇年）の項に、「秦が我が焦《しょう》、曲沃を囲む」とあり、秦本紀の翌、恵文君《けいぶんくん》九年には「焦を囲みこれを降す」とある。その後、六国年表の魏襄王八年（前三二七年）の項には「秦が我が焦と曲沃を帰す」とある。これから見ると、秦は恵文君九年あるいはその前後に、焦（河南省三門峡市付近）だけでなく曲沃も陥落させていたことになり、（一）の記事と大体合うことになる。曲沃は魏に返還されたが、六国年表の魏襄王一三年（前三二二年）の項に「秦が曲沃を取る」とあるように、また秦に占領されている。しかし、その後、(三)のように魏哀王五年(前三一四年)の項に曲沃陥落と強制移住の記事が現れる。曲沃は、秦によって二度も強制移住が行われていることになる。曲沃の住民の、秦に対する抵抗が極めて強かったため、秦は全住民の強制移住という強行を手段を取らざるをえなかったものと考えられる。

(二)では、秦は陜(河南省三門峡市付近)を奪った後、城だけを受け取って住民は魏に返還している。これなどは、強制移住させた後に起こる抵抗を事前に回避しようとしたものであろう。(四)では、魏より安邑を受け取った後、旧住民を他所に移して代わりに統治しやすい自国の免罪人を移住させている。

(五)の例の前半では、趙の屯留(山西省屯留県南)を攻撃して占領した長安君が逆に反乱を起こした。その結果、住民が秦の西辺の臨洮に強制移住させられている。長安君は、秦の支配に抵抗する屯留の住民に丸め込まれた可能性がある。屯留は、上述のように、先に秦に属することを拒否した上党郡の主要な都市の一つなのである。後半については人によって解釈が異なる。壁と蒲鶮を人名と解して、長安君を討伐した将軍の壁が死んだので、遠方への強制移住のことを聞いて恐れた屯留出身の兵卒である蒲鶮が反乱したとする説がある。再度にわたる屯留の住民の反乱に怒った秦は、見せしめのために首謀者の死体をさらすという厳しい処置を取ったと考えるのである。ここにおいても、都市住民の秦の支配に対する強烈な拒絶が感じ取られる。秦は占領地の都市住民の抵抗が特に強く、秦の支配を受け入れない場合は、その住民の総入れ換えさえも辞さなかったのであり、これは都市住民の組織を根本から破壊することを意味したであろう。

繰り返しになるが、秦の支配の方式は、都市の独立性を認めず、中央集権的に支配を貫徹しようとするものであった。しかし、三晋諸国の諸都市は、上述の上党郡の諸都市に顕著なように、このような支配に頑強に抵抗しようとした。

では、都市住民のこのような抵抗のエネルギーはどこからもたらされたのであろうか。それはやはり、都市住民の経済的実力によるものであったと考えられる。商人や手工業者、その他の生業を営む都市住民にとって、経済活動に対する規制は何よりも忌避《きひ》すべきものであったであろう。前近代においても、自由な経済活動の保証は、それに関与する都市住民に豊かな富をもたらしたと考えられる。それに対して中央集権的な支配は自由な経済活動を規制するだけでなく、都市住民から富を奪い都市の経済発展を阻害《そがい》するものでもあった。発展する経済都市は、国家にとっても財力の基盤になったはずである。都市の経済力を基盤とする国家は、ある程度の自由な経済活動を保証するために、都市の制度的独立性を認めざるをえなかったであろう。都市が発達した地域に立地した三晋諸国家は、まさにそのような国家であったと考えられる。

第七章　都市における「市」の役割

古代の「市」の形態

三晋諸国の都市住民の意志はどのような場で示されたのであろうか。先に述べたように、戦国時代から漢代にかけて都市住民が里を単位にして編成されていたことは確かである。そして、戦国時代にも、これらの里に父老《ふろう》による相互扶助的団結が存在し、ある程度の自治的機能を保持していた可能性があるとしても、里を統合する上位の自治的組織の存在は確認できない。

戦国時代には、ある程度経済力を有する都市には経済活動の場である「市《し》」が設けられていた。すでに引用した『戦国縦横家書《せんごくじゅうおうかしょ》』第二六章には「小県の市ある者」の語があり、『戦国策』や『史記』の中にも「城市の邑」の表現があった。これらの表現は、「市」を有する都市を特別価値のある都市として区別しているのである。そして、「市」が商業活動の場であることから、これは都市の経済的な側面を強調していることになる。しかし、「市」の具体的なあり方を見ていくと、「市」はそれ以外の様々な側面を有することが明らかになる。

戦国以前の「市」が、都市のどのような場所に配置されていたのか、実際のところあまりよくわからない。『周礼《しゅらい》』考工記《こうこうき》の匠人《しょうじん》の職に「祖《そ》を左にし、社《しゃ》を右にし、朝《ちょう》を正面にし、市《し》を後にする。市と朝は一夫《ぷ》の広さである」という記事がある。これは、周の王都における宗廟《そうびょう》(祖)、社稷《しゃしょく》(社)、政治を行う広場＝朝廷（朝）、市場（市）の配置を述べたものである。注釈家の説によると、王の居所である路寝《ろしん》の前に燕朝《えんちょう》、治朝《ちちょう》、外朝《がいちょう》の三つの朝があり、治朝の左右に宗廟と社稷が配置された。そして路寝の背後、北宮の後に三つの市が置かれ、朝と市の広さは一夫、すなわち方一〇〇歩《ぽ》であったと解されている。これによると、王宮の背後に「市」が置かれていたことになる。しかし、『周礼』は周の制度を記した書とされるが、実際は戦国時代以後に理想化された制度であり、現実をどれだけ反映しているかは疑わしい。

『左氏伝』にはいくつか春秋時代の「市」に関する記載がある。荘公《そうこう》二八年（前六六六年）に、楚が鄭の国都（河南省新鄭県）を攻撃した時、楚の戦車隊が純門《じゅんもん》から入って「逵市《きし》」まで達したとある。注釈によると、純門は鄭の外郭の門であり、「逵市」とは郭内の道のそばの「市」とされている。「逵」とは鄭の国都内の道路に用いられる語で、九方向に通じている道とされる。鄭の国都の外郭内には、道路が集まる場所に「市」が設置されていたことになる。なお、「逵」

を「九軌《き》」と解する説があるが、これなら馬車九両が通行できる大道となる。『左氏伝』には、その他にも道路沿いに「市」があったことを思わせる記述があるが、春秋時代の「市」がどのような形態であったかはよくわからない。

銀雀山《ぎんじゃくざん》竹簡の『守法守令等十三篇《しゅほうしゅれい》』は、戦国時代の斉国の法令の一部を集成したものとされている。この中に、「市法《しほう》」という「市」の制度についての規定の断片が含まれている。断片の一つには、「市」の大きさは邑（都市）の大きさに見合ったものとし、貨物のために出入の門の利便性を考えること、「市」は必ず邑に置くことなどの規定がある。これによると、「市」は都市内に置かれ、区域が設けられ門から出入するようになっていたと考えられる。また、「列肆《れっし》」についての規定の断片もあり、商品の貴賎によって店舗《てんぽ》の大きさが定められていたこともわかる。

戦国時代には、また「市」の遺跡と思われるものが都市遺跡内に発見されている。一つは、中山国都の69霊寿古城（河北省平山県）の例である（図10参照）。城内中部にまとまった大きさの版築の建築基礎があり、そこから大型板瓦《いたがわら》、筒瓦《つつがわら》、山形や山字形の瓦飾り、円瓦當《えんがとう》や大型の磚《せん》などの建築資材が大量に出土した。そして、この遺跡の中央部には、古城の西門と思われる所から真っ直ぐ東に幅一一メートルの古道が貫き、さらに東に伸びていた。また、この遺跡の北側東城内には官営手工業の工場と考えられる遺跡が集中しており、中国の研究者はこの遺跡を城内の「市」と見なしている（『中国考古学会第三次年会論文集』文物出版社、一九八一年）。春秋時代の都市内の「市」も道路沿いにあったことや、瓦などが出土してかなり公的な建築物があったと考えられることから、その可能性は高いであろう。ただし、「市」の形態がどのようなものであったかは、この遺跡からはわからない。

もう一つの例は、三晋諸国の都市ではないが、[250]秦都雍城《ようじょう》遺跡（陝西省鳳翔《ほうしょう》県）内の「市」の遺構である。秦は、徳公《とくこう》元年（前六七七年）から献公《けんこう》二年（前三八三年）までこの雍城に国都を置いた。そして、『史記』秦始皇本紀所引の『秦記《しんき》』とされる書には、献公七年（前三七八年）に始めて「市」の制度が行われたとある。楊寛氏によると、「市」の遺跡は雍城北壁から南東三〇〇メートルのところで発見された（尾形勇、高木智見共訳『中国都城の起源と発展』学生社、一九八七年）。この遺跡は長方形の土塀《どべい》で囲われており、南北一六〇メートル、東西一八〇メートルあった。土塀の幅は一・五から二メートルあり、それぞれの土塀の中央部には門が設けられていた。発掘された西門は、南北二一メートル、東西一四メートルで、出入口の所は空心磚《くうしんせん》の階段になっていた。柱穴や瓦の堆積状況から、門は寄棟式《よせむねしき》の大型の瓦屋根であったとされている。

このような「市」の構造は、成都市西郊で発見された後漢の画像磚《がぞうせん》に描かれた「市」とよく似ている（図43）。周りを塀に囲われ、上端と左右両端に瓦屋根の門がある。この図は版木《はんぎ》で磚に押されたものであるので、下端の門は磚からはみ出してしまったと考えられる。上端の門は「北市門」とあり、左端の門は「東市門」とある。「市」の内部には、東西、南北に幅の広い十字路が通り、交差点に二階建ての建物がある。二階部分には太鼓と思われるものが置かれ、この建物は市場管理の建物で、『三輔黄図《さんぽこうず》』に記載がある「市楼《しろう》」あるいは「旗亭《きてい》」と考えられている。十字路で区切られた四つの区画にはそれぞれ三列あるいは四列の長屋がある。これらは商品を売買する店舗で、「列肆《れっし》」に当たるとされている。

図 43　成都西郊出土の後漢「市」画像磚拓本

図44　「安陸市亭」陶文拓本

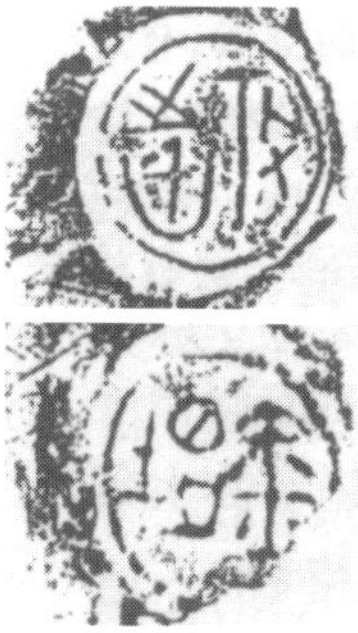

図45　新蔡故城出土封泥拓本　「攻市」封泥（上）、「金墭」封泥（下）

戦国時代には、残念ながらこのような画像は発見されていない。しかし、戦国時代から秦代にかけての「市」の内部構造もよく似たものであった可能性がある。第五章でふれたように、陶器や漆器に「市」や「亭」、あるいは「市亭」の印（図44）や烙印《らくいん》を押したものが発見されている。これらの器物は、「市」の内部で製造販売されたものと考えられている。そして、この「亭」や「市亭」は漢代の「旗亭」に当たるとされている（『考古与文物』一九八〇年創刊号）。また、『周礼』地官《ちかん》、司市《しし》の職に「肆《し》を陳《なら》（列）べて物を区別し、市の物価を平均化する」とある。「市」には商品の種類ごとの店舗の並び、すなわち「列肆」があり、物価の管理が行われていたようである。また、「列肆」には肆長《しちょう》の官が置かれ、商品の陳列などについて管理していたとされる。

なお最近、河南省新蔡《しんさい》県の168新蔡故城内から、多数の戦国時代の封泥《ふうでい》が発見され、その中に「市」における交易に関わる印章を押したものが多く含まれていた（『文物』二〇〇五年一期）。封泥とは簡牘《かんとく》文書や物品の封印に用いられる泥塊である。新蔡故城からは、「夕坐（市）」「攻坐（工市）」など「市」の種別や、「紋塩」「金塩」など織物関係や金属関係の取引場所を示すと考えられる印を押した封泥が見つかっている（図45）。また封泥に押された象形印《しょうけいいん》は商標を示すものではないかとされている。封泥の機能は信用を保証するものであり、「市」において業種別に信用取引が盛んに行われていたことをうかがうことができる。

「市」に対する国家規制

影山剛氏は、戦国時代から漢代にかけての「市」について、都市内の他の区域（里）とは周囲を土塀によって区別された特別な区域であることから、都市の成立後に国家権力によって法制的に設定されたものとしている（『中国古代の商工業と専売制』東京大学出版会、一九八四年）。「市」は都市内だけでなく、必要に応じて随時随所に制度的、行政的、政治的に設置されたことは、辺境には「関市《かんし》」が設置されて公認の交易が行われ、軍事基地には「軍市《ぐんし》」が置かれたことから明らかで、自然発生的なものではないのである。したがって、「市」は、経済的機能を果たす市場であるが行政制度と結合しており、専制主義的な統治や行政の機能の一部をなしたとしている。

「市」には、専制的統治機構の一環として官署が設置され、長官として市令、市長が置かれ、もろもろの属官が配置されていた。そして、これら官吏たちはさまざまな行政的機能を果たしていた。まず、「市」の治安維持のための警備などの警察行政が存在したことが確認できる。また、「市籍《しせき》」への登録による「市」内の商人や手工業者に対する行政的管理、「市租《しそ》」の徴収などの行政機能も「市」の官署が担当した。「市籍」について、影山氏は商人などの戸籍ではなく、「市」における営業権の認定に関係がある登記《とうき》のことで、「市籍」を有する者は必ずしも「市」内に住んでいたわけではないとしている。「市租」は佐原康夫氏によると、「市」で行われる商行為に課せられた税のことで、二種類の徴収方法があったとする（『漢代都市機構の研究』汲古書院、二〇〇二年）。営業登録をして店舗を持ち「市籍」を有する商人などは、売り上げを一括して申告し納税した。一方、路上で臨時に売買する不特定の人々は、一取引ごとに課税されたとしている。

　さらに、「市籍」に関しては、「市」における単なる営業許可の登録だけではなく、身分制限の要素も認められるとされている。戦国時代には、商行為を賤業とみなす風がすでに生じており、漢代には、商人や以前に「市籍」にあった者が、犯罪を犯した官吏、亡命者、入り婿《むこ》などと同列に置かれ、強制的に辺境の守りにつかされた（『漢書』武帝紀）。ただし、影山氏は、「市籍」にともなう身分的制限はそれほど厳格のものではなく、離脱可能なものであったとしている。とはいえ、「市籍」の制度は国家が「市」において店舗を構える商人を管理統制しようと意図していたことは変わりない。それは、国家による自由な商業活動の規制を意味したと考えられる。

次に、影山氏は、「市」の官署の機能として、取引に対する一定の権力的関与や行政的指導と管理があったことを推測している。「市」には「市楼」という官署があり、商人の取引を監視した。また、度量衡《どりょうこう》の公正さを維持して市場の秩序の保持をはかったとしている。

影山氏はふれていないが、秦国ではすでに戦国時代に度量衡の標準器が国家により作成され頒布《はんぷ》されていたようである。上海博物館に収蔵されている青銅製の「商鞅方升《しょうおうほうしょう》」（図46）は、孝公《こうこう》一八年（前三四四年）に交付された量器の標準器である。また、西安市近郊の阿房宮《あぼうきゅう》遺跡から出土した「秦高奴銅石権《こうどどうこくけん》」は、昭襄王《しょうじょうおう》三三年（前二七四年）に交付された分銅《ふんどう》の標準器ではないかとされている。秦は天下を統一すると、始皇帝の詔勅《しょうちょく》を刻んだ分銅の標準器（図47）や、青銅製やスタンプを押した陶製の量器の標準器を全国に交付した。このような標準器は現在でも各地で多数発見されている。青銅製や陶製の度量衡の標準器は秦国以外に斉国のものも発見されている。陶製の量器は、河南省登封《とうほう》県の韓国の陽城《ようじょう》遺跡からも出土しているが、標準器かどうかは明らかでない。

なお、雲夢秦簡《うんぼうしんかん》の秦律《しんりつ》中にも、「市」における国家の規制についての条文が散見する。「金布《きんぷ》

▲図46　商鞅方升

▶図47　銅権詔版拓本

律《りつ》」には、「市」に店舗を構える商人や府庫の役人は貨幣として銅銭と布《ぬの》を両用するように定めた条文があり、布の規格や銅銭と布の換算率などの規定もある。また、民衆が「市」で貨幣を使用するときに選《え》り銭《ぜに》を行うことも禁止している。さらに、「関《かん》市《し》」に関する規定である「関市律」も存在する。

　影山氏は、この他に官署は、唐代と同様に商品に標準的価格を設定し、取引の動向にも行政指導を与えたであろうとしている。佐原氏は、『周礼』天官の小宰《しょうさい》職に見える「質剤《しつざい》」について、注釈に従って月ごとの平価と解し、月ごとに官が標準物価を定めたものとしている。上述の司《し》市《し》職の仕事にも「市の物価を平均化する」とあるように、官署が「市」の物価に関与すべきだと考えられていたようである。影山氏はまた、司市職にあるように、「列肆《れっし》」として店舗が業種ごとに列べられていたのも、同業組合的なものと言うよりは、官署の市場監督や管理の便など、行政管理的な側面を考慮すべきだとしている。

影山氏は、「市」における行政管理的な規制の側面を強調するのであるが、佐原氏は加えて、時間の規制についても言及している。「市」は土塀に囲われた特別区域であり、開設の時間が決められていた。前掲の画像磚の「市楼」には太鼓と思われるものが見られるが、太鼓によって「市」の門の開閉が告げられたとしている。また、『周礼』の司市職には、「大市は午後二時頃開き一般民衆が中心となる。朝市は朝に開き城内に居住する商売人が中心となる。夕市は夕方に開き、朝に仕入れて夕方に売りに来る販夫《はんぷ》や販婦《はんぷ》が中心となる」とある。これによると、交易に係わる対象者によって時間を分けて市が開かれていたことになり、しかも市が開かれるのは朝から夕方までに限定されていたようである。『史記』孟嘗君《もうしょうくん》列伝には、「市」に赴く者について、夜明けには先を争って「市門《しもん》」に入っていくが、日暮れの後に「市」を過ぎる者は肩を落として周りを見向きもしないのは、欲しい物がもう無いからである、とある。これによっても、「市門」は夜明けと同時に開かれたことがわかる。

以上のように見て来ると、「市」は国家によって厳しく規制されており、「市」における商業の自由はあまり無かったように取れる。しかし、影山氏や佐原氏が挙げている「市」に対する国家規制の根拠は秦代や漢代、とくに後漢《ごかん》代の史料に基づいているところが多い。戦国時代の「市」の国家規制については史料的根拠に乏しく、とくに経済的都市の発達した黄河中流域の諸国の「市」についてはほとんど明らかにしがたい。『周礼』の記載も理念的なものであり、どこまで現実を反映しているか疑わしい。

ただし、黄河中流域の諸国においても、「市」が都市内に特別に区画された区域であり、官吏によって管理されていたことは確かなようである。佐原氏も言及しているように、『韓非子』内儲説《ないちょせつ》上、七術篇には宋国国都の「市」についての記述がある。この記事の年代は不詳であるが、宋国は前二八六年に斉に滅ぼされるまで存続し、国都の遺跡は現在の河南省商丘《しょうきゅう》市に残っている。

その記述には次のようにある。宋の宰相が近侍《きんじ》の者に「市」の視察に行かせた。その者は、「「市」の南門の外には甚だ牛車が多く、やっと通行できるくらいでした」と報告した。そこで、宰相は「市吏《しり》」を召して、「市門の外になぜ牛の糞が多いのか」と責めたとある。これは長官が情報操作によって部下を督察する話であるが、確かに宋の国都の「市」は「市門」によって出入りする特別の空間であり、「市吏」によって管理されているのである。

しかし、戦国時代の「市」が国家によって、がんじがらめに規制されていたと見なすことはできない。「市」には国家によって管理される側面とは別の側面も存在するのである。

アジールとしての「市」

ここで、「市」の居住者に係わるいくつかのエピソードを挙げよう。まず、春秋後期に呉王《ごおう》夫差《ふさ》の謀臣となった伍子胥《ごししょ》の場合である。『史記』伍子胥列伝によると、伍子胥は楚国の名門の出身で、父は楚の平王《へいおう》の太子建《たいしけん》の守役《もりやく》であった。しかし、父と兄は、ある人物の讒言《ざんげん》によって殺され、伍子胥も危うく難を逃れて、宋国に亡命した太子建に従った。その後、宋国の内乱に巻き込まれ、太子とともに鄭国に亡命した。だが、鄭国でも、太子建が晋国に内応しようとしたとして殺され、伍子胥は太子の子供の勝とともに鄭国を脱出して呉国に亡命しようとした。伍子胥は途中で病気にかかり、ある町では乞食《こじき》までした。しかし、ついに呉国に到着し公子光《こうしこう》に見出されて謀臣となった。公子光が即位して呉王闔閭《こうりょ》になると彼を動かして楚の国都を攻めて陥落させ、父と兄を殺した平王の墓を暴《あば》いて死体に鞭《むち》打ち復讐を遂げた。さらに闔閭の死後、その子の呉王夫差を補佐して中原の覇者《はしゃ》にまで成り上がらせたとされている。

伍子胥列伝では伍子胥が乞食をした記述はあるが、「市」に居住したことは出てこない。しかし、范雎蔡沢《はんしょさいたく》列伝では、范雎が秦の昭王に対して行った進言の中に次のようにある。

伍子胥は革袋に隠れ荷車に乗せられて楚の昭関《しょうかん》を脱出しました。夜に進み昼には隠れ、陵水《りょうすい》に至るころには口に入れる食料も無くなり、尻《しり》で歩き、腹ばいになって進みました。

そして、片肌《かたはだ》を脱いで頭を地につけて深々とお辞儀をしたり、腹鼓《はらづつ》みを打ち笛を吹いたりして、呉の市で物乞いをしました。しかし、ついには呉国を興し、闔閭を覇者にしました。

『戦国策』秦策三にもほぼ同じ進言があり、やはり呉の「市」で物乞いをしたことになっている。後漢の趙曄《ちょうよう》『呉越春秋《ごえつしゅんじゅう》』巻三、王僚《おうりょう》使公子光伝には、伍子胥の呉の「市」での様子がやや詳しく記されている。

子胥は呉にやって来て、ざんばら髪で狂人をよそおい、裸足のままで顔に泥を塗りつけて市で物乞いをした。市人はこれを見て、誰だかわかる者はいなかった。

次の日、呉の「市吏」で人相見をよくする者が伍子胥を見て異とし、異国の亡命の臣ではないかと考え、呉王僚《ごおうりょう》に言上《ごんじょう》した。呉王は伍子胥を「市吏」とともに召したが、公子光はこれを聞いて伍子胥と見抜き、ついには自分の謀臣とした。『呉越春秋』は後世の書物でかなり脚色されていると考えられるが、呉の国都の「市」で物乞いをするほど落魄《らくはく》したことになっている点は、范雎の言葉と同じである。「市」は乞食など賤民を許容していたため、名の知れた亡命者でも身をやつせば隠れ住むことができたのである。

身をやつして「市」で物乞いをする話は、趙における豫譲《よじょう》の仇討ちのエピソードにも出てくる。『史記』刺客列伝によると、春秋時代末、豫譲は晋国の実権を握った智伯《ちはく》（知伯）に認められ重んじられるが、智伯は趙襄子《ちょうじょうし》に殺されてしまう。そこで、豫譲は自分を認めてくれた智伯の仇討ちを決心する。一度は、姓名を変えて刑徒となり、宮中の厠《かわや》の壁塗りをしながら襄子の命を狙《ねら》うが発覚してしまう。襄子は彼を主君のために仇を討とうとする賢人として釈放する。しかし、豫譲はあきらめず、今度は体に漆を塗《ぬ》って悪性の皮膚病をよそおい、姿が誰かわからないようにして「市」で物乞いをした。妻に会ったが彼と気づかなかった。しかし友人にはわかった。そこで豫譲は本心を告げて去り、襄子の暗殺を謀った。結局この仇討ちは失敗して豫譲は自殺することになるが、襄子は彼の行為を大義として賞賛している。

『史記』のこのエピソードの構成は、基本的に『戦国策』趙策一とほとんど同じである。ただし、『戦国策』では二度目に姿形《すがたかたち》を変えて物乞いをした部分は、「乞食となって物乞いに出かけた」とあって、「市」の文字は見えない。『史記』は『戦国策』の元になった材料に基づいていると考えられるが、司馬遷は、「市」での物乞いは取り締まりもなく常態化していて、そのように身をやつせば素性を隠して生活できる場として認識していたと思われる。

「市」の居住者に係わるもう一つのエピソードは、やはり『史記』刺客列伝にある暗殺者・聶政《じょうせい》に係わるものである。聶政はもと韓の軹《し》（河南省済源《せいげん》市南）の人であるが、人を殺したため復讐されるのを避けて、母と姉とともに斉に行き家畜解体業を生業とした。濮陽《ぼくよう》の厳仲子《げんちゅうし》は、韓の宰相の俠累《きょうるい》に怨みを懐《いだ》き、復讐してくれる人物を求めて斉にやって来たところ、斉の人から「聶政は勇敢の士であり、復讐を避けて家畜解体業者の中に隠れている」と聞いた。そこで、この人物こそ復讐を請《う》け負ってくれる人物と考え、一〇〇金を積んで懇請した。しかし、聶政は、「私めが志を低くし、身を辱《はずかし》めて市井《しせい》の家畜解体業者に甘んじているのは、ただ老母を養育できさえすればよいと思っているからです」と言って固辞した。これによると、聶政が隠れ住んだのは「市井」である。この後でも、聶政は自らのことを「市井の人で、肉切り包丁をちゃんちゃん鳴らして家畜を解体している」と述べている。

現在では、「市井」と言えば単に町中《まちなか》を指し、必ずしも「市」、すなわち市場《いちば》を指すとは限らない。しかし、『史記』魏公子《ぎこうし》列伝によると、魏都大梁の門番侯嬴《こうえい》の客の朱亥《しゅがい》という人物は「市の家畜解体業者の中」に居り、魏公子（信陵君）は侯嬴の願いで「市」に入り彼に会いに行っている。そして、朱亥は自分のことを「市井の肉切り包丁を鳴らす家畜解体業者」と言っている。聶政も、斉の都市内の「市」に居住していた家畜解体業者と考えられる。

以上の例によると、「市」は亡命者や犯罪者が逃げ込む、世間から遮断《しゃだん》された不可侵のアジールとしての性格を持ち、乞食や家畜解体業者のような賤業に就いて身を隠すことが可能であった。漢初のことであるが、曹参《そうさん》が斉国の宰相の職を辞すに当たって、後任の宰相に対して、「そもそも牢獄や市というものは、善悪をすべて合わせ入れる所である。今君がこれを厳しく取り締まったら、悪人が入り込める場所がなくなるではないか」と戒めている（『史記』曹相国《そうしょうこく》世家）。「市」がこのようなアジールとしての性格を持つのは、本来「市」は交易のために不特定多数の人々が集まる開かれた場であり、交易の活発化のために自由が保証されていたからではないかと思われる。とくに、経済によって発展した黄河中流域の都市においては、「市」における自由は重要な意味を持っていたであろう。

ところで、以上のエピソードの登場人物は、「市」でどん底の惨《みじ》めな境遇に陥った後、一挙に逆転し、成功あるいは名声を獲得している。当時の人々にとって、「市」は、世に受け入れられない才能のある人物が埋没している場と認識されていたようである。これも、「市」が国家により強力に管理されていた場と言うよりは、国家権力の及ばない部分があったためではなかろうか。漢代になっても、『漢書』遊俠伝《ゆうきょうでん》に見えるように、「市」が政治権力に対して独自の勢力を有した遊俠たちの活動の場となっていたのは、このようなアジールとしての性格を持っていたためと考えられる。

「市」における輿論形成と操作

都市内の「市」には、国家の規制の及ばない部分が存在するとともに、そこに集まる不特定多数の人々をも巻き込んで成立する輿論《よろん》の形成の場とも考えられていたようである。

貝塚茂樹氏は、春秋時代の「市」にすでにそのような機能が備わっていたことを指摘している（『貝塚茂樹著作集一　中国古代国家』中央公論社、一九七六年）。『左氏伝』によると、魯《ろ》の文公《ぶんこう》一八年（前六〇九年）に文公が亡くなると、大夫《たいふ》の襄仲《じょうちゅう》の企てで文公の夫人姜氏《きょうし》が離縁された。姜氏が国元の斉国に帰る時、大声で泣きながら魯の都の「市」を通り過ぎ、「天よ！襄仲が非道をなし、私の生んだ嫡子を殺し、側室の子を即位させました」と訴えた。このため、「市人《しじん》」は皆もらい泣きし、その後魯の人は姜氏を哀姜《あいきょう》と呼ぶようになった。貝塚氏は、この姜氏の行動について、「市」には商人を初め多くの市民が集まってくるので、大衆に訴えるには格好の地点であったからだとしている。

貝塚氏はまた、『左氏伝』襄公《じょうこう》一四年（前五五九年）、晋の楽師《がくし》・師曠《しこう》が晋の献公《けんこう》に臣下や人民には身分、職能に応じて政治を批判する方法があったことを述べた中に、「庶人《しょじん》は謗《そし》り、商旅《しょうりょ》は市においてする」とあるのを挙げて、「市」は都市の庶民たちの共通の感情を発散する場であったとしている。

また、桐本東太氏は、前述の文公夫人姜氏の行動から見えてくる「市」は、この世の訴えを「天」という「異界」に送り込む場であるのに対して、『楚辞《そじ》』天問《てんもん》に見える「市」はこれと倒立した回路を形成しているとしている（『中国古代の民族と文化』刀水書房、二〇〇四年）。天問の「巫祝《ふしゅく》の徒が足を引きずり神がかりの状態になりながら、一体何を市場で託宣《たくせん》したのか」とある部分に対して、「市」は「異界」からのメッセージをこの世に向かって吐《は》き出す場であったと解釈している。いずれにしても、「市」はそこに集まってくる人々に対してアピールする場と認識されているのである。なお、桐本氏は、中国古代の「市」は、権力への否定の言葉の噴出する場であると同時に、為政者にとって支配を貫徹する上で都合のよい場でもあり、二律背反的な位相《いそう》を有していたと述べている。「市」という場は、それほど単純な場ではないのである。

以上はほとんど春秋時代の事例であるが、戦国時代においても「市」はアピールの場であった。『史記』魏公子列伝には次のような話がある。先にも出てきたが、魏の大梁の夷門《いもん》の門番に侯嬴《こうえい》という人物がいた。この人物は七〇になる老人で、隠士《いんし》の評判があった。これを聞いた魏公子（信陵君）は交わりを結ぼうと考え、自宅に宴席を準備して車騎を従え迎えに行った。侯嬴は馬車の上座に座り公子が恭《うやうや》しく手綱《たづな》を執った。侯嬴は途中「市」に立ち寄ることを求め、公子を待たせたまま客の朱亥《しゅがい》と立ち話をした。これらの有様を「市人」はすべて目撃していた。この間公子の顔色は穏やかであったが、公子の家の宴席には魏の将軍、大臣、宗室や賓客たちが大勢待たされていたので、さすがに公子に従う者たちはかげで侯嬴を罵《ののし》った。ようやく家に到着し、宴も酣《たけなわ》になった頃、公子は立ち上がって侯嬴の長寿を祝った。侯嬴はそれに応えて次のように言った。

今日、私めが公子に為しましたことも、十分なものです。私めはしがない夷門の門番です。しかし、公子には親しく来訪を賜り、自ら私めを衆人満座の中に迎えていただきました。また、寄り道すべきではないのに、公子をわざと寄り道させました。しかしこれは、私めが公子の名声を高めようとしてのことです。だから、長時間公子の車騎を市中に立たせ、通り過ぎる人々に公子の態度を見せようとしたのです。公子はますます恭しいご様子でした。これで、市人は私めを小人《しょうじん》と見なし、公子を長者《ちょうじゃ》でよく士にへりくだる人物と思ったはずです。

戦国時代においては、支配者たちは有能な人材を得るために、身分の低い人間に対しても身を低くし礼を尽くすべきだと考えられていた。そして、それこそが支配者としてあるべき姿とされていた。越王勾践《えつおうこうせん》は「これまでの王としての態度を改めて賢人にへりくだり、賓客を厚遇した」とされ（『史記』越王勾践世家）、燕の昭王は「身を屈して士にへりくだり、先に郭隗《かくかい》に礼を尽くして賢者を招いた」とされている（『史記』楽毅《がくき》列伝）。いわゆる「まず隗《かい》より始めよ」の成句はここから来ている。また、魏の恵王も、「自らへりくだり、贈り物をたくさん調えて賢者を招いた」とされている（『史記』魏世家）。侯嬴は魏公子の政治的声望を高めるには「市」が最も効果的だと計算したのである。

斉国の例ではあるが、「市」がアピールの場として機能している次のような例がある。『史記』田敬仲完世家《でんけいちゅうかんせいか》によると、湣王《びんおう》の時（前二八四年）、燕の連合軍が斉に攻め込み、燕の将軍楽毅が斉都臨淄を陥落させた。湣王は国外に逃亡したがどの国にも入れられず、ついに燕に陥《おと》されなかった莒《きょ》（山東省莒県）に逃げ込んだ。そこへ楚国が将軍の淖歯《とうし》を派遣して斉を救援させた。淖歯は湣王の宰相となったが湣王を殺してしまった。この事態に対して、『戦国策』斉策六には、湣王に仕えていた一五歳の王孫賈《おうそんか》という少年の活躍が記されている。

王孫賈は市中に入って呼ばわった。「淖歯は斉国に乱を起こし閔王《びんおう》（湣王）を殺した。私と一緒に誅殺しようと思う者は右肩を脱げ」と。市人のこれに従う者は四百人になった。王孫賈は彼らとともに淖歯の誅殺に向かい、刺し殺した。

前掲の桐本氏も述べているように、「市」には、一五の少年の言葉にも動かされるような、権力もコントロールできない非日常的な部分が存在していたようである。「市」におけるアピールは、政治的な力となっただけでなく、権力を打ち倒す暴力的な力ともなりえたのである。

このように見てくると、「市」は単なる交易の場であるだけでなく、輿論形成の場、すなわち不特定多数の都市住民による意志の発現の場としての機能も有していたのである。そして、このような意志の発現の場としての機能は国家の側にも利用された。国家が一種の輿論操作を行っているのである。

貝塚茂樹氏は前掲の書で、春秋時代における「市」での公開処刑や、見せしめのために死体を「市」でさらした事例を挙げている。『左氏伝』宣公《せんこう》八年（前六〇一年）、晋国では秦のスパイを捕らえ、国都の絳《こう》（山西省翼城《よくじょう》県南）の「市」で殺した。また、襄公《じょうこう》二七年（前五四六年）に斉国で専権をふるった崔杼《さいちょ》が追いつめられて自殺したが、翌年死体が捜し出されて荘公《そうこう》の棺桶とともに「市」にさらされた。これは崔杼が荘公を殺した罪を国人《こくじん》に対して明らかにするためであった。昭公一四年（前五二八年）、晋国で邢侯《けいこう》が土地争いの裁判がもとで雍子《ようし》と叔魚《しゅくぎょ》を殺した。叔向《しゅくきょう》が三人を同罪としたので、晋の実力者である韓宣子《かんせんし》は、邢侯を死刑に処し、雍子と叔魚を「市」にさらしたという。さらに、昭公二二年（前五二〇年）には、周王室で王子《おうし》朝《ちょう》の乱が起こったが、王子朝側の鄩肸《じんきつ》が捕らえられ王城の「市」で火あぶりにされたとある。この他、貝塚氏は挙げていないが、定公《ていこう》一四年（前四九六年）、晋国で趙簡子《ちょうかんし》の家臣の董安于《とうあんう》が主君のために犠牲になって首を吊《つ》って死んだ。簡子は安于の死体を「市」にさらし、実力者の智伯（知伯）に罪人として処刑したと報告した。これは、簡子が智伯の意向に従い責任追及を免れるためであった。「市」は死体をさらすことによって、為政者が政治的意図を表明し輿論を操作しようとする場でもあったのである。

戦国時代には、秦国では「棄市《きし》」の刑罰があった。これは、「市」で公開処刑し、その犯罪の重大さを広く民衆に示すために、死体をその場にさらす刑罰である。『史記』六国《りっこく》年表の秦昭王五二年（前二五五年）には「王稽棄市《おうけいきし》」とあり、『資治通鑑《しじつがん》』秦紀一の同年には「河東守《かとうしゅ》の王稽が諸侯と通じたことに坐して棄市せられた」とある。また、『史記』秦始皇本紀の三四年（前二一三年）には、丞相李斯《りし》による焚書《ふんしょ》の法令制定を求める上奏《じょうそう》の中に、「敢えて『詩《し》経《きょう》』や『尚書《しょうしょ》』について議論する者があれば棄市の刑罰を科す」とある。また、雲夢秦簡の中の『法律答問《とうもん》』には、「士伍《しご》の身分の甲に子が無く、弟の子を跡継ぎにして同居していた場合、これを自分勝手に殺せば棄市の刑罰に当てる」とあり、また「母が同じで父が異なる者が姦通したら、如何《いか》なる刑罰を科すべきであるか？棄市である」とある。これは、人倫上の犯罪が重大であることを民衆に示そうとするものである。「棄市」の刑罰はその後、漢王朝にも受け継がれた。この他、秦国では「腰斬《ようざん》」の刑罰も「市」で行われた。『史記』李斯列伝によると、丞相の李斯は、最後に都の咸陽《かんよう》の「市」で「腰斬」の刑に処せられている。

情報の結節点としての「市」

秦以外の国で、「市」における公開処刑の事例は少ない。『史記』蘇秦《そしん》列伝によると、蘇秦が暗殺者に刺され、まさに息絶えようとしている時に斉王に次のように遺言している。

臣が死んだら、臣を車裂《くるまざき》の刑に処して「蘇秦は燕のために斉で乱を起こした」と市に触れ回って下さい。このようにすれば、私を刺した賊は必ず捕らえられるでしょう。

斉王が蘇秦の言葉どおりにすると、果たして蘇秦を殺した者が自首してきたので、その者を誅殺したという。これにより、斉国でも公開処刑が行われたことは明らかである。ただし、ここで注意すべきは、蘇秦を「市」で車裂の刑に処することによって、広く犯人にまで情報が伝わることが期待されている点である。このことから、「市」には情報の発信地としての機能が存在していることがわかる。

以上の事例とは逆に、「市」が国家による情報収集の場とされた例もある。それは、前節の『史記』刺客列伝の聶政《じょうせい》に関するエピソードの続きである。聶政は、老母の故に厳仲子《げんちゅうし》の求めを断ったが、老母が亡くなると自分を認めてくれた厳仲子のために韓の宰相俠累《きょうるい》の暗殺を決意する。聶政は単独で韓の都にやって来て俠累の役所に乗り込んだ。護衛の者が大勢いる中を真っ直ぐ突っ切り俠累を刺殺した。そして、数十人を斬り殺した後、自ら顔の皮を剝《は》ぎ、目を刳《く》り抜き、腹を割《さ》いて腸をつかみ出して死んだ。韓では刺客の正体がわからず、次のように処置した。

韓は聶政の死体を市に引きずり出してさらした。賞金を懸けて誰かを問うたがわからなかった。

韓は「宰相の俠累を殺した者を言うことができる者には千金を与える」と触《ふ》れたが、長いあいだ誰もわからなかった。これによると、「市」は犯罪者の情報を収集するために利用されているのである。先に、呉の「市吏」で人相見をよくする者が伍子胥を異国の亡命の臣ではないかと考え、呉王僚に言上した話を記した。「市吏」には「市」の管理以外に、「市」における情報収集の役目があった可能性がある。

さて、聶政の姉の栄《えい》は斉国にいたが、韓の宰相を刺殺した者がおり、韓ではその姓名がわからず、死体をさらして一〇〇〇金の懸賞を懸けていると伝え聞いた。これによると、韓の国都の「市」の情報は、遠く斉国まで伝わったことになる。

聶栄は、すぐにこれを弟の仕業《しわざ》と直感し、直ちに出立《しゅったつ》して韓の都の「市」に向かった。死体を見ると果たして聶政であった。死体に突《つ》っ伏して慟哭《どうこく》し、軹《し》の深井里《しんせいり》の聶政であることを明かすと、「市」の通行人たちはみな懸賞の懸かっている犯罪者の姓名をなぜ知っているのかと尋ねた。彼女は、弟がなぜ死と引き替えに暗殺を引き受け、自分の姓名を隠そうとしたのかを説明し、誅罰を受けることを覚悟で姓名を明かした理由を述べた。その言葉は大いに韓の都の「市人」を驚かせた。彼女は大声で三度天に向かって叫び、ついに悲しみ極まって聶政の傍らで死んだ。『史記』では、その後の状況について次のよう記している。

晋、楚、斉、衛の国々ではこのことを聞いて、みな「このような大事は一人聶政のみで為しえたのではない。その姉もまた烈女《れつじょ》であった」と言った。

韓の都の「市」の情報は、瞬《またたく》く間に広く遠方にまで伝わって行ったのである。都市の「市」は、情報の集中する場であると同時に、都市間の情報のネットワークの結節点の役割も果たしているのである。

「市」の情報は、当然「市」を交易の場として活動する商人によって伝えられたであろう。『左氏伝』僖公《きこう》三三年（前六二七年）には、鄭の弦高《げんこう》という商人が、周に商《あきな》いに行く途中、鄭を攻撃しようとしている秦軍に遭遇し、秦軍を饗応して足止めし、鄭の都に急を知らせた話が見える。商人は各地に交易に赴いていたため、様々な情報を入手することが可能であり、交易の場である「市」で伝達、発信したことは十分考えられる。

加えて、「市」を活動の場とした遊俠《ゆうきょう》たちも情報の伝達者であった可能性がある。漢代に下るものであるが、『史記』遊俠列伝に見える遊俠の朱家《しゅか》や劇孟《げきもう》は、「市」に居住したかどうかは不明であるが広い交遊関係を持っていた。魯の朱家は漢の高祖と同時期の人であるが、他人の艱難《かんなん》を見逃すことができない性格で、俠客《きょうかく》として名を知られていた。そのため、函谷関《かんこくかん》より東の人々は首を伸ばして交遊を願わない者はなかったという。また、洛陽の劇孟《げきもう》は任俠《にんきょう》をもって諸侯の間で知られていた。呉楚《ごそ》七国の乱の時、討伐軍の総司令官である周亜夫《しゅうあふ》が劇孟を味方につけ、一敵国を得たようだと喜んだ人物である。劇孟の母が亡くなった時、遠方より弔問《ちょうもん》に訪れた者の馬車は一〇〇〇両にもなったという。

『史記』汲鄭《きゅうてい》列伝によると、鄭当時《ていとうじ》は陳の人で、任俠を自認し賓客と交遊することを何よりも重んじた。武帝の時、黄河の決壊を使者として視察するよう命ぜられたが、五日間の旅支度のための猶予《ゆうよ》を願い出た。そこで、武帝は「私は鄭当時が千里の道のりを行くのにも食料を携帯しないと聞いている」と言っていぶかったという。鄭当時は、交友関係のネットワークによって、行く先々で面倒を見てくれる人々がいたようである。遊俠の世界は、個人的な信義によってなりたつ人間関係が基本に存在する。このような関係は、氏族的な血縁関係の崩壊の中から生まれてきた新らしい人間関係である。すでに述べたように、このような関係は、春秋時代から戦国時代にかけて出現する新しい都市においてとりわけ顕著であった。そして、都市の中の「市」は、このような人間関係が最も純粋な形で存在する場であろう。遊俠たちが、「市」を根城《ねじろ》にして活躍し、情報の結節点になりえたのも理由のあることである。

以上によって、都市住民が意志を発現する場としての「市」の重要性は明らかと考えるが、「市」に住民の意志を汲《く》み上げ発信する自治的な機構が存在したわけではない。「市」はあくまで情報の発信場所、情報の結節点として機能したに過ぎない。都市自体に自治的な組織が発達しなかったのと同様に、ここに中国古代都市の限界性があるように思われる。中国古代の場合、都市住民の意志は、上述の上党郡の郡守や県令に見られたように、官僚たちによって担《にな》われていたと考えられる。この点は、改めて終章で考えるつもりである。

第八章　秦の天下統一と都市

なぜ秦は天下統一が可能であったか？

（一）秦国の兵力

秦は春秋時代初めの建国以来、長い間西方辺境に位置した一小国に過ぎなかった。戦国時代に入っても、七つあった強国の一つに過ぎず、国力もずば抜けていたわけではない。『戦国策』趙策二には、遊説家《ゆうぜいか》の蘇秦《そしん》が趙王に合従《がっしょう》策を説いた言葉の中に次のようにある。

臣がひそかに天下の地図によって調べて見ますと、諸侯《しょこう》の土地は秦に五倍しますし、諸侯の兵卒の数を計算しますと秦に十倍します。六国《りっこく》が力を合わせて一つとなり、西に向かって秦を攻めれば、秦が破れることは必定《ひつじょう》です。

ここでは、秦の領域は全国の六分の一とされているが、秦の本来の領土は全国の一〇分の一くらいである。人口の方は、天下統一から二〇〇年後の前漢末の人口統計によると、秦の本拠地であった三輔《さんぽ》の人口は全人口の二四分の一であり、初期の占領地である巴蜀《はしょく》を含めても一〇分の一程度である。

各国の兵力については、『史記』蘇秦列伝の中に、蘇秦が諸侯に遊説した時に挙げた数字が記されている。『戦国策』の対応部分の数字もそれほど大きな違いはない。燕国の兵力は、鎧《よろい》を装備した兵士数十万、戦車一〇〇〇両（『戦国策』燕策一では七〇〇両）、騎馬六〇〇〇頭とある。趙国については、鎧を装備した兵士数十万、戦車一〇〇〇両、騎馬一万頭としている。ただし、『戦国策』趙策三のある人物の言葉には、「現在、趙は戦車万両の強国」で「鎧を装備した兵士百万」とある。蘇秦は、韓国については鎧を装備した兵士数十万としているだけである。しかし、魏国については、武士二〇万（『戦国策』魏策一では武力二〇余万）、青い頭巾《ずきん》を被《かぶ》った特殊部隊二〇万、奮撃《ふんげき》と呼ばれる精鋭部隊二〇万、雑役《ざつえき》の奴隷一〇万、戦車六〇〇両、騎馬五〇〇〇頭としている。ただし、『戦国策』斉策五で、蘇秦が斉王に説いた言葉に中では、魏の恵王の時の兵力は「鎧を装備した兵士三十六万」としている。斉国については、鎧を装備した兵士数十万としているが、『戦国策』斉策六で即墨大夫《そくぼくたいふ》が斉王に説いた言葉では「鎧を装備した兵士数百万」とある。楚国の兵力は、鎧を装備した兵士一〇〇万、戦車一〇〇〇両、騎馬一万頭とし、他の東方諸国よりはかなり多くなっている。

蘇秦は、東方諸国を連合して秦国に対抗させようとする合従策を称えた人物である。したがって、遊説先の国の兵力が巨大であることを印象づけるため、数字はかなり誇張されていると考えてよい。一方、蘇秦に対抗して、東方諸国を国ごとに秦に従属させる連衡《れんこう》策を称えた張《ちょう》儀《ぎ》も、遊説先の国々で兵力について言及している。『史記』張儀列伝によると、張儀は、魏の哀王に対して、魏国の兵卒は三〇万に過ぎないと言っている。しかし、楚の懐王《かいおう》に対しては、「勇猛な虎賁《こほん》の士百余万、戦車一千両、騎馬一万頭」と述べ、蘇秦の挙げた数字とほぼ同じである。楚国の兵力が強大であることは一般に認識されていたと思われる。張儀が韓王に説いた言葉の中に、韓と秦の兵力を比較した部分がある。

> 大王の兵卒の数を計算してみますと、可能な限り全部挙げても三十万に過ぎません。しかも、雑役の奴隷や炊事夫もその中に含まれています。辺境の守備兵をこの中から除いたならば、現有の兵卒はたった二十万に過ぎません。秦は鎧を装備した兵士百余万、戦車一千両、騎馬一万頭あります。

張儀によると、韓国の兵力は蘇秦が数十万としているのとそれほど変わらないようであるが、その内実はかなり相違する。秦国の兵力はある程度誇張があると思われるが、楚国に匹敵する兵力を有していたと見なしてよいであろう。『戦国策』秦策一に、蘇秦が秦の恵王に説いた言葉に、秦の兵力として「戦車一万両、奮撃と呼ばれる精鋭部隊百万」とあり、秦策三や『史記』范雎蔡沢《はんしょさいたく》列伝の范雎の言葉にも、「戦車一千両、奮撃と呼ばれる精鋭部隊百万」とある。

いずれにしても遊説家の言葉であるので、相当誇張があると思われるが、戦国諸国の兵力の相対的な比較はできるであろう。秦国は、南方の強国楚国にならぶ兵力を有し、この他の諸国の兵力は一ランク落ちるようである。兵力において格上の楚国や秦国は一国を相手にする場合は確かに有利である。しかし、現実には、戦国時代における各国は互いに攻守同盟を結んだため、一対一で決着がつくことはほとんどなかった。東方諸国は秦の脅威《きょうい》に対して、同盟を結んで対抗することが多かった。したがって、ある程度の兵力を有する国であれば、どの国でも天下統一の可能性があったと考えてよい。

林剣鳴《りんけんめい》氏などは秦の兵器の優秀さを強調している（『秦史稿《しんしこう》』上海人民出版社、一九八一年）。秦では弩《ど》（クロスボウ）の改良が進み、大弩は九〇〇メートルの射程があったという。銅矛《どうぼこ》の柄《え》も他国より長く、秦の兵馬俑坑《へいばようこう》から出土した銅剣（図48）も九〇センチメートルを越えるものがあり、一般の銅剣よりかなり長い。この秦の銅剣は、炭素鋼《たんそこう》に匹敵する硬度で、錆《さび》を防ぐためにクロームメッキされていたと言われる。

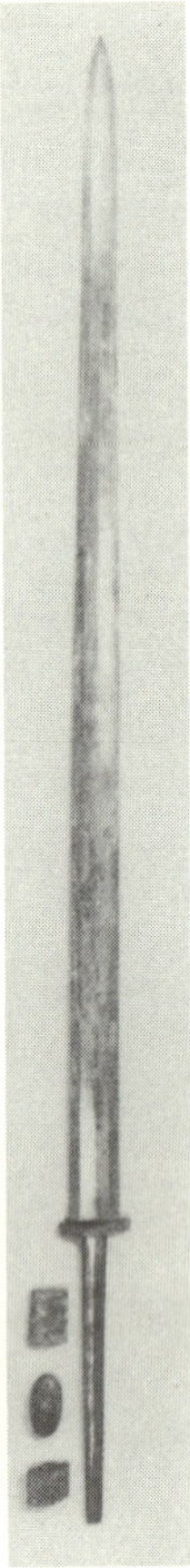
図48　秦兵馬俑坑出土銅剣

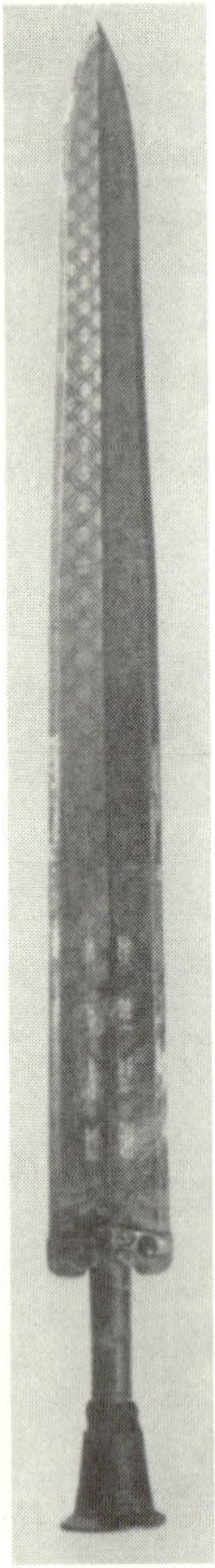
図49　越王勾践銅剣

しかし、東方諸国の兵器が秦の兵器に劣っていたという証拠は考古学の実物資料から見てなにもない。むしろ、『史記』や『戦国策』など文献史料には、東方諸国の兵器の優秀さを言う記述が目立つ。蘇秦の言葉であるが、韓は「強い弓、勁《つよ》い弩」の産地であり、その射程は六〇〇歩《ぽ》（約八〇〇メートル）以上あり、遠くの者でも胸を貫き、近くの者は心臓に覆《おお》い被《かぶ》さるほど強力であるという（『戦国策』韓策一、『史記』蘇秦列伝）。また、韓の兵士が用いる剣や戟《げき》は韓の南境の冥山《めいざん》で産し、韓の名剣は「陸上では牛馬を切断し、水上では鵠雁《こくがん》を撃斬し、敵に当たればたちどころに固い装備を切り裂く」とも言っている。この他、呉《ご》や越《えつ》の銅剣（図49）の優秀さはこの時代つとに有名であり、これは考古学的にも証明することができる。さらに、『荀子《じゅんし》』議兵篇には、「楚人は鮫《さめ》や犀《さい》の皮で鎧を作り、その堅さは金石《きんせき》のごとくであり、宛《えん》の地の鋼鉄製の矛《ほこ》の殺傷力は蜂《はち》やサソリの毒のようにすさまじい」とある。秦の兵器が東方諸国に比べてとりわけ優秀とも言えないようである。

（二）秦国の軍事制度

秦国は軍事力によって、最終的に天下を統一するのであるが、秦軍の強さが兵士の数、兵器の優秀さにないとすると、何にあったのであろうか。『荀子』議兵篇には、斉や魏と秦の軍事制度に関する興味深い比較の記述がある。斉の軍事制度については次のように批判している。

斉は戦闘技術を尊ぶ。首級《くび》をあげた者には黄金を賜うが、戦勝した時の恩賞はない。これでは、小規模な戦争や弱小な敵に対しては一時的な効果があっても、大規模な戦争や強敵に対しては戦闘力が分散して効果がない。

また、魏についても批判している。

魏の兵士は次のような基準で選抜する。上下三種の鎧を装備し、十二石《せき》（約三七〇キログラム）の強さの弩を操作でき、五十本の矢を入れた箙《えびら》を背負って戈《か》をその上に置き、兜《かぶと》を被《かぶ》り剣を帯《お》び、さらに三日分の食料を担い、日中に百里（約四〇キロメートル）を走ることができることが要件である。この試験に合格すれば、その家の揺役《ようえき》や田宅の税金を免除する。しかし、これではいくら領土が広くても税収は必ず減少する。

これに対して、秦については次のように言っている。

秦の為政者は民の生きる手だての選択の余地を少なくし、厳しくこき使う。力で脅《おびや》かし、生活に厳しい制限を加え、恩賞で手なずけ、刑罰で取り締まる。民が上から利益を得るには戦闘以外方法がないようにするのである。制限を加えてからこれを用い、戦勝してから功を認め、功と賞をうまく操作して功を挙げさせるようにし、五つの首級を得た者には五つの家を隷属させる。これこそ、最も兵士の数と強さを長く維持し、広い領土から徴税できる方法である。それ故、秦が四代にわたって勝ち続けたのは僥倖《ぎょうこう》でもなんでもなく、必然の道理なのである。

荀子によると、秦が東方諸国に勝ち続けたのは、斉のような戦闘技術の優秀さでもなく、魏のような十分な装備をしたエリート兵の存在でもない。恩賞と刑罰をうまく使い分け、民を進んで戦闘に赴かせるように仕組まれた軍事制度によるのである。

このような軍事制度の確立は、一般に戦国時代中頃に実施された商鞅《しょうおう》の改革によるとされている。商鞅は衛国の君主につながる家の出身とされるが、秦に赴いて孝公《こうこう》に抜擢《ばってき》され、前三五九年と前三五〇年の二度にわたって改革を断行した。まず最初に行ったのは軍事制度の改革である。『史記』商君列伝によると、まず民を五人組、十人組に編成し連座《れんざ》制を敷いた。そして、悪事を密告しない者は腰斬《ようざん》の刑に処し、密告した者には敵の首を切った場合と同じ恩賞を与え、悪事を行った者は敵に投降した場合と同じ刑罰を加えた。このような制度は、日常生活の場の軍隊化にほかならず、すべての民に対する軍事的編成を意味する。また、民の中で男子二人以上が同居している場合、人頭税《じんとうぜい》を二倍にした。これも、個々の男子を家族から独立させ、一人一人を兵士として把握するためであったと考えられる。この他、軍事制度に係わる改革としては、戦功のあった者にはそれに見合った爵《しゃく》を授けること、王の一族でも戦功のない者は一族の籍に入れないこと、爵の等級によって見合った田宅、家内奴隷、衣服を与えることなどが行われている。

要するに、商鞅による軍事制度の改革は、国家全体を軍事組織化することであり、戦功によって全ての構成員をランクづけることであった。そして、このような制度は、明解な恩賞と厳しい刑罰によって維持された。すなわち、秦の国家は、商鞅によって戦争を第一の目的とする軍事国家に再編されたのである。そして、先にふれた兵器製造機構や軍隊の統率、そして貨幣発行の統制に見られたように、このような軍事国家は中央集権的に厳しく統制されていた。秦国は、中央集権的な強力な軍事国家として、東方諸国に軍事的攻勢を加え続けたのである。

東方諸国滅亡の原因

秦の天下統一の要因に関しては、秦国の国力や軍事力の側面だけが注目されがちである。しかし、秦が滅ぼした東方諸国のあり方についても当然問題とされるべきであろう。このような方面からの問題関心は、日本では一九七〇年代に明確になってくる。当初はそれほど強大でもなかった秦による天下統一が可能であったのは、秦が滅ぼした東方諸国の側にも原因があったのではないかと考え、それらの諸国の社会的、経済的、さらに文化的な問題が究明されるようになるのである。

その最初の試みを行ったのが太田幸男氏である（『歴史学研究』三五七、〔一九六九年〕等）。太田氏はまず、斉国を支配した田氏《でんし》一族について分析する。田氏はもともと外来者であるが、戦国時代の始めに斉国の簒奪《さんだつ》に成功する。この成功は、田氏の宗族《そうぞく》的な結合の強さによるところが大きい。しかし、威王《いおう》、宣王《せんおう》期以後、宗族的結合は弛緩《しかん》しはじめ、宗族を構成する個々の家が非血縁者を吸収して家父長《かふちょう》的集団を形成するようになる。その典型は、薛《せつ》を領有した田《でん》嬰《えい》、田文《でんぶん》（孟嘗君《もうしょうくん》）父子であり、半独立的な小君主的な存在となった。他の田氏一族も、大なり小なり同様な土着の家父長的小君主体制を形成したため斉国は分裂状態になったとする。すなわち、斉国では家父長制が進行したため中央集権体制を確立できず、自己崩壊に陥ったのである。そして、秦以外の他の東方諸国も斉国と同様に、国家の分裂、分解が進行したとしている。

太田氏はついで秦の商鞅変法《しょうおうへんぽう》を分析している。商鞅変法の目的は強力な軍隊の編成とその長期にわたる維持であるが、その特質は旧来の氏族《しぞく》的な邑共同体を維持したまま、強力な専制国家を創り上げたことである。言い換えれば、商鞅は個々の共同体を君主に直結させることによって専制国家を形成したのである。要するに、秦は後れた社会であったために中央集権体制の確立に成功し、すでに家父長制が進行して自己崩壊状態にあった東方諸国を撃破して行ったとするのである。なお、太田氏は、専制権力について、進んだものを後れた秩序の中に押しとどめるために生まれたもので、アジア的専制権力とは権力を維持するための専制であると規定している。

古賀登氏も太田氏と近い構図で秦の天下統一を考えている（『漢長安城と阡陌・県郷亭里制度』〔雄山閣、一九八〇年〕）。ただし、比較の対象を魏国に置き、土地政策の側面から分析している。古賀氏は、『漢書』食貨志上に見える、李悝《りかい》の「地力を尽くすの説」などの政策に見える数値を操作して、彼の政策は耕地に余裕がない人口過密の計画であったとする。また、奴隷と見なせる隷農《れいのう》の数が異常に多く計上されていることから厳しい階級対立が予想されるとしている。このことから、魏国では深刻な内部矛盾が進行していたと見なす。そして、このような状況は秦以外の先進的な中原諸国でも同様であり、奴隷制の矛盾が解決されず、抜け道のない袋小路に陥っていたと見なしている。

秦については、商鞅の阡陌制《せんぱくせい》を分析している。阡陌制とは、開墾地に設けられた計画的な区画をともなった土地制度である。この制度は、耕地に余裕がある計画であり、兵農の一致、奴隷所有の制限を特色とし、軍功爵《ぐんこうしゃく》による新しい封建的身分秩序の形成を目指すもので、これによって社会矛盾が解消されたとする。すなわち、人口が少なく後進地域であった秦は、奴隷制の矛盾を解決しスムーズに封建制に移行したとするのである。古賀氏も、太田氏と同様、秦は後進国であったために改革に成功し、国家として矛盾を解決できなかった東方諸国を打ち破り、天下統一に成功したと考えているのである。

以上の両者に対して、好並《よしなみ》隆司氏はやや異なった視点から秦と東方諸国とを対比しながら、秦の天下統一のあり方を考察している（『思相』一九七八年一一月号）。好並氏は、秦国には東方諸国と異なった風俗的特質があることに注目する。それは、利益本意の法家思想の重視や秦本来の家族制度に見られるような「戎翟《じゅうてき》の風」、殉死《じゅんし》の風俗、天や上帝《じょうてい》を祭る祭天儀、宰相である丞相を二人置く制度、軽装備の兵を主体とする戦闘方式などである。「戎翟の風」とは北方遊牧民的な要素のことであるが、好並氏は殉死の風俗以下も北方遊牧民的な要素が濃厚であると考える。そして、秦の法家思想重視や専制主義はこのような要素と適合しているとする。

一方、東方諸国の方は、家父長的な集団の要素が強く私権が強大化して統一権力を生み出しえず、分権化する傾向にあったとする。すなわち、東方諸国は農耕民的な「デモクラシー」の世界であり、儒教《じゅきょう》思想と適合しているとするのである。そして、秦漢帝国は、北方遊牧民的性格の強い秦が、農耕を基本とする東方諸国を物理的に征服することによって成立したと結論づけている。秦の天下統一は一種の征服王朝による支配と言うことができる。

以上、秦の天下統一の要因を論じた三つの説を紹介してきたが、秦の天下統一とは、強力な中央集権的な支配権を確立した秦国が、そのような支配権を確立し得ず分権的な東方諸国を撃破し、全国的な支配権を確立したとする点で共通している。秦による天下統一を可能にしたのは、東方諸国の側にも原因があったのである。秦の天下統一について、国ごとの特質を考慮しながら考えるという視点は重要である。しかし、太田氏や古賀氏などが、斉国や魏国の例によって東方諸国を一律に捉えている点は問題である。この点は好並氏も同様であるが、広大な地域を占める東方諸国を同質に考えることができるであろうか。ただし、このような一律化は、東方諸国に関する文献史料の欠乏から考えていたしかたないところがある。現在残されている文献史料から考えても、秦の焚書《ふんしょ》の影響は甚大《じんだい》であったことは間違いないからである。

ここでは以下、これまで述べ来たった都市の視点から秦の天下統一を考えて見たい。秦の天下統一過程はまさに都市を占領し支配して行く過程であったからである。加えて近年、考古学的な材料の増加により、各国の都市の状況が相当明らかになってきたことも、この方面からの検討が可能となる。

秦郡の設置過程

郡は、戦国時代になって、辺境の地や新しく獲得した領地を防衛するために設けられた制度である。県が都市を支配する制度であったのに対して、郡はいくつかの県を含む領域を支配する県の上位の制度である。秦は、東方進出に際して、上述のように都市の抵抗をしばしば受けているが、ある程度まとまった広さの占領地の支配が可能となった場合に郡を置いている。この置郡の過程をたどることによって、秦はどのように統一事業を進めて行ったかがわかり、統一が可能であった要因を明らかにすることができる。

秦の置郡の時期については、楊寛《ようかん》『戦国史』（上海人民出版社、一九八〇年）の附録一「戦国郡表（六）」に秦国設置の郡の一覧表があり利用できる。また、馬非百《ばひひゃく》『秦集史《しんしゅうし》　下』（中華書局、一九八二年）の「郡県志」の部分でも、主として譚其驤《たんきじょう》氏の説を参照しながら秦の置郡年次が考証されている。この両氏の説には多少の異同があるが、基本的には大差ないので、

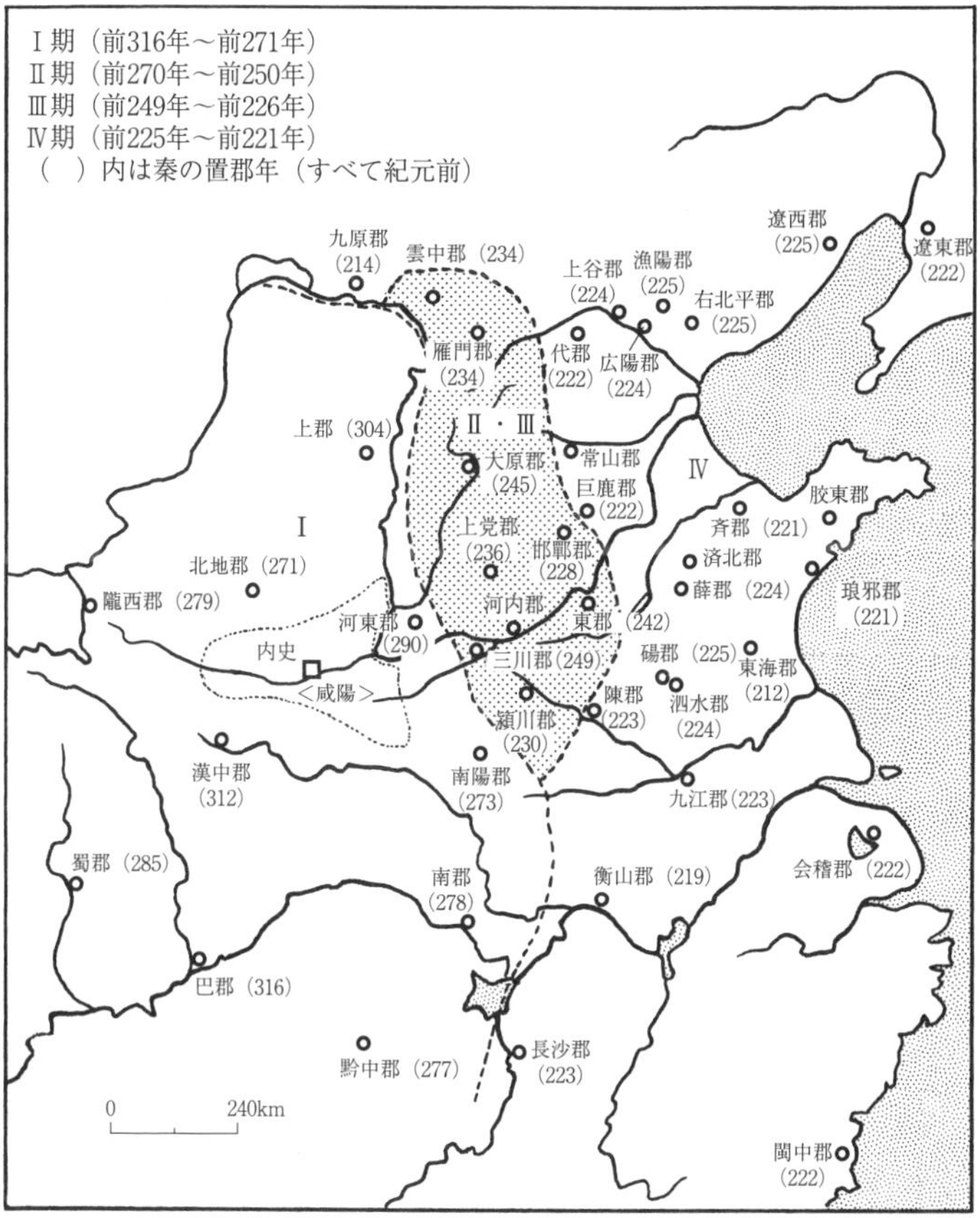

図 50　秦国置郡過程期別地図

ここでは楊寛氏の説によって秦の置郡過程を見ていきたい。

秦の置郡過程は、前三一六年に巴《は》郡が設置されて以後、前二二一年に秦が天下を統一するまで、おおよそ四期に分けることができる（図50）。まず、第一期は前二七一年までで、秦の本拠地である内史《ないし》の周辺から北方、西方および南方、東南方に置郡された時期である。この時期、東方に対しては、前二九〇年に河東郡が設置されて以後、その東に置郡されることはなく、返って東南方において前二七八年に南郡、前二七三年に南陽《なんよう》郡が設置されている。これは、ちょうど三晋地域を避けて東南方に迂回《うかい》する形になっている。

その後、前二七一年に北地《ほくち》郡が設置された後、前二五〇年まで長期にわたって安定した郡の設置は見られない。この二〇年間が第二期である。『史記』穣侯《じょうこう》列伝によると、穣侯魏冄《ぎぜん》の死後、斉の近くにあったその封邑《ほうゆう》は陶《とう》郡とされたが、まもなく魏に奪われている。馬非百氏は上党郡を前二五九年に秦の郡になったように記すが、楊寛氏はその帰趨《きすう》が定まるのは前二三六年としている。秦は、この時期にも頻繁に東方の三晋地域の奥深くに侵攻し、都市を攻撃、占領しているが、安定した支配を維持することができなかったようである。この時期、前二六〇年、秦は趙を長平に敗り、前二五七年に趙都邯鄲を包囲している。また、西周君《せいしゅうくん》の秦への降服も前二五五年でこの時期に入る。しかし、安定した郡の設置は行われていない。

第三期は前二四九年から前二二六年までで、三晋地域の置郡が進む時期である。この間には、三川《さんせん》郡（前二四九年）、東郡（前二四二年）、上党郡（前二三六年）、潁川《えいせん》郡（前二三〇年）、邯鄲郡（前二二八年）など、三晋地域の中心部の郡と、その北方の郡が合わせて八つ設置されている。ただし、これだけの郡が設置されるまで二四年間かかっている。

最後の第四期は前二二五年から秦が天下統一する前二二一年までのわずか五年間である。この間には、斉国、燕国、楚国という強国を滅ぼし、一六もの郡を設置している。

まず、第一期の東方正面を突破せずに、北方や南方、東南方に迂回しての進出は、三晋地域の都市の抵抗によって進出をはばまれ、大都市が少なくより抵抗が少ない地域に進出せざるをえなかったことを示している。次の第二期の置郡の空白期は、第一期の延長と推測される。秦は三晋地域の奥深く進出するものの、多数の大都市の抵抗をうけて、ある程度まとまった領域を安定して支配することができず、郡を設置することができなかったのである。

大都市を陥落させるには、大兵力の動員と長時間にわたる攻城戦が避けがたいのが一般的であった。第三章でも言及したように、趙の将軍趙奢は、大都市を多数擁《よう》する国を攻めるのがいかに困難かを述べている。また、趙氏の本拠であった17晋陽《しんよう》城（山西省太原市西南）は、現在でも東西三六〇〇メートル、南北二七〇〇メートルの規模の城壁の痕跡が確認できる大都市であった。『史記』趙世家によると、春秋末、この晋陽城は智伯《ちはく》とその同盟の韓氏、魏氏の大軍に包囲されながら一年余り（『戦国策』秦策一では三年、『韓非子』初見秦篇では三月）たっても陥落しなかった。前二八四年、斉の都市は燕の軍隊にほとんど占領されてしまったが、かなりの大都市であったと考えられる即墨《そくぼく》と莒《きょ》は五年間も燕軍の攻囲に対して持ちこたえた。三晋諸国の都市が、実際に秦の支配に抵抗し続けたことは第六章で述べたとおりである。

秦は、第三期になってようやく三晋地域に次々に置郡するようになるが、三晋地域の諸国を滅ぼし、完全に置郡し終わるまで四半世紀近くかかっている。やはり、三晋地域の都市を占領し、その抵抗を排除するのがいかに困難であったかがわかる。

ところが、秦はこの三晋地域を突破して置郡を完成させると、その東方の斉、燕、楚の領域に対する置郡のスピードは急速に上がり、一挙に天下統一へと突き進む。これは、もちろん三晋地域を支配下に置くことによって支配領域が拡大し、秦の国力、軍事力が急激に高まったことによると思われる。しかし、斉、燕、楚の領域には長期にわたって抵抗できるほどの大都市があまり存在しなかったことも大きいであろう。

以上のように秦の置郡過程を見てくると、秦の天下統一の過程は長期にわたる試行錯誤と地道《じどう》な軍事行動の結果であったことがわかる。第一期は、商鞅の改革によって整備された軍事制度によって形成された圧倒的な軍事力を用いて、強力な都市が少ない弱体な周辺地域を侵略して行く時期である。しかし、第二期、第三期の三晋諸国に対する攻略はそう簡単には行かなかった。秦の軍事力をもってしても、大都市の林立するこの地域は、その抵抗によってなかなか支配権を確立することができなかった。秦の天下統一への道程は、少なくとも五〇年間にわたってここで足踏みするのである。

しかし、秦には有利な条件があった。第五章で述べたように、三晋地域の諸都市は軍事的にも、経済的にもきわめて独立性が高かったことである。この地域の都市の軍隊は自らの都市を守るための都市防衛軍的な性格が強かったと考えられる。これに対して、最初から中央集権的に統制された秦の軍隊の強さは自ずから明らかであろう。秦は、軍事力を集中して、孤立分散的な三晋地域の都市を一つ一つ陥落させて行ったのである。

このように考えると、中央集権化を進めていた斉や燕、楚にも、天下統一のチャンスがあったことになる。その鍵は、いかに早く三晋諸国の都市を支配下に置くかであったと思われる。結果的には秦がこのレースに勝ったことになるが、その要因には様々な軍事的、政治的な偶然が重なっていたと考えられ、簡単には結論は出せないと思われる。

秦帝国の都市支配強化

戦国時代の秦国は、すでに述べたように、都市、すなわち県が独立して青銅兵器を製造することや、貨幣の発行を行うことを原則的に認めず、上位権力が中央集権的に都市を統制する傾向が強かった。また、占領した都市の住民がこのような支配に抵抗すれば強制移住さえも辞さず、さらに商鞅の改革以来、都市の経済を支えた商業に対しても抑圧的であった。秦国は、天下統一を進める中で基本的に都市の独立性を否定し続けたのである。

秦王政《せい》は、前二二一年、即位して二六年目に天下を統一し、自ら始皇帝を名乗った。始皇帝は天下統一後も秦国の従来の政策をそのまま継承した。始皇帝はまず、「郡県制」による統治を初めて全国に及ぼした。この「郡県制」は、天下統一とともに創出されたものではなく、秦国も含めて各国がすでに国内で整備を進めていた統治体制であったことはすでに述べたとおりである。

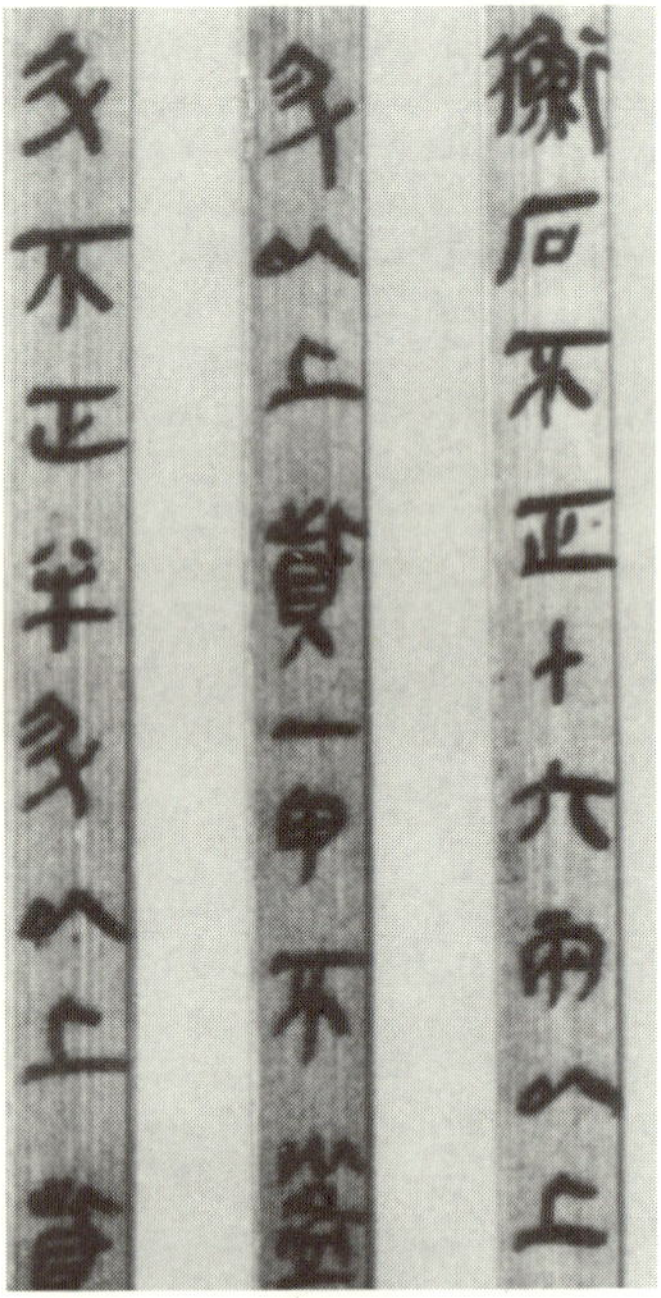

図51　雲夢秦簡「效律」

秦が天下統一とともに全国に施行した法律も、統一前の秦国で制定され、修正、増補されてきたものであった。雲夢秦簡は、秦の天下統一後、始皇帝の三四年（前二一三年）に埋葬された墓から出土した竹簡《ちくかん》群である。この中に「秦律《しんりつ》十八種」と呼ばれる一八種の法律の条文を集成したものと、「效律《こうりつ》」の条文（図51）を集成したものが含まれていた。これらの法律はすべて刑法ではなく、官府の管理規定であり、一種の行政法である。条文内容を仔細《しさい》に検討していくと、増補の痕跡や明らかに天下統一前に制定されたと考えられる条文が含まれている。秦は天下統一時に新たに法律を制定したのではないのである。

その他の統一事業とされるものも、統一によって新たに制定されたものではない。文字の統一に関しては、後漢の許愼《きょしん》『説文解字《せつもんかいじ》』の叙《じょ》に、秦は天下統一と同時に大篆《だいてん》を改編して小篆《しょうてん》を作るとともに、新たに程邈《ていばく》という人物に隷書《れいしょ》を作らせたという。しかし、近年、天下統一以前の秦の竹簡や木牘《もくとく》が発見されるようになり、秦の隷書は統一以前にすでに存在していたことが明らかになっている。四川省《しせん》青川県《せいせん》郝家坪《かくかへい》五〇号墓に副葬されていた木牘の文字も明らかに隷書である（『文物』一九八二年一期）。この墓は、木牘に記載されていた年号から、秦昭王元年（前三〇六年）前後に埋葬されたと考えられており、秦の隷書の成立はかなり溯るようである。戦国秦国で成立した隷書は、その後、漢王朝に受け継がれ現在の楷書《かいしょ》に繫がって行く。

貨幣の統一についても、以前は秦の天下統一に際して、半両銭《はんりょうせん》が新たに発行されたと考えられていた。しかし、これも四川省の戦国後期の墓葬から半両銭が続々発見されるようになり、定説は考古学の実物資料によって簡単に覆《くつがえ》されてしまった。現在では、前述の郝家坪五〇号墓から半両銭が出土したことにより、その発行年は確実に前三〇六年まで溯ることになった。中国の研究者の中には、秦恵文王《けいぶんおう》二年（前三三六年）の「初行銭」（『史記』秦始皇本紀附記の『秦記』）を半両銭の発行と見なす者もおり、さらにこれより早く設定する説もある。始皇帝は、秦国で発行、使用されていた半両銭をそのまま帝国の統一貨幣としたのである。この半両銭も、そのまま漢王朝に引き継がれ、方孔円銭《ほうこうえんせん》の形態は歴代王朝の銅銭の定式となり、朝鮮、ベトナム、日本の銅銭の型式を決定した。

度量衡《どりょうこう》も秦国で用いられていた制度をそのまま全国に強制した。先に挙げた容量の標準器「商鞅方升《しょうおうほうしょう》」や重量の標準器「秦高奴銅石権《こうどどうこくけん》」は、銘文から明らかに秦の天下統一以前のものであるが、始皇帝が天下統一時に発布した度量衡統一の詔勅《しょうちょく》が附刻されている。統一以前の標準器が統一以後も変更されずに使用されているのである。秦の度量衡の制度も、漢王朝にそのまま継承されている。

天下統一後の都市に対する政策もそのまま踏襲され、いっそう強化されている。雲夢秦簡の「秦律十八種」は、出土時期から考えて天下統一後も運用されたものであるが、県と都官《とかん》（中央政府の地方出先機関の可能性がある）の管理業務に用いるために、秦律全体から条文を抜粋《ばっすい》して集成されたものと考えられる。全一〇七条の条文を管理業務内容によって分類すると、次の七つの管理項目に分類することができる。

（1）管理関係条文（任免、文書など）
（2）労役関係条文（管理、衣食の給与など）
（3）物品関係条文（管理、百姓への貸与など）
（4）倉関係条文（管理、糧食の給与など）
（5）銭布《せんぷ》関係条文

（6）工関係条文

（7）農牧関係条文（農、牧など）

このうち、（1）から（4）までは、管理規定としてまとまりと一貫性があるが、（5）銭布関係、（6）工関係、（7）農牧関係に含まれる条文は、まとまりがなく、ばらばらな感じがする。前者は、県と都官の官府内で完結する主要な管理業務に関して抜粋された条文と考えられる。これに対して、後者の業務については他に管轄官府があり、県や都官がその官府に関与する限りで引用された条文ではないかと思われる。すなわち、県や都官は後者の管理業務には一貫しては携《たずさ》わっていないのである。銭布関係は貨幣政策と関連し、工については条文中にも、工師《こうし》が内史《ないし》や郡の監督下にあったことが見える。したがって、天下統一後も、県、すなわち都市は、貨幣発行や器物製造の命令監督の権限が認められていなかったと考えられる。

次に、秦は天下統一後、城壁の破壊を行っている。始皇帝は天下を巡行し、秦が天下を統一したことを宣言する碑文を各地に立てたり、岩壁にその文字を刻んだりした。『史記』秦始皇本紀の三二年（前三一五年）に、その一つである碣石門《けっせきもん》に刻まれた文章が引用されている。そこには、始皇帝が天下統一と同時に「城壁を破壊し、河川の堤防を切断して通過できるようにした」とある。また、『史記』李斯《りし》列伝にも、始皇帝が天下を統一して皇帝になると、廷尉《ていい》の李斯を丞相とし、「郡県の城を平らにし、その兵刃《へいじん》を鋳溶《いと》かしてまた使用しないことを示した」

とある。始皇帝は、郡や県の置かれた都市の城壁を破壊して丸裸にしたのである。城壁は都市にとって外敵から防御し、その独立性を維持するためにはなくてはならない施設である。都市の城壁の破壊は都市の独立性の根底からの否定と言うことができる。ただし、後述のように、秦末の攻城戦を見ると、秦による城壁の破壊がどれだけ徹底したものであったかは疑問である。城壁の一部の破壊にとどまった可能性も否定できない。

上掲の李斯列伝にはまた、郡や県の兵器を鋳溶かして廃棄したことが述べられている。これに対応する記事は、秦始皇本紀の二六年、天下統一時のこととして見える。

> 天下の兵器を没収してこれを都の咸陽《かんよう》に集め、鋳溶かして鐘鐻《しょうきょ》の金人《きんじん》十二を作った。重さは各千石《せき》（一二万斤＝三〇トン）で宮廷の中に置いた。

すでに述べたように、三晋諸国の都市では、都市が独自に青銅兵器を製造し、都市に保管していた。また、民間でも相当数量の青銅兵器が所有されていたと考えられる。秦は、官が管理する以外の兵器はすべて没収したのである。刀狩《かたながり》が行われたと言ってよいであろう。秦は天下統一と同時に、秦の県＝都市と同様に、もと三晋諸国の県＝都市の兵器製造権を奪ったと考えられる。兵器の没収によって、もと三晋諸国の都市は兵器の保有すらできなくなったのである。

鐘鐻の金人とは、編鐘《へんしょう》を吊《つ》り下げる桁《けた》を支える支柱を青銅で人物の形に作ったものである。これがどのような物であったかは、曾侯乙墓《そうこうおつぼ》から出土した編鐘の鐘架《しょうか》によって初めて明らかになった（図52）。この鐘架は三段になっているが、下段と中段の木製の桁を、青銅で作られた人物が頭と両手で支えている。秦の青銅製の人物像は三〇トンもあったということなので、巨大な

図52　曾侯乙墓出土鐘架
全体（上）、金人部分（下）

ものであったであろう。桁に吊り下げられた編鐘も青銅で製造されたの考えられるので、集められた青銅の重量は金人の何倍にもなったかも知れない。

唐代に編纂されたと思われる『三輔旧事《さんぽきゅうじ》』という書物には、この金人の重さは二四万斤《きん》（六〇トン）となっている。また、この金人は漢代になっても残っており、長安の長楽宮《ちょうらくきゅう》の門前に据《す》えられていたとされる。しかし、後漢末、董卓《とうたく》がその一〇体を鋳溶かして銅銭としてしまい、残りの二体も五胡《ごこ》十六国の時に前秦《ぜんしん》の符堅《ふけん》によって鋳溶かされてしまったという。

始皇帝は、天下の富豪や商人の強制移住も強行している。天下統一と同時に、天下の富豪一二万戸を都の咸陽《かんよう》に強制移住させた。富豪たちは、都市の発達したもと三晋地域に多かったはずであるので、都市の経済力を弱体化させる意図があったと考えられる。そして、都の経済力を高めるとともに、富豪たちを足下《あしもと》において監視する意図もあったかも知れない。

秦始皇本紀によると、三三年（前二一四年）には、もと逃亡犯や入り婿《むこ》とともに商人たちを動員して南方の地の攻略に向かわせている。そして、占領した現在の広西《こうせい》省や広東《カントン》省の地に桂《けい》林《りん》郡、象《しょう》郡、南海《なんかい》郡を置き、その防衛に当たらせている。これも、商人たちを中原の居住地から切り離すものであり、強制移住と変わりがない。始皇帝は徹底した商人や富豪たちの抑圧を行い、都市の弱体化を進めたのである。

法令中心主義

秦の中央集権的な統治は、都市支配も含めて法令の厳しい適用によって進められた。秦の法令中心主義的な統治は商鞅の改革に始まる。

『晋書《しんじょ》』刑法志によると、商鞅は魏の李悝《りかい》に『法経《ほうけい》』を授受されて秦の宰相になったとされている。『法経』は現存していないが、盗法、賊法《ぞくほう》、囚法《しゅうほう》、捕法《ほほう》、雑法、具法《ぐほう》の六篇からなっていたと伝えられる。この『法経』の性格については、いろいろ議論があるが、魏の国法ではなく個人の著作であった可能性がある。李悝の魏における改革は、商鞅が『法経』を受けて秦で行った改革とはかなり相違するのである。『法経』は、李悝個人の法理念にもとづいて新しく再構成されたもので、伝統的な慣習法にもとづく法体系とは断絶していたのではないかと思われる。

商鞅は、秦の孝公に取り立てられて改革を進めるが、民衆や貴族の強い抵抗を受けて困難な状況に直面する。そこで、商鞅の取った方策は、信賞必罰を明確にした厳格で徹底した法令の適用であった。

『史記』商君列伝によると、商鞅は民衆が改革の法令の実効性を信じないことを恐れて、前もって方策を立てた。三本の木を国都の「市」の南門に立て、これを北門に移した者には一〇金を与えると宣言した。しかし、民衆はこれを怪しみ誰も移そうとはしなかった。そこで、五〇金を与えると宣言したところ、一人がこれを移したので約束どおり五〇金を与えた。このように改革の遂行に際して欺かないことを明らかにした上で、改革の法令を発布した。

法令の発布後一年経ったが、改革の不便を言う者が千をもって数えた。その中、太子《たいし》が法令に違反した。商鞅は、太子は君主の世継《よつぎ》であるので刑を執行できないとし、太子の守役《もりやく》である公子虔《こうしけん》を処罰し、その教育係の公孫賈《こうそんか》を入墨《いれずみ》の刑に処した。そこで、明日からは、秦の人々はこぞって法令を遵守《じゅんしゅ》するようになったという。

商鞅は改革を一〇年間にわたって押し進め、秦国は大いに治まり改革は成功した。そこで、最初に改革の法令に対して不便を言った者たちがやってきて法令の便を言った。商鞅は、この者たちを教化を乱す輩《やから》として、ことごとく辺境の城に強制移住させた。これより後、商鞅が発布した法令に対して論評する者はなくなったという。商鞅は、発布した法令を厳格に執行するだけでなく、法令の批判さえ封じたのである。

商鞅の法令は、君主と世継である太子に対しては適用されなかったようであるが、それ以外の臣下や民衆はすべて平等一律に適用されるべきものであった。その後、公室《こうしつ》の一員であった公子虔がふたたび法に背いた時には鼻削《はなそ》ぎの刑に処されている。

法令の平等な適用は、法令を定めた商鞅自身に対しても例外ではなかった。商鞅は、改革の成功により宰相格である大良造《だいりょうぞう》となり、のち魏を破り領地を広げた功によって於《お》県と商県に封建され、商君と号されるまでになった。商鞅は、孝公の在世中ずっと宰相の地位にあったが、孝公が亡くなり太子が即位すると、公子虔の一党が商鞅を謀反《むほん》のかどで告発した。捕縛《ほばく》の吏が商鞅に差し向けられ、商鞅は逃れて関所の近くまでたどり着き、客舎に泊まろうとした。しかし、客舎の主人はそれが商鞅とは知らず、「商君の法律では、旅行証の無い者を泊めると同罪になります」と言って断った。商鞅は、自ら制定した法令の弊害を嘆き、しかたなくそこを去って魏国に赴いた。しかし、魏国にも入れられず、封邑《ほうゆう》に戻って反乱を起こしたが、最後には秦の軍隊に破れて殺された。新たに即位した恵王は商鞅の死体を車裂《くるまざき》にしたという。

法令を制定した商鞅は謀反人として殺されたが、その法令が廃棄されたという証拠はない。商鞅の法令とそれによる統治は、秦国の歴代の君主に受け継がれたと考えられる。秦の昭王には次のようなエピソードが伝えられている。『韓非子』外儲説《がいちょせつ》の右下篇によると、昭王が病気になった時、民衆が里ごとに牛を買い、家ごとに王のために祈った。公孫述《こうそんじゅつ》がこのことを王に報告すると、王は次のように答えた。

罰として一人ずつ鎧《よろい》二領を供出させせよ。そもそも、命令がないのに勝手に祈るのは、私を愛してくれるからであろう。私を愛してくれるからといって、私もまた法を改めて心の中でこれと合わせようとすれば、法が立たなくなる。法が立たないのは、国が乱れ滅びる道である。

本来なら、このような民の行為は王に対する親愛を示すものとして、恩賞の対象になるべきものである。それを昭王は、法令に規定がないからと言って罰しているのである。法令がなければ、王が法令を作ればよいが敢《あ》えてそうはしていない。ここには、韓非子の法令中心主義の考え方が色濃く出ているが、秦の昭王に仮託されているのは、やはり秦にはそのような傾向が強かったからであろう。

『韓非子』の同じ篇には次のようなエピソードも記されている。秦が大飢饉に見舞われた時、応侯范雎《おうこうはんしょ》が五つの御苑《ぎょえん》を開放してそこに産する野菜や木の実、果実を民に与えることを請うた。これに対して、昭王は次のように答え、拒否している。

我が秦法では、民に功があれば賞を受けさせ、罪があれば誅《ちゅう》を受けさせるようになっている。今、五つの御苑を開放して野菜と果実を与えたならば、民に功が有っても無くてもともに賞することになる。そもそも、民に功が有っても無くてもともに賞するのは、国が滅亡する道である。

ここでも、緊急事態において法を曲げて民を生かすよりも、国の支配の原則を崩さないことが最優先されている。あまりにも硬直した法解釈ではなかろうか。

天下統一後、始皇帝は丞相李斯《りし》の提案を受け入れ、統治における法令中心主義を明確に打ち出した。始皇帝は、統一と同時に「郡県制」による全国統治を表明したが、『史記』秦始皇本紀によると、その三四年（前二一三年）にまたぞろ「封建制」復活の議論が蒸《む》し返された。その先鋒となったのが博士《はくし》で斉地出身の淳于越《じゅんうえつ》である。彼は、始皇帝が「封建制」を採用したことによって天下が太平になったことを誉め称えた僕射《ぼくや》の周青臣《しゅうせいしん》を面と向かって批判した。これに対して反駁《はんばく》したのが丞相の李斯である。李斯はもはや「封建制」の是非《ぜひ》にはほとんど触れず、すでに決定された制度の是非を議論すること自体を問題とした。

李斯の主張は以下のごとくである。天下が定まり法令は一つの所から出ているのに、学者たちは今を手本とせずに古《いにしえ》を学び、当世を非難し民衆を惑わしている。そして、人々は国家の制度を批判し、発布された法令について勝手気ままに議論している。これを放置すれば、お上の威光は低下し、下では徒党が横行するようになるから禁止すべきである。そのためには、史《し》官《かん》にある『秦記』以外の各国の歴史書、民間で所蔵されている『詩経《しきょう》』、『尚書《しょうしょ》』、そして諸子百家の書物を焼却し、『詩経』、『尚書』についてことさらに議論するものは棄市《きし》の刑に処し、古によって今を非難する者は一族皆殺しの刑に処すべきである。

そして、最後に次のように結んでいる。

もし法令を学ぼうとする者があれば、官吏を先生とすべきであります。

『史記』李斯列伝にも同じ趣旨の上奏文《じょうそうぶん》があり、こちらは「もし学ぼうとする者があれば、官吏を先生とすべきであります」とあり、「法令」の語がなく、学問は官吏から受ければ十分だということになる。また、秦始皇本紀の李斯の主張の中にも、統一後の状況を述べて、「民衆は家において農業や手仕事につとめ、士は法令を学習して禁令に触れないようにしています」とある。李斯にとって、学ぶべき学問の内容は「法令」であり、学問の対象を「法令」の学習にのみに限定することを求めているのである。この李斯の主張は始皇帝によって裁可され、法令として施行された。これがいわゆる焚書令《ふんしょれい》である。

秦の法令中心主義は、雲夢秦簡に含まれる『語書《ごしょ》』と表記された文書にも明瞭に表れている。これは、始皇帝の天下統一より前の即位の二〇年（前二二七年）に、南郡守《なんぐんしゅ》の騰《とう》が管轄下の県、道《どう》の嗇夫《しょくふ》（令、長などの長官）に発布したものである。そこには、「凡そ、法律令というものは、それによって民を教え導き、その不道徳な行いを取り去り、その悪い風俗を取り除き、これをして善を為すように向かわせるものである」とある。法令こそが民を善に導く手段になると考えられているのである。また、「凡そ、良吏というものは法律令に明らかであって、事に臨んでできないことはなにも無い」とあり、「悪吏は法律令に明らかでない」とある。県令は法令に精通していることが第一とされ、民を善に導く倫理的指導者と見なされているのである。

始皇帝は天下統一とともに、秦の法令にもとづく統治を全国に一律に及ぼした。すべての官僚は、都市の統轄者である県令も含めて、法令にもとづいて民衆を一糸乱れず厳しく統制することが求められたのである。ここには民衆の意向に対する配慮は一切《いっさい》ない。そして、法令による厳しい規制によって、都市の経済的発展も阻害されたことが予測される。

第九章　秦末の都市反乱

秦帝国滅亡の原因

始皇帝は、即位の二六年（前二二一年）に天下を統一し、三七年（前二一〇年）に会稽《かいけい》から琅邪《ろうや》をめぐる天下巡行中、平原津《へいげんしん》（山東省平原県の黄河の渡し場）で病を得、沙丘平台《さきゅうへいだい》（河北省平郷県）で亡くなった。統一後、十年余り後である。中車府令《ちゅうしゃふれい》の趙高《ちょうこう》の策略により、公子の胡亥《こがい》が二世皇帝に即位した。しかし、翌年、陳勝《ちんしょう》（字《あざな》は渉《しょう》）らが反乱を起こし、これをきっかけに各地で反乱が続発した。翌二世三年（前二〇七年）には趙高が二世を自殺に追い込み、二世の兄の子、公子嬰《えい》を秦王に立てて関中の地に自立しようとした。子嬰は趙高を殺し一族皆殺しにしたが、秦王となって四六日目に、南方の武関《ぶかん》から攻め込んできた楚の将軍の沛公《はいこう》（劉邦《りゅうほう》、後の漢の高祖《こうそ》）に降服した。ここについに秦帝国は滅亡した。商鞅の改革以来、百数十年をかけて営々と築き上げられてきた秦帝国は、わずか一五年で滅びたことになる。

この巨大な秦帝国が、わずかの期間で滅亡したことについては、滅亡直後から関心が持たれ、滅亡の原因について様々に考えられてきた。馬元材《ばげんざい》（非百）『秦始皇帝伝』（上海商務印書館《しょうむいんしょかん》、一九三六年）は、「帝業崩壊の原因」の部分で、秦代に続く前漢代の人々による滅亡の原因に対する考え方を七つに分類して列挙している。

第一は、経済政策の片寄りによる貧富の階級差の拡大である。漢の武帝《ぶてい》頃の儒者《じゅしゃ》である董《とう》仲舒《ちゅうじょ》は、商鞅が井田《せいでん》制を廃止したため土地の売買が可能となり、富者はますます土地所有を拡大し、貧者は錐《きり》を立てるほどの土地も無くなったとしている（『漢書』食貨志上）。

第二は、賦役《ふえき》や税金取り立ての回数の多さと重さである。『漢書』食貨志上には、秦になって、力役《りきえき》は古に三〇倍し、田租《でんそ》や人頭税、国家の得る塩鉄の利益は古に二〇倍し、ある者は大土地所有者の土地を耕して半分の小作料を取り立てられ、そのため貧民は牛馬の着るようなぼろをまとい、犬や豚の食べるような食物を食べているとある。

第三は、戦争の惨禍《さんか》である。主父偃《しゅほえん》、厳安《げんあん》（以上『史記』主父偃列伝）、伍被《ごひ》（『史記』淮南《わいなん》王安列伝《おうあん》）、武臣《ぶしん》（『史記』張耳陳余列伝）、『淮南子《えなんじ》』人間訓《じんかんくん》、晁錯《ちょうそ》（『漢書』晁錯伝）などの批判が挙げられている。武臣の批判を例に取ると、「北に長城の役《えき》があり、南に五嶺《ごれい》の防衛があり、外と内で騒動が起こり、民衆は疲弊《ひへい》した」とある。

第四は、非生産的な建設が度を過ぎ、人力や物力を浪費したことである。漢の文帝の時の人である賈山《かざん》は秦の滅亡の原因となった大土木工事を列挙している（『漢書』賈鄒枚路伝《かすうばいろ》）。咸陽《かんよう》から西方の雍《よう》まで離宮を三〇〇も建てたこと、高さ数十仞《じん》（一仞＝一・五八メートル）、東西五里（約二キロメートル）、南北一〇〇〇歩（一三五〇メートル）の巨大な阿房《あぼう》宮《きゅう》（図53）を建てたこと、道幅五〇歩（六七・五メートル）で外壁を持ち、東は燕斉、南は呉

図53　阿房宮遺跡

図54　秦始皇帝陵（陵の西北から望む）

楚にまで達する馳道《ちどう》を作ったこと、役人や労役の刑徒《けいと》数十万人を動員して驪山《りざん》に墓を作ったこと（秦始皇帝陵、図54）などである。そして、始皇帝は自らの楽しみのために民の力や財を用いたが、その欲望は限りなく、天下はそれに答えることができなかった。そのため、「働き疲れた者は休息も取れず、飢え凍《こご》える者は衣食を得ることもできず、罪無くして死刑になる者は訴える所もなく、人々は怨み家々は仇《あだ》と思い、それ故に天下は崩壊しました」と述べている。

第五は、煩瑣《はんさ》で残酷な法令の弊害である。ここには、陸賈《りくか》（『史記』陸賈列伝）、張釈之《ちょうしゃくし》（『史記』張釈之列伝）、晁錯、賈誼《かぎ》（『漢書』賈誼伝）、董仲舒（『漢書』董仲舒伝）の批判が挙げられている。このうち、張釈之は漢の文帝に対して、「秦は刀筆《とうひつ》の吏に任せたため、官吏たちは事の処理の速さと苛酷さを競い合いました。しかし、それは内容が無く文書が備わっているだけのことでした。民を憐れむ内容もなかったので、君主は自らの過ちを聞くこともありませんでした。秦の支配は徐々に衰え、二世皇帝の代に至り土が崩れ落ちるように秦の天下は崩壊しました」と言っている。

第六は、言論弾圧のひどさである。賈誼の『過秦論《かしんろん》』では、秦の風俗として誹謗《ひぼう》の罪など上の者に対して忌《い》み避ける禁令が多く、君主を諫《いさ》める体制にはなっておらず、下の者の悪行が君主の耳に達しなかったとしている。

第七は、官吏の残虐、暴虐さである。『漢書』陳勝項籍《こうせき》伝には、「諸々の郡県の人々は、秦の官吏の横暴に苦しんでいたので、みなその長官を殺して陳勝に応じた」とあり、蒯通《かいとう》も秦の県令が苛酷な法令によっていかに民衆を厳しく処断してきたかを述べている（『史記』張耳陳余列伝）。

秦帝国の滅亡の原因は、論者によって複合的に論じられており、一つの原因が秦帝国を滅ぼしたと考えられているわけではない。秦帝国の滅亡の原因を、論理的に正面から初めて論じたのは前漢文帝の時の人である賈誼と思われる。ここに、『史記』秦始皇本紀の最後に、司馬遷が始皇帝と二世皇帝に対する自らの論評に換えて引いている賈誼『過秦論』の趣旨を紹介しておく。

賈誼は、「秦の地は山を背負い河に囲われて固めとし、四方が塞《ふさ》がっている国である」とする。このため、秦は穆公《ぼくこう》以来、秦王政（始皇帝）に至るまで、すべての君主が優れていたわけではないのに諸侯の雄であった。ある時、東方の諸侯が同盟し、一〇〇万の軍勢を動員して秦を攻めようとしたが、秦が関中に閉じこもって防備を固めると逡巡《しゅんじゅん》して進まず、そのうち同盟は破綻《はたん》してしまった。

秦は孝公の時、商鞅の補佐により国を整えて諸侯に対抗し、労せずして西河《せいか》の外側の地を手に入れた。次の恵王、武王、昭王は孝公の遺業を承《う》け、南の漢中《かんちゅう》、西の巴蜀《はしょく》、東の肥沃な土地や要害の郡を手に入れ、諸侯の軍勢を撃退した。孝文王《こうぶんおう》、荘襄王《そうじょうおう》の時も国家は安泰であった。

そして、秦王政に至り「六世の余烈」を継いで天下を統一した。秦王は南や北に領土を拡大する一方、先王のやり方を改めて民衆の力を弱めた。そのあと、関中の地の防御を固め精兵を配置し、自ら心の中で「関中の固めは金城《きんじょう》千里であり、子孫が万世にわたって帝王であり続ける体制が整った」と思った。

しかし、秦王政が亡くなると、才能が中程度の人にも及ばない陳勝が粗末な兵器を携《たずさ》え蜂起すると、山東の豪傑《ごうけつ》たちも呼応して立ち上がり、ついに秦を滅ぼしてしまった。この時、秦の天下が弱小であったわけではなく、秦の地の固めも元のままであった。それなのに、一夫《いっぷ》が難を起こして、秦の七つの宗廟《そうびょう》が崩れ、自ら人の手にかかって死に、天下の笑い者となったのはなぜなのか。賈誼は次のように断言している。

それは、民衆に仁義《じんぎ》を施さず、攻める場合と守る場合とでは事の成り行く方向が異なっていたからである。

賈誼はさらに続ける。秦が天下を統一した時、天下の士が一斉に秦に従ったのは、これまで王者が存在せず、戦争も止まず、士や民が疲弊《ひへい》していたからである。民衆もその生命を安んじることを願い、上を仰ぎ見ていた。この時こそ安危《あんき》の分かれ目であったのに、秦王は以下のような全く間違った対応をしてしまった。

秦王は強欲《ごうよく》で卑しい心をいだき、自分勝手な思いつきに心酔し、功臣を信じず、士や民に親しまず、王道を廃して私権を立て、刑法を厳酷にし、権謀と武力を先にして仁義を後にし、暴虐を以て天下に施す第一番目のものとした。

そもそも、兼併《けんぺい》を進める者は権謀と武力を高く位置づけ、安定を求める者は権威と勢力に従うことを尊ぶものである。天下を取る場合と守る場合とでは道を同じくしないという意味はこういうことなのである。秦は戦国の世を離れて天下に王となった。その方法を変えず、その政も改めなかった。これが、天下を取る場合と守る場合とでは異なるとする理由である。秦は、独りぼっちで天下を保とうとしたから、滅亡は立って待っている間にやって来たのである。

賈誼によると、秦は地理的な位置と地勢から考えて、滅亡するはずのない国であった。しかし、自らの欲望のために民衆に対して苛酷な政治を行い、仁義を施さなかった。さらに天下を統一した後も、天下を兼併する時に用いた方法を変えなかった。そのため秦帝国は短期間に滅びてしまったとするのである。

郡県の「少年」の反乱

秦帝国滅亡の直接の原因は、賈誼の言うように苛酷な統治であったとしても、なぜ巨大な帝国がまたたく間に崩壊してしまうような、民衆の激烈な反発をかったのであろうか。とりわけ、反乱の急先鋒になったのは、どのような人々であったのであろうか。

一般に、秦帝国崩壊の引き金を引いたのは陳勝《ちんしょう》・呉広《ごこう》の乱とされている。『史記』陳渉《ちんしょう》世家によると、陳勝は若い頃雇われ農民であった。二世皇帝の元年七月（前二〇九年）、里中の左側の住民がすべて労役や兵役に徴発された。漁陽《ぎょよう》（河北省密雲《みつうん》県）の守備に九〇〇人が徴発され、陳勝と呉広も屯長《とんちょう》としてその中にいた。任地に向かう途中、大沢郷《だいたくきょう》（安徽省宿県《しゅくけん》西南）に駐屯していた時、たまたま大雨に会い道が不通になり、このままでは期限内に任地にたどり着けない状況になった。秦の法律では、期限内に到着しない場合、斬罪に処せられることになっていた。そこで、陳勝と呉広は相談して、逃亡しても死、反乱を起こしても死なら、いっそうのこと反乱を起こそうということになったのである。

これによると、秦の厳格な法令があったとは言え、反乱のきっかけは大雨という偶然の事態であった。陳勝は将軍となり呉広は都尉《とい》となって、蘄《き》、銍《ちつ》、酇《さん》、苦《こ》、柘《しゃ》、譙《しょう》などの県を次々に陥落させながら西に進み、陳県《ちんけん》（もと戦国期の楚の国都。河南省淮陽《わいよう》県）を攻撃する頃には戦車六、七〇〇両、騎兵一〇〇〇余騎、兵卒数万人に膨《ふく》れあがっていた。陳勝は陳県を陥落させ

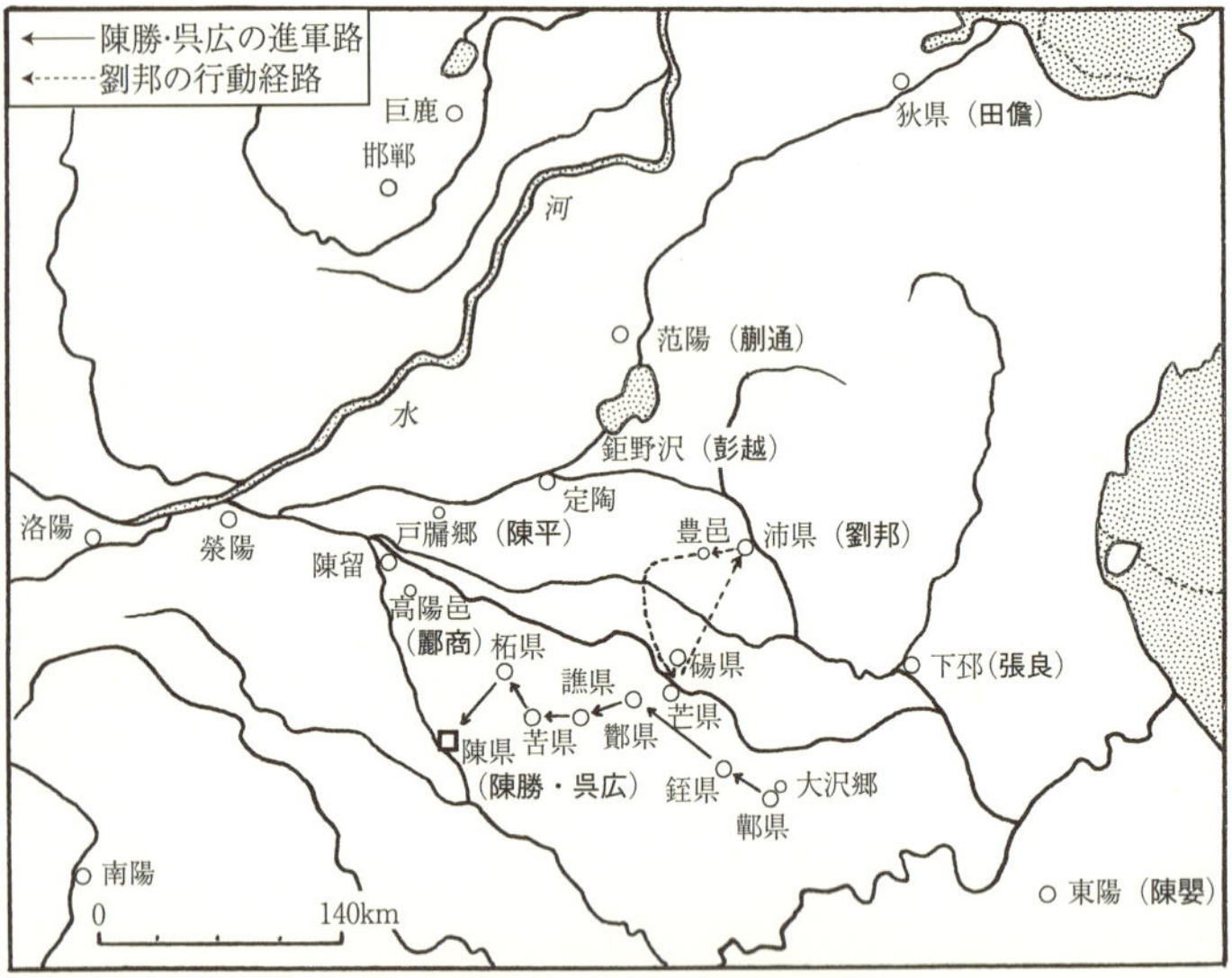

図 55　秦末反乱関係地図

て入城すると王を名乗り、国号を「張楚《ちょうそ》」とした。最初、九〇〇人であった兵力が六つの県を陥落させた後、数ヶ月で数万人にもなったのである。陳勝が陥落させた県は、戦国時代に都市の発達した地域に近接する地域に属する（図55）。これらの県はかなりの都市であったはずであるが、十分な装備もない陳勝の軍隊に簡単に攻略されているのである。

どうもこれは、攻略される側の都市に事情があるようである。陳渉世家には、陳勝が王になった後、次のように記されている。

　この時、諸々《もろもろ》の郡県の秦の官吏に苦しんでいた者はみな、その長官たちを処刑し、これを殺して陳渉に呼応した。

陳勝の蜂起に呼応して、いたるところの郡や県で反乱が起こり、その役所が攻撃されて長官が殺されているのである。陳勝が攻略した県が置かれた都市も内応があった可能性がある。

ところで、秦始皇本紀では上述の該当部分は次のようになっている。

七月、国境守備兵の陳勝らがもとの楚の地で反乱を起こし、「張楚」と名乗った。勝は自立して楚王となり、陳に拠点をかまえて諸将を派遣して山東《さんとう》の地を攻略させた。郡県の少年《しょうねん》は秦の官吏に苦しんでいたので、みな郡の守や尉《い》、県の令や丞《じょう》などを殺し、背いて陳勝に呼応した。そして、お互いに立って侯《こう》や王となり、連合して西に向かい、秦を討ち果たすことを標榜する者が数えきれないほどであった。

こちらでは、反乱の中心となったのは郡県の「少年」となっている。「少年」とは字のごとく若者たちであるが、彼らは郡や県の置かれた都市の役所を攻撃し、その長官たちを殺して都市を乗っ取り、自立して侯や王になっているのである。これら「少年」たちはいかなる存在であったのであろうか。以下、『史記』中に記載された、反乱に関与した「少年」たちの具体的行動を見ていこう。

まず、項羽《こうう》本紀に見える例である。陳嬰《ちんえい》という人物は東陽《とうよう》県（江蘇省盱眙《うい》県東）の令史《れいし》（県令の属官）であった。県中では慎み深く信頼されており「長者《ちょうじゃ》」と称されていた。東陽県の「少年」たちはその県令を殺し、集まって数千人の集団となっていた。そのリーダーを置こうとしたが内輪には適当な人物がいなかった。そこで、陳嬰に頼んで断られが、強引に立ててリーダーとした。そのうち、県中で従う者が二万人にも達したので陳嬰を王に擁立《ようりつ》しようとした。しかし、陳嬰は母の忠告を聞き入れて王とはならず、名族と見なされる項梁《こうりょう》に属することにした。

「少年」たちがなぜ県令を殺したのかはわからない。はっきりしたリーダーも存在しないところを見ると突発的な暴動であったかも知れない。陳嬰は無欲の人間であるが、「長者」と称されているように人格的に信頼され、任俠《にんきょう》的な気質を持った人物である。このような人物を押し立てた「少年」たちも任俠的な人格的つながりを求めていたはずである。都市には、とくにこのような人間関係が形成されやすい環境が存在したことは上述したとおりである。東陽県の「少年」たちは都市の居住者であった可能性が高いであろう。

田儋《でんたん》列伝によると、田儋は狄《てき》県（山東省高青《こうせい》県東南）の人間で、斉の田氏の一族である。陳勝が楚王になると、魏の人周市《しゅうふつ》に魏地を攻略させた。周市は北方の狄県までやって来たが、狄県は城の防備を固めて抵抗した。そこで、田儋は自分の奴隷が不始末をしたので殺したいと偽って、「少年」たちを従えて県の役所に行き県令に謁見を求めた。狄の県令が会うと、田儋は県令を撃ち殺した。そして、県の腕利きの役人や若者たちを召集し、「諸侯はみな秦に背いて自立している。斉は古くに建国された国である。自分儋は田氏であり、王となるべきである」と言い、ついに自立して斉王となった。そして、発兵して周市の軍を撃退してしまった。狄県の県城は周市の攻撃に備えて防御中であり、田儋が外部からやって来たとは考えられない。彼の従えた「少年」たちも城内の人間であろう。

留侯《りゅうこう》世家によると、張良《ちょうりょう》は陳勝らが起兵した時、「少年」一〇〇余人を集めて沛公劉邦に従っている。張良の家は代々韓の宰相を出した家であり、韓が滅ぼされた後、彼は始皇帝の暗殺を試みている。しかし、それは失敗し、姓名を変えて下邳《かひ》県（江蘇省徐州《じょしゅう》市東方、邳県南）に隠れ住んだ。彼はそこで任俠をなし、殺人の罪を犯した項伯《こうはく》を匿《かくま》っている。張良と「少年」たちも任俠的な関係で結ばれていたと思われる。

陳丞相世家でも、陳平《ちんぺい》は、陳勝が起兵して陳で王となり、周市に魏地を攻略させて魏の後裔《こうえい》の魏咎《ぎこう》を魏王に立てると、「少年」たちを従えて魏王に仕えている。陳平は陽武《ようぶ》県（河南省蘭《らん》考《こう》県北）の戸牖郷《こゆうきょう》の人である。彼の家は貧しく、「負郭《ふかく》の窮巷《きゅうこう》」にあったとあるので、都市の外郭内の貧民街に住んでいたことになる。しかし、「長者」の来訪が絶えず、里中の社《しゃ》の祭祀で宰《さい》の役目を立派に果たし評判になったこともある。陳平に従った「少年」たちも、彼の人柄を慕って集まった都市の若者であろう。

また、酈商《れきしょう》列伝でも、酈商はやはり陳勝が起兵した時、「少年」たちを集めて、東に西に動き回って人を集めて数千人を得、ついに兵卒四〇〇〇人を率いて沛公劉邦に属している。酈商は高陽邑《こうようゆう》の人であり、その地は、もと魏の都大梁のあった開封市の東南にある集落である。この場合の「少年」の居住地は不明である。

魏《ぎ》豹《ひょう》彭越《ほうえつ》列伝によると、彭越は鉅野沢《きょやたく》（山東省定陶《ていとう》市東北方）中で漁をしていたが群盗となった。陳勝や項梁が蜂起すると、沢中に居た「少年」が一〇〇余人集まり、彭越をリーダーに押し立て反乱を起こした。この「少年」たちは都市の居住者ではないが、信頼できる年長者をリーダーに祭り上げたり、あるいはそれに従っている点、他の事例と変わりがない。群盗の彭越に従っていることから、彼らはあるいは生業を持たず都市からあぶれ出た不良少年かも知れない。鉅野沢も都市が発達した地域に隣接する位置にある。

以上によると、「少年」たちは任侠的な結びつきを求めて集団で行動する、血気盛んな都市の不良少年たちのようである。『史記』淮陰侯《わいいんこう》列伝には、韓信《かんしん》は淮陰県（江蘇省清高市）の「屠中《とちゅう》の少年」に「市」中でからまれる話が出てくる。いわゆる「韓信の股《また》くぐり」の話である。都市の「市」には不良少年たちがたむろしていたようである。時代はずっと下るが、『漢書』酷吏《こくり》伝（尹賞《いんしょう》伝）によると、前漢末の成帝の頃、都の長安城中の「閭里《りょり》の少年」たちは群をなして官吏を襲って殺し、治安は甚だ悪く捕手《とりて》の太鼓の音が絶えなかった。そこに尹賞が長安令として赴任し、「長安中の軽薄な少年、悪子」をリストアップして検挙し、穴の中に閉じこめて皆殺しにしてしまった。その死体は親族らが引き取って行ったというから、彼らは都市住民の子弟たちであった。

大都市には、時の権力に反抗的な不良少年たちが横行していたようである。かれらは若いだけあって時代の状況に対して敏感であり、行動も短絡《たんらく》的で尖鋭であったと考えられる。これはいつの時代でも変わらないことであろう。「少年」たちは都市の最も尖鋭な部分を代表していたのではないかと考えられる。秦帝国は、先にも述べたように都市を絶えず圧迫し、弱体化をもくろむ権力であった。郡県の「少年」たちの反乱は、このような権力に対する都市の反乱と言ってもよいのではなかろうか。

劉邦の沛県奪取

都市の反乱のより具体的な状況がわかるのは、『史記』高祖《こうそ》本紀に見える沛《はい》県（江蘇省沛県）の例である。

漢の高祖劉邦は、沛県に属する豊邑《ほうゆう》の中陽里《ちゅうようり》の出身である。家は小農民であったが家業には就かず、一種の警察署長である亭長《ていちょう》になった。劉邦は亭長として、県のために始皇帝陵造営に従事する刑徒《けいと》を護送することになった。しかし、刑徒たちは途中で多く逃亡してしまい、豊邑の西の藪沢中で残りの刑徒たちを解放した。そして、自分に従うことを願った一〇余人とともに逃亡し、芒《ぼう》県と碭《とう》県との県境（河南省永城県北）の岩山や沼地のある山奥に逃げ込んだ。劉邦にはいろいろ瑞祥《ずいしょう》の噂《うわさ》が立ったため、沛県中の「子弟《してい》」たちには劉邦に従いたいと思う者が多かったという。この「子弟」とは、里の指導者である「父老《ふろう》」に従うまっとうな里の若い構成員たちである。反権力的で軽薄な「少年」とは区別されるが、若いという点で、いつでも「少年」に転化する可能性があったのである。

秦の二世元年秋に陳勝らが蘄《き》県で蜂起し、陳県で王となり「張楚」の国号を称した。諸々の郡県はみなその長官を殺して陳勝に呼応したので、沛の県令も恐れて沛県をもって陳勝に呼応しようとした。属官《ぞくかん》の蕭何《しょうか》と曹参《そうさん》は、秦の官吏が中心となっても沛県の「子弟」の支持は得られないとし、城外にいる亡命者を迎え入れるよう進言した。そこで、県令は劉邦に従っていたもと犬肉の解体を生業としていた樊噲《はんかい》に命じて劉邦を呼び寄せた。この時、劉邦に従う者はすでに一〇〇人近くになっていた。

樊噲が劉邦をつれてくると、県令は後悔し、城門を閉ざして防御を固め、蕭何や曹参を処刑しようとした。二人は城壁を乗り越えて脱出し、劉邦のもとに身を寄せた。そこで、劉邦は帛《はく》をもって沛の「父老」宛の矢文《やぶみ》を書き、城壁上に射掛《いか》けさせた。その文章には次のようにあった。

天下は秦に苦しむこと久しい。今、父老たちは沛の県令のために県城を守っているが、諸侯が並び立ってそのうち沛を屠《ほふ》るであろう。沛が今一緒に県令を殺し、子弟の中から立てるべき者を立てて諸侯に呼応するならば、家族はしっかりと守れるだろう。そうでなければ、父子ともに虐殺され、どうしようも無くなるであろう。

そこで、沛の「父老」たちは「子弟」を率いてともに県令を殺し、城門を開いて劉邦を迎え入れた。「父老」たちは劉邦を沛の県令としようとしたが、劉邦は自分には能力がないと言って断った。また蕭何や曹参たち役人たちも後難を恐れてみな尻込みした。「父老」たちは何度も頼み込み、とうとう強引に劉邦を沛公に擁立《ようりつ》してしまった。そして、「少年や豪吏」である蕭何や曹参、樊噲らは、劉邦のために沛の「子弟」二、三〇〇〇人を配下に置いたという。ここで、劉邦は初めて軍事的基盤を確立することができたのである。

以上によると、沛の「父老」や「子弟」は明らかに城中に居住しており、これは都市の反乱と言って過言でない。劉邦はこの時、都市の住民ではないが、下級の官吏を含む都市の住民に祭り上げられて挙兵しており、反乱の主体はあくまで都市住民であった。秦始皇本紀では、各地の郡県で「少年」が中心となって反乱を起こしたとしているが、このような都市住民の主体をなす「父老」や「子弟」が反乱を起こすこともまれではなかったのではないかと思われる。

高祖本紀の沛県の例では、都市住民が、秦の県令を押し立てて反乱を起こしても、他の反乱軍に攻められて皆殺しになると説得されて県令を殺したことになっている。都市住民が、一片の説得の矢文によりいとも簡単に秦の県令を殺したのには、秦の地方官への共感の欠如、さらには反感が存在していたと考えられる。

『史記』酈生陸賈列伝《れきせいりくか》によると、酈食其《れきいき》は、沛公劉邦に陳留《ちんりゅう》（河南省開封市東南）を交通の要衝《ようしょう》で食料の備蓄も多いところとして攻撃することを勧め、自ら城に乗り込んで攻略の手助けをしている。この間の事情は、本列伝に後人によって補入されたとされる部分に詳しい。

酈食其は、劉邦に対して、大功を成し遂げようとすれば陳留を拠点とすべきだ進言した。陳留は天下の交通の要衝であり、各地の兵が集まる所であって、食料の備蓄は数千万石《ごく》、城の防御力は甚だ堅固である。自分はその県令と親しいので彼を説得するが、もし聞き入れなければ殺して陳留を下したいと申し出た。劉邦はこれを許したので、陳留の県令に会見し降服するよう説得した。しかし、県令は秦の法令に背くわけにはいかないとして拒否した。酈食其は城内にそのまま留まったが、夜半に県令の首を斬り、城壁を乗り越えて劉邦に報告した。劉邦は兵を率いて城を攻め、県令の首を長い竿《さお》の先に掛け、城壁上の人に示して降服を促した。陳留の人々は県令が死んだのを見て、ついにこぞって劉邦に降服したという。

陳留は、酈食其の言葉によると、交通の要衝にあり、堅固な城壁に守られた経済的な大都市であったと考えられる。本来ならば、備蓄の食糧も多く長期にわたって抵抗することも可能であった。しかし、城内の人々は秦の県令が殺されたと知るとあっさり降服しているのである。ここには秦の支配に対する共感は一切感じられない。

また、『史記』張耳陳余列伝には、陳勝が陳の人武臣を将軍として趙地を攻略させた時の話が記されている。武臣が范陽《はんよう》県（山東省梁《りょうざん》山県西北）を攻撃した時、范陽の人蒯通《かいとう》は范陽の県令に降服を勧めて次のように説得している。

秦の法律は厳しく重い。足下《そっか》は范陽の県令になって数年になります。この間、人の父を殺し、人の子を孤児にし、人の足を切断し、人の顔に入墨《いれずみ》したことは数えきれません。そうでありながら、子を慈《いつく》しむ父や親を思う子が、敢えて貴公《きこう》の腹中に刃《やいば》を刺し込まなかったのは、秦の法律を恐れたからに過ぎません。今は天下が大いに乱れ、秦の法律は機能しておりません。そのうち、子を慈しむ父や親を思う子は、きっと貴公の腹中に刃を刺し込み名を上げるでしょう。これが臣が貴公にお弔《とむら》いを申し上げる理由です。今、諸侯は秦に背いております。武信君《ぶしんくん》（武臣）の兵がまさに至ろうとしているのに、君は范陽を堅く守っています。少年たちは争って君を殺し武信君に降るでしょう。

范陽の県令は蒯通の説得を受け入れ武臣に降服した。そして、武臣は蒯通の考えを入れ県令を許して侯印《こういん》を与えると、趙地の三〇余城は戦わずして降服したという。

蒯通の言葉によると、秦の県令は厳しい法令の適用により、都市住民の強い反感をかっていたのである。そして、ここでも真っ先に行動を起こすのは「少年」とされている。さらに、趙地の都市のあっけないほどすみやかな降服は、秦の地方官たちがもはや住民の不満を抑えきれなくなっていることを示している。もともと秦の統治は経済の発達した都市を圧政によって押さえ込むものであり、陳勝の蜂起によっていったん綻《ほころ》びができると修復が不可能になったのである。このような状況の中で確立された、秦帝国の後にくる王朝は、どうしても都市住民の動向を無視することはできなかったはずである。

第十章　漢帝国の都市支配

高祖の諸施策

（一）統治体制の特色

劉邦は、沛県奪取の後、秦二世二年（前二〇八年）には項梁に従い、項羽とともに各地を転戦した。項梁の戦死後、二世三年には項梁の立てた楚の懐王《かいおう》（楚懐王の孫の心《しん》）の下で項羽とともに秦の本拠地である関中を攻略することを競った。項羽は正面から函谷関《かんこくかん》を突破することを狙《ねら》ったが、劉邦は南に迂回して手薄な武関から侵入することを企てた。劉邦は南陽郡を攻略した後、武関から関中に入り、藍田《らんでん》（陝西省藍田県西）で秦軍を敗り、一〇月に覇上《はじょう》（覇水の上流）で秦王子嬰《しえい》の降服を受け入れた。ここに実質上秦帝国は滅亡した。『史記』はこの月から漢の元年（前二〇六年）としている。

その後、劉邦は秦の都咸陽に入ったが、樊噲《はんかい》や張良の諫めを聞き入れ咸陽の秦の財宝、府庫を封印して覇上に軍を返して駐屯した。そして、『史記』高祖本紀によると、関中の諸県の父老や有力者を召し、秦の苛酷な法律を廃棄していわゆる「法三章《ほうさんしょう》」を約束した。

父老は秦の苛酷な法令に苦しむこと久しい。誹謗《ひぼう》する者は一族皆殺しになり、二人以上集まって語る者は棄市になった。私は、最初に関中に入る者はその王となると諸侯たちと約束した。私こそ関中に王となるべきである。そこで父老たちと法三章のみ約束したい。すなわち、人を殺した者は死罪とし、人を傷つけた者および盗んだ者は処罰する。その他の秦の法律はすべて除去する。諸々の官吏や民は元通りのままでよく、安心するがよい。

劉邦は、以上の言葉をもって、配下の者に秦の官吏とともに県や郷邑《きょうゆう》を巡らせて諭告《ゆこく》させたので、秦の人々は大いに喜び歓迎した。この諭告は関中の人心を得るためのものであったが、「法三章」は法律の大綱のみを定めるもので、細部まで「律」によって規定する秦の法律とは明らかに異なっている。これはむしろ、三晋諸国の伝統的で慣習的な法律に回帰するものである。

『史記』蕭相国世家《しょうしょうこくせいか》には、翌漢二年に蕭何は、「漢の都として櫟陽《やくよう》を治め、法令、約束を作り、宗廟《そうびょう》、社稷《しゃしょく》、宮室、県邑を建て、事を奏上すればすぐさま許可されて実行に移した」とある。

一方、『漢書』刑法志によると、その後「法三章」だけでは犯罪を抑えきれなくなり、相国（宰相）の蕭何が秦の法律を取捨選択し、時代に合ったものを取り入れて「律九章《りつきゅうしょう》」を作ったとされている。「律九章」は「九章律《きゅうしょうりつ》」とも呼ばれ、秦の盗、賊、囚、捕、雑、具の六章の律に対して、蕭何が戸、興《こう》、厩《きゅう》の三章の律を加えたものとされる。漢二年の「法令、約束」を「九章律」とすることに否定的な意見もあるが、それが秦の法令を承けて修正を加えたものとする点には異論はない。蕭何は秦の法律を全部ではないが継承しているのである。このことは、漢の二年あるいは呂后《りょこう》二年（前一八六年）には成立していたとされる江陵《こうりょう》張家山《ちょうかざん》二四七号墓出土の『漢律』、すなわち『二年律令《にねんりつれい》』に、雲夢睡虎地《うんぼうすいこち》出土の『秦律』と重なる部分があることからも明らかである。

しかし一方、漢では、「律」に対して追加修正する際には皇帝の命令の形を取り、その命令は「律」と区別されて「令《れい》」と呼ばれた。すでに、張家山出土の『二年律令』の中に「関津《かんしん》令《れい》」と称する「令」が含まれている。このような、基本法典に対する「令」のあり方は三晋諸国の法律のあり方と類似しており、漢が秦の法体系をそのまま継承したのではなさそうである。

さて、劉邦はいったん関中を掌握するが、後から来た項羽の怒りに触れて放棄せざるをえなくなる。項羽は関中に入ると咸陽の宮殿や始皇帝陵を焼き払った。そして、正月には楚の懐王を義帝《ぎてい》として棚上げし、二月には自ら「西楚《せいそ》の覇王《はおう》」として自立し、ともに秦を打ち倒した将軍や諸王たちを封建した。これは「郡県制」を廃止して「封建制」にもどるものであり、この時封建された王は一八王に達した。

この封建は、親近の者を善地に封建したり、諸王を悪地に移封したりするものとされ、最初からすこぶる評判が悪かった。そのためすぐに各地で反乱が起こった。まず、封建されなかった斉の田栄《でんえい》が、項羽が封建した斉地の諸王を滅ぼして自立して斉王となった。ついで、王となれなかった陳余《ちんよ》が常山王《じょうざんおう》の張耳《ちょうじ》を伐ち、代王歇《だいおうかつ》を趙王に立て自らが代王になった。燕王臧荼《えんおうぞうと》は遼東王韓広《りょうとうおうかんこう》を滅ぼしその地を併合した。漢王に封じられた劉邦も関中の諸王を攻撃してその地を占領した。項羽の「封建制」は一挙に瓦解し、また戦乱の世に逆戻りしてしまったのである。

その後、劉邦と項羽の抗争が続くが、漢の五年（前二〇二年）、劉邦が項羽を垓下《がいか》に敗って滅ぼし、漢王朝が成立した。高祖劉邦が皇帝の位に即《つ》いた時、彼に従っていた諸侯は、楚王韓《そおうかん》信《しん》、韓王信《かんおうしん》、淮南王英布《わいなんおうえいふ》、梁王彭越《りょうおうほうえつ》、衡山王呉芮《こうざんおうごぜい》、趙王趙敖《ちょうごう》、燕王臧荼の七人で全て異姓《いせい》の諸侯であった。このうち、呉芮と臧荼は項羽が封建した王である。韓王信は早く漢の二年に封建されているが、他の四人は項羽との戦争を有利に進めるため戦争の末期に封建されている。この他、高祖は即位と同時に、呉芮を長沙王《ちょうさおう》に、粵王亡諸《えつおうぼうしょ》を閩粵王《びんえつおう》に移封している。ともに遠方の地である。

一方、高祖は項羽との戦争の間、項羽が封建した諸王や自立した王を滅ぼし、そこに郡を置いている。河南王申陽《かなんおうしんよう》の封地には河南郡、殷王卬《いんおうごう》の封地には河内郡、そして関中の三王（雍王《ようおう》章邯《しょうかん》、秦王欣《きん》、翟王董翳《てきおうとうえい》）の封地には、河上《かじょう》、渭南《いなん》、中地《ちゅうち》、隴西《ろうせい》、上郡《じょうぐん》の五郡を置いた。さらに、魏王豹《ひょう》の封地に河東、太原、上党の三郡、代王陳余と趙王歇の地には常山、代郡の二郡を置いている。また、漢王に封ぜられた時の領地である、漢中、巴蜀の地には諸侯を封建した形跡はない。高祖は、項羽と異なり「封建制」と「郡県制」を併用しているのである。

漢の六年、田肯《でんこう》という人物が高祖に対して斉地に子弟を封建するよう進言した。それを受けて韓王信らが高祖に同族を封建するよう上奏した。その結果、高祖の父の兄弟の子・将軍劉《りゅう》賈《か》が荊王《けいおう》（東陽、鄣《しょう》郡、呉郡の三郡領有）に、弟の劉交《りゅうこう》が楚王（碭《とう》郡、薛《せつ》郡、郯《たん》郡の三郡領有）に、兄の劉喜《りゅうき》が代王（雲中《うんちゅう》、雁門《がんもん》、代郡の三郡領有）に、そして子の劉肥《りゅうひ》が斉王（膠東《こうとう》、膠西、臨淄《りんし》、済北《せいほく》、博陽、城陽の六郡領有）に封建された。その後、異姓の諸侯たちが反乱を企てると次々に滅ぼし、その地に同族を封建していった。梁王彭越を滅ぼして子の劉恢《りゅうかい》を梁王（東郡を益す）に封じ、子の劉友《りゅうゆう》を淮陽王《わいようおう》（潁川《えいせん》郡を益す）に封じた。また淮南王英布を滅ぼして子の劉長《りゅうちょう》を淮南王とした。臧荼の後に燕王とされた盧綰《ろわん》を滅ぼした後には子の劉建《りゅうけん》を封じた。この他同族では、荊王劉賈が英布と戦って殺された後、その地を以て兄の子の劉濞《りゅうび》を呉王に封建している。

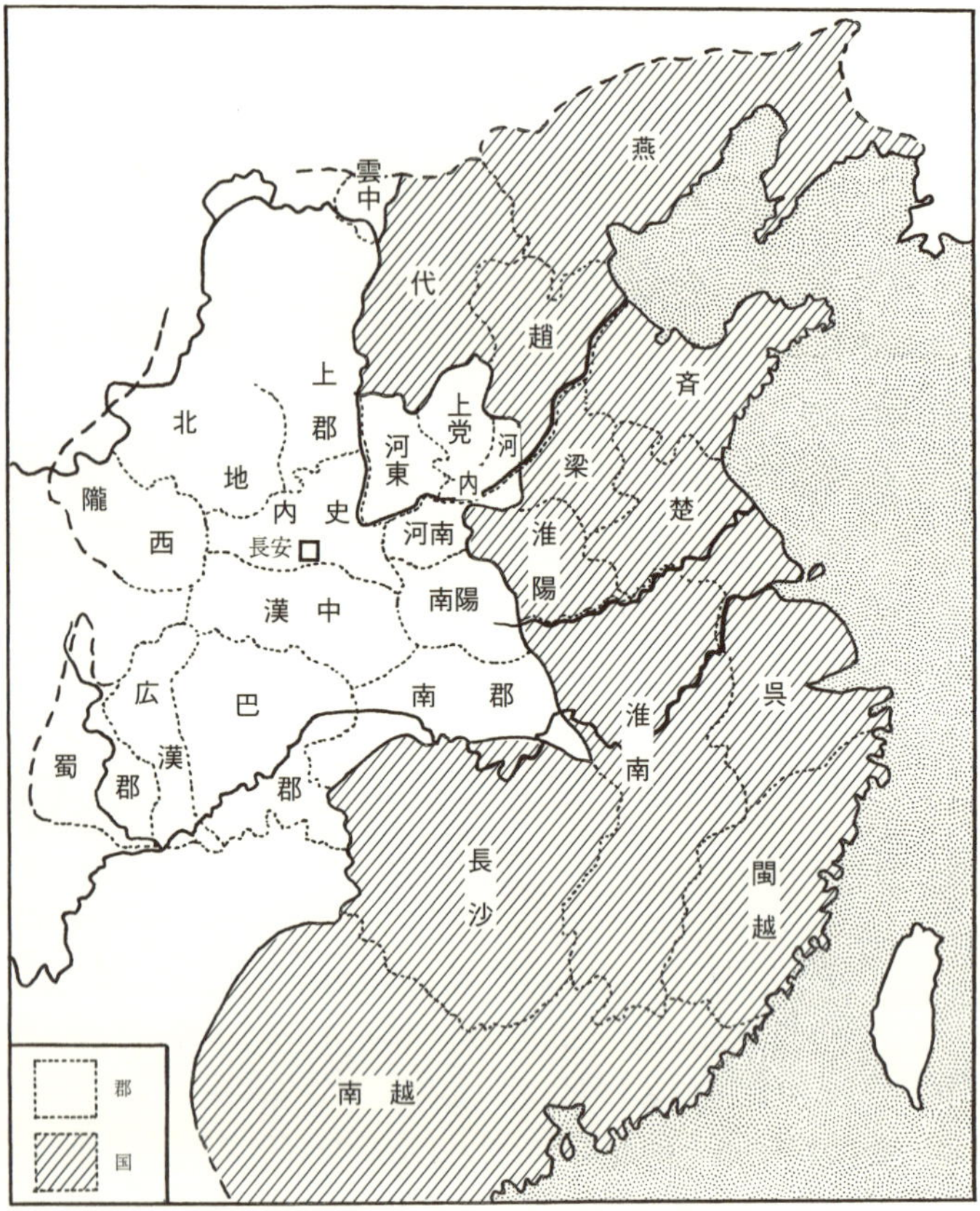

図 56　漢初高祖 12 年郡国配置図

高祖が亡くなった時に異姓の諸侯で存在していたのは、長沙王呉芮や南粤王《なんえつおう》趙佗《ちょうだ》などわずかであった。これによって、漢王朝の地方支配は、都の長安の周辺は直轄の郡で固め、遠方の地は同族を封建して藩屛《はんぺい》とする体制が整ったのである（図56）。これを一般に「郡国制《ぐんこくせい》」と呼んでいる。この体制はまさに、始皇帝が天下統一した時、丞相王綰《おうわん》ら大臣たちが提案し、始皇帝が否定した体制である。漢王朝の支配体制は一歩後退したことになる。ただし、この体制でも都市の発達した黄河中流域のかなりの部分は「郡県制」が敷かれている。

（二）都市関連の施策

それでは、高祖は都市に対して具体的にどのような施策を取ったのであろうか。高祖が皇帝の位に即いた翌年、漢の六年（前二〇一年）一〇月、『漢書』高帝紀下に「天下の県邑《けんゆう》に築城させた」とある。「邑」を公主《こうしゅ》（天子の娘）の食邑《しょくゆう》とする説もある。しかし、この「邑」は県より一ランク低い郷《きょう》などの集落を指すのではないかと思われる。この記事は始皇帝が郡県の城壁を破壊したことに対応しており、高祖は破壊された県や郷などの城壁の修復を命じたのである。高祖は、都市に対して秦とは明らかに対照的な態度を取っているのである。

また、『史記』平準書《へいじゅんしょ》には、漢が興った時、秦の貨幣が重くて使用が困難だったので「改めて民に貨幣を鋳造させた」とある。この部分は、『漢書』食貨志下では「民に莢銭《きょうせん》を鋳造させた」

とある。莢銭とは楡《にれ》の実の莢《さや》のような小さな青銅貨幣で、楡莢銭《ゆきょうせん》とも言われる（図57）。秦帝国の統一貨幣である半両銭は国家鋳造の貨幣であったが、高祖は戦乱による貨幣不足に対応するため、民間で自由に小型の半両銭を鋳造することを許したのである。この貨幣政策も、秦とは異なっており、むしろ三晋諸国が都市による貨幣鋳造を認めていたのに近い。

しかし、高祖の都市に関連する問題への態度はそれほど単純ではない。平準書には上述の貨幣に関する記述の後に、法律を簡略にし、禁令を取り払ったため、法令を無視して利益を追い求める民が買い占めや売り惜しみを行ったとある。そのため物価が騰貴《とうき》し、米が一石一万銭、馬が一匹黄金一〇〇金（一金は一斤、二五六グラム。一万銭）にもなった。そこで、高祖は「賈人《こじん》（商店を構える商人）に絹織物を着たり、馬車に乗れないようにし、租税を重くして彼らを困らせ辱《はずかし》めた」とある。『漢書』高帝紀下の漢の八年（前一九九年）では、「賈人は、錦織《にしきお》りや刺繍《ししゅう》入りの絹織物、綾織《あやお》りや縮緬《ちりめん》の絹織物、葛《くず》や麻《あさ》の織物、毛織物などを着てはならないし、兵器を使用したり、馬車や馬に乗ってもならない」となっており、禁令の詳細が記されている。この禁令は商業活動を規制するものではないが、商人に対してかなり抑圧的である。

図57　楡莢半両銭
（実大。左は数枚重なっている）

高祖はまた、翌九年には東方諸国のもとの貴族たちを関中の地に強制移住させている。『史記』高祖本紀には「貴族の楚の昭氏・屈氏・景氏・懐氏や斉の田氏を関中に移す」とある。この記述は、『漢書』高帝紀下では一一月のこととし、「斉や楚の大族昭氏・屈氏・景氏・懐氏・田氏の五姓を関中に移し、田宅を与えて便宜をはかった」とある。こちらでは単純な強制移住とはなっていない。

この強制移住は、劉敬《りゅうけい》（婁敬《ろうけい》）の提案に基づいたものである。高祖は七年（前二〇〇年）に平城《へいじょう》（山西省大同《だいどう》市東北）で匈奴《きょうど》に大敗北を喫《きっ》し、その後匈奴の圧力に悩まされ続けた。このような状況を見た劉敬は、都のある関中を軍事的にも経済的にも強化するために、関中への強制移住を提案したのである。『史記』劉敬叔孫通《しゅくそんつう》伝では、劉敬は次のように要請している。

どうか陛下、斉の田氏の一族、楚の昭氏・屈氏・景氏、燕・趙・韓・魏の後裔《こうえい》たち、および豪傑や名家を移して関中に居住させて下さい。そうすれば、変事が無ければ北方民族に備えることができ、諸侯に変事があればまた彼らを率いて東伐するのに十分です。これこそが本《もと》を強め末《すえ》を弱める術であります。

この進言に対して高祖は賛同し、劉敬に彼が列挙した人々一〇余万人を関中に移させたという。

ここでは三晋諸国や燕の王族の子孫、さらに「豪傑や名家」も移されている。この「豪傑や名家」には経済的に富裕な人々も含まれ、当然有力な商工業者も含むであろう。高祖が関中を強化するため強制移住させた中心は東方の旧勢力であり、始皇帝のように商人や富豪ではないが、結果的に東方の都市の勢力を殺《そ》ぐことになったと考えられる。また、『文献通考《ぶんけんつこう》』に引かれた『漢旧儀《かんきゅうぎ》』によると、父親の太上公《たいじょうこう》の陵墓の墓守《はかもり》に、財産三〇〇万銭以上を有する民を一〇〇〇戸移住させたという。高祖は必ずしも都市の富裕勢力に対して融和的とは言えないのである。しかし、これは天下統一直後の緊迫した状況に対応するためとも考えられ、高祖より後の漢王朝の施策を見ていく必要がある。

規制の緩和

まず、高祖の諸施策はその後どのように継承あるいは修正されたであろうか。まず、法令の問題であるが、漢はその後も秦の法律を基本的に継承したと考えられる。ただし、文帝の時に何度か処罰規定の廃止や緩和が行われている。文帝の元年（前一八〇年）一二月には、商鞅の変法以来、秦の律として存在したと考えられる連座した妻子を官有奴隷とする法令が除かれている。また二年三月には誹謗妖言《ひぼうようげん》の罪に関する法令が除かれている。そして、一三年（前一六七年）には、処罰を受けることになった官吏の娘の上奏がきっかけとなって肉体刑が廃止されている。『漢書』刑法志によると、それまで入墨《いれずみ》、鼻削《はなそ》ぎ、足斬りなどの肉体刑が行われていたのを廃止し、頭髪を剃《そ》って首かせをはめる刑やむち打ちの刑などに代えられたのである。しかし、むち打ちの回数が多くそれで死ぬ者が多かったので、次の景帝《けいてい》の時には回数が減らされている。法律上は、秦で行われた酷刑に対する改善が図られたことは確かであろう。

次に、「郡国制」であるが、これも基本的に維持された。『史記』呉王濞《ごおうび》列伝によると、高祖の次の恵帝や呂后《りょこう》の時期には、「天下は定まったばかりで、郡国、諸侯はそれぞれ自分の統治する民を懐《なつ》けようとした」とあり、秦のような苛酷な統治は行われなかったようである。そして、呉王濞の呉国には銅山があったので、天下の亡命者を招致《しょうち》して銅銭を鋳造させ、海水から塩を作って販売したため、民から税金を取らなくても王国の財政は十分豊かであったという。当時の諸侯王国の官僚制度は中央政府とほぼ同じで、しかも丞相を始め長官はすべて諸侯王が自ら任命することができた。諸侯王国は中央からの規制がなかったわけではないが、一つの独立国と言ってよく、王国内の統治まで中央政府の干渉はなかなか行き届かなかった。『史記』孝文本紀によると、淮南王長《わいなんおうちょう》は、先帝の法令を廃止し、天子の詔勅を無視し、天子のように振舞い、勝手に法令を作ったとある。彼は謀反の罪を着せられて蜀《しょく》に追放されているが、王国の自由度はかなり高かったようである。

このような状態は、中央政府にとって脅威であり、文帝の頃から王国の分割による弱体化がはかられるようになった。そして、景帝の時になると、晁錯《ちょうそ》の政策が入れられて、王国の領地削減が実行された。楚国から東海郡、呉国から豫章《よしょう》郡と会稽《かいけい》郡、趙国から河間《かかん》郡と六県が削減され中央の郡とされた。景帝三年（前一五五年）、ここに呉楚七国の乱が起こるのである。この反乱はかろうじて鎮圧され、以後諸侯王の権限は制限され、王国の長官はみな皇帝の任命に係ることになり、実質的に郡と変わらなくなった。その後も王国削減は進められ、支配体制は「郡国制」の形はとっていても、実質は「郡県制」と変わらなくなるのである。

　次に都市に係わると考えられる施策について見てみよう。高祖は、建国当初、民に自由に貨幣を鋳造させたが、その晩年あるいは呂后二年（前一八六年）までには、民間での自由な貨幣の鋳造や偽《にせ》黄金の作製が禁止された。張家山出土の『二年律令』中の「銭律《せんりつ》」には、「ひそかに貨幣を鋳造したりそれを助ける者は棄市の刑に処す」、「偽黄金を作製した者は入墨を入れて城旦春《じょうたんしょう》（労役刑の一種）の刑に処す」などの条文が含まれている。

図58　四銖半両銭（実大）

　しかし、文帝の五年（前一七五年）、この禁令は除かれ、ふたたび民間で自由に貨幣が鋳造できるようになった。これは、軽い楡莢銭《ゆきょうせん》に代えて、新たに発行した四銖《よんしゅ》半両銭（図58）を広く流通させるためであった。平準書には、これによって呉国では銅山の採鉱現場で貨幣を鋳造し、その富は天子と肩を並べるほどであったとある。また、文帝に寵愛された鄧通《とうつう》は貨幣の鋳造によってその富は諸侯王を越えたとされ、呉国と鄧通の貨幣は天下に広く流通したとされている。

呉国の貨幣鋳造の状況は以上のとおりであるが、『史記』佞幸《ねいこう》列伝によると、鄧通は文帝からの賞賜が巨万（一億銭）に及ぶこと何十回、官は大夫《たいふ》にまで至ったとある。人相見《にんそうみ》が鄧通は貧乏の中で餓死すると予言したので、文帝は彼に蜀の厳道《げんどう》の銅山を下賜し自由に貨幣を鋳造できるようにした。このことから銅銭鋳造の利益がいかに大きかったかが推測される。その後、景帝の中元《ちゅうげん》六年（前一四四年）には、鋳銭と偽黄金を禁止し、この禁を犯した者は棄市とする律が制定された（『漢書』景帝紀）。この禁令は、漢初の『二年律令』にもどるものであり、さらに強化されている。

高祖は商人を差別する「商賈《しょうこ》の律」を定めたが、『史記』平準書によると、この法律は恵帝、呂后の時に緩和された。しかし、「市井《しせい》の子孫」は官吏となることはできなかったとあるから、「市籍」を持つ「市」に居住する商人やその子孫たちは官界からは排除され続けたのである。ただし、『漢書』景帝紀では、後《こう》二年（前一四二年）五月の詔勅《しょうちょく》に「今、財産が十万銭以上ないと官吏になることができないが、廉潔《れんけつ》な士は財産が多いわけではない。市籍にある者は財産が有っても官吏になれず、財産が無くても官吏になれないことを、朕《ちん》は不憫《ふびん》に思う。財産が四万銭あれば官吏となれるようにし、廉潔な士が長く官職を失い、貪婪《どんらん》な人物が長く利益を得ることが無いようにせよ」とある。これによると、「市籍」にある者も財産が四万銭以上あれば官吏になることとできたようである。

富裕者の強制移住は、高祖より後は見当たらなくなる。『関中記《かんちゅうき》』という書物に、関東の役者や楽人五〇〇〇戸が恵帝の陵墓に移されたとあるが、これは富裕者ではない。『漢書』では、景帝紀五年（前一五二年）に、「春正月、陽陵《ようりょう》の邑を作る。夏、民を募《つの》って陽陵に移し、二十万銭を賜った」とある。これも資金を提供して希望者を移住させたのであり、強制移住ではない。富裕者の強制移住は、武帝の元朔《げんさく》二年（前一二七年）になってようやく出現する（『漢書』武帝紀）。この時、「郡国の豪傑」と財産三〇〇万銭以上の者が、武帝の陵墓である茂《も》陵《りょう》に移されている。結局、高祖より後、前漢前半期には富裕者の強制移住は行われなかったことになる。

以上のように、高祖より後の前漢前半期の都市に係わる諸施策は、多少の波はあるが概して緩和傾向にあり、強く統制しようとする方向は見られない。それでは、都市を統括する県は、この時期国家にどのように位置づけられていたのであろうか。

宮崎市定氏は、漢代の官僚制は「官長《かんちょう》の政治」であり、独立した官長の集合体であったとしている（「漢代制度一斑」『九品官人法《きゅうひんかんじんほう》の研究』同朋舎、一九五六年）。すなわち、中央でも地方でも、一つの部局の全責任は一人の官長に任され、官長は部下や人民に対して絶大な権力を振るった。そして、県令でも死刑を執行することができ、官長個人の行動は甚だ自由であったとしている。この時期の県を含む官僚機構や官僚は高い独立性を保持していたのである。

紙屋正和氏によると、この時期の県は、民の教化、戸籍の管理、民衆の田宅の登記事務、爵や田宅の賜与、穀物や物品の管理、租税の徴収、徭役《ようえき》の課徴《かちょう》、裁判、勧農《かんのう》、県城の修築、祭祀など、県内の民生全般を管掌した（『福岡大学人文論叢』一六―四、一九八五年）。この他、「市」の管理、官営工房の管轄、貨幣の鋳造なども行い、地方支配の中心をなしていた。これに対して、県の上位の郡や王国は、軍事や監察以外は限定的にしか県の業務に関与していなかったとしている。すなわち、前漢前半期の県は、上位機構である郡や王国から独立して固有の機能を有していたとするのである。このような県は、これまで見てきた秦の県よりは、戦国時代の三晋諸国の県に近いであろう。宮崎氏の見方と合わせて考えると、この時期の漢の県は三晋諸国の県の性格を継承していることになる。この時期の漢の諸施策が緩和傾向にあるのも、このような県のあり方と対応しており、都市住民の意向を無視できなかったからではないかと思われる。

黄老《こうろう》思想の流行

前漢前半期の漢王朝の統治は、高祖の天下統一直後の不安定期には商人や都市に対して抑圧的であったが、概して放任を旨《むね》としたようである。この点は、この時期の統治を主導した政治思想の側面からも確認することができる。その思想とは黄老思想である。黄老思想は、黄帝《こうてい》と老子の思想を合わせたもので、「無為清静《むいせいせい》」をモットーとし、統制よりも自由放任の政治を理想とした。

この思想は戦国時代に形成されたと考えられる。『史記』老子韓非列伝によると、韓の昭王の宰相になった申不害《しんふがい》の学は、「黄老」に基づき「刑名《けいめい》」を主とするとあり、戦国末の韓非《かんぴ》子は「刑名法術の学を喜んだが、その根本は黄老に帰属させた」とある。申不害、韓非子は法家とされ、従来から法家が老子に始まる道家《どうか》と密接な関係にあることは指摘されてきた。「刑名」とは「形名」のことで、名称を明確にして実際の形との一致を厳しく求めるもので、これも法家と関係がある。

『漢書』芸文志《げいもんし》の道家に「黄帝」の名を冠する書物があるが、すでに滅びてその内容は不明であった。ところが、馬王堆帛書《ばおうたいはくしょ》が発見されて、その中の『老子』に附載されていた『経法《けいほう》』など四篇の書が芸文志の『黄帝四経《こうていしけい》』四篇であり、黄帝の思想そのものではないかとされるようになった。『経法』道法篇には「道《みち》が法を生じる」とあり、名理篇には「虚静《きょせい》に謹んで聞き、法を以て符とする」とあり、道家と法家の密接な関係を示す文言がある。黄老思想とは法家を内に秘めた道家であるとする説もある。ただし、馬王堆帛書の『経法』など四篇は「道法家《どうほうか》」

とすべきで、黄老思想とは必ずしも一致せず、芸文志の『黄帝四経』でもないとする考えもある。

漢代における黄老思想の最初の実践者は曹参《そうさん》である（『史記』曹相国世家）。曹参はもと沛県《はい》の下級官吏で、すでに述べたように、高祖の沛県での挙兵に大きく係わり、その後高祖と恵帝を補佐しつづけた人物である。彼は、高祖が皇帝になると、斉王に封建された高祖の長子の肥《ひ》を補佐するため斉国の相国（宰相）に任命された。斉国を統治する方法を現地の儒学者たちに訊ねたが、彼らの言うことはてんでバラバラでなんともならなかった。そこで、蓋公《がいこう》という人物が「黄老の言《げん》」を修得していると聞き、会って教えを受けた。蓋公の説く政治の要点は、「清静」を貴べば民は自然に治まるというものであった。曹参はこの「黄老の術」を斉国の相国であった九年間実践し、それによって斉国はよく治まり、「賢相」と称《たた》えられたという。

恵帝二年（前一九三年）に蕭何《しょうか》が亡くなると、曹参は中央政府の相国に呼び戻された。彼は相国となって一切変更することはなく、蕭何の定めた約束に従った。自分の部下も、郡国の官吏の中で法律に対して鋭敏でも厳格でもなく、「重厚な長者」の評判のある者を選んで任命した。要するに、実務に有能ではなく率先して動かない人物を選んだのである。そして、日夜酒ばかり飲んでいた。このような曹参を諫《いさ》めに来る者がいると、逆に酒席に引き入れてうやむやにしてしまった。さすがに恵帝も見かねて苦言を呈した。彼はそれに答えて、「高祖は蕭何と天下を定められ、法令はすでに明らかです。今、陛下は何もせず、わたくし参らは職を守り、法令に従って間違わないようにすれば、それでよいのではないでしょうか」と言うと、恵帝はそれ以上何も言わなかったという。曹参は、宰相としても「無為」を実践し、皇帝も容認しているのである。

陳平《ちんぺい》も、上述のように早くに高祖に従って王朝の創業に功のあった人物である（『史記』陳丞相世家）。恵帝、呂后の時に左丞相、右丞相になり、文帝の時に丞相となった。司馬遷は『史記』の中で、「陳丞相は若い時、もともと黄帝・老子の術を好んだ」と論評している。呂氏が全盛の時、政治を見ず、毎日酒ばかりを飲んで婦女と戯《たわむ》れていると讒言《ざんげん》されたが、陳平はこれを聞いてから益々その性癖《せいへき》はひどくなったという。陳平の場合、酒と女性は呂氏一族の目を眩《くら》ませるためであったが、曹参と同様、「黄老の術」の実践者であった。

漢初において、官僚のトップである宰相が黄老思想の信奉者であったことは、当然皇帝の統治方針にも影響を与えたはずである。とくに様々な緩和政策を打ち出した文帝は、黄老思想に心を寄せていたようである。『史記』礼書《れいしょ》によると、文帝が即位した時、官僚たちが審議して礼儀を定めようとしたが、文帝は「道家の言」を好んでいたため繁縟《はんじょく》な儀礼を認めず聞き入れなかったとされる。また、『史記』儒林《じゅりん》列伝には、文帝は儒家を任用したが、もともと「刑名の言」を好んだとある。「刑名」の学が黄老思想と密接に係わることはすでに述べた。

儒林列伝にはまた、先の文帝に続いて、「景帝の時に至り、儒者を任用せず、竇太后《とうたいこう》もまた黄老の術を好んだ」とある。景帝の母は竇太后である。竇太后は趙の清河《せいか》の人で、文帝が代王であった時に側室になり、景帝を生んだ。『史記』外戚《がいせき》世家には次のようにある。

> 竇太后は黄帝・老子の言を好み、帝および太子や竇氏一族は黄帝・老子を読んでその術を尊ばないわけにはいかなかった。

「帝」は景帝であるが、「太子」は後の武帝である可能性がある。景帝から武帝の初年までの竇太后の権勢は絶大であった。『史記』魏其武安侯《ぎきぶあんこう》列伝によると、武帝即位直後の建元《けんげん》元年（前一四〇年）、竇嬰《とうえい》が丞相に任命され、田蚡《でんふん》は太尉《たいい》、趙綰《ちょうわん》は御史大夫《ぎょしたいふ》、王臧《おうぞう》は郎中令《ろうちゅうれい》にそれぞれ任命された。彼らはみな儒術を重んじそれに沿った政策を遂行し、道家の言を貶《おとし》めた。そのため竇太后は彼らに対して不満をつのらせていった。翌年、御史大夫の趙綰が竇太后への上奏を取りやめるように皇帝に願い出ると、太后の怒りが爆発した。趙綰、王臧らを処罰して自殺に追い込み、丞相と太尉を免職にして別の者を任命した。この反儒学的体制は太后の亡くなる建元六年（前一三五年）まで続いた。

この頃、東海太守になった汲黯《きゅうあん》は「黄老の言」を学び、それによる地方統治を実践している（『史記』汲鄭列伝）。彼は官吏の統轄や民の統治に「清静」を好み、部下に委任して大旨を問題とするだけで小さなことは責めなかったという。また、建元四年（前一三七年）に右内史《うないし》（後の京兆尹《けいちょういん》）になった鄭当時《ていとうじ》も「黄老の言」を好んだとされる（汲鄭列伝）。黄老思想は地方統治にまで及んでいるのである。

以上によって、黄老思想は武帝の初年まで広く統治に影響を与えたことがわかる。前節で論じた規制の緩和は、このような「無為清静」を主眼とする黄老思想を根拠に、かなり一貫して押し進められたのである。このような下部のことにあまり干渉しない、自由放任的な施策が採用されたのは、一つには秦末漢初の戦乱による地方の疲弊があったことは確かである。

『史記』陳丞相世家によると、高祖は匈奴《きょうど》に平城で大敗を喫し、陳平の奇計で脱出して帰京する途中、曲逆《きょくぎゃく》（河北省保定《ほてい》市西）という都市を通過した。高祖は城壁上に登り城内を見渡してその家屋の大きさに驚嘆し、係りの官吏にその戸口数を訊ねた。官吏は、「始め秦の時には三万余戸ありました。先頃戦乱がしばしば起こり多く逃亡しましたため、現在五千戸を見るだけでございます」と答えた。そこで高祖は陳平を曲逆侯に封じて、一県の租税を与えたという。曲逆の人口は漢初には六分の一に減少しているのである。

また、『漢書』高恵高后文功臣表《こうしんひょう》には、高祖の時のこととして、「時に大城、名都の民衆はちりぢりに逃亡し、戸口の掌握して数えることのできるものはわずかに十の二、三であった」

とある。曲逆だけでなく、打ち続く戦乱によって各地の都市の人口が激減しており、漢王朝ではその回復が急務であったと考えられる。そのため、統制ではなく黄老思想による緩和的で自由放任の政策が取られる必要があったのである。ここにも、都市の抑圧と否定を目指す秦帝国の政策とは異なる、漢王朝の都市重視の側面が現れている。上記の功臣表には続けて、「文帝、景帝までの四、五世の間に、逃亡していた流民《りゅうみん》はすでにもとの場所に戻り、戸口もまた増加し、列侯《れっこう》の大きいものは三、四万戸になり、小国は自然に倍になり、列侯もそれに比例して豊かになった」とある。ここには、漢初の諸施策が効を奏して都市の人口が回復したことが示されている。

武帝期の政策の転換

『史記』平準書には、武帝が即位して数年間の国家財政の豊かさを次のように述べている。

中央や地方の穀物倉庫はみないっぱいで、財物庫や武器庫も金銭、物品が有り余り、都の長安の銅銭は一億も積み重なり、使用されないため銭刺《ぜにさ》し（一〇〇〇銭で一貫《かん》）が腐って銭がばらばらになり数えることができなくなった。また都の太倉の穀物も積み重ねられていっぱいになり、露天に集積される有様で、腐って食べることができなくなった。

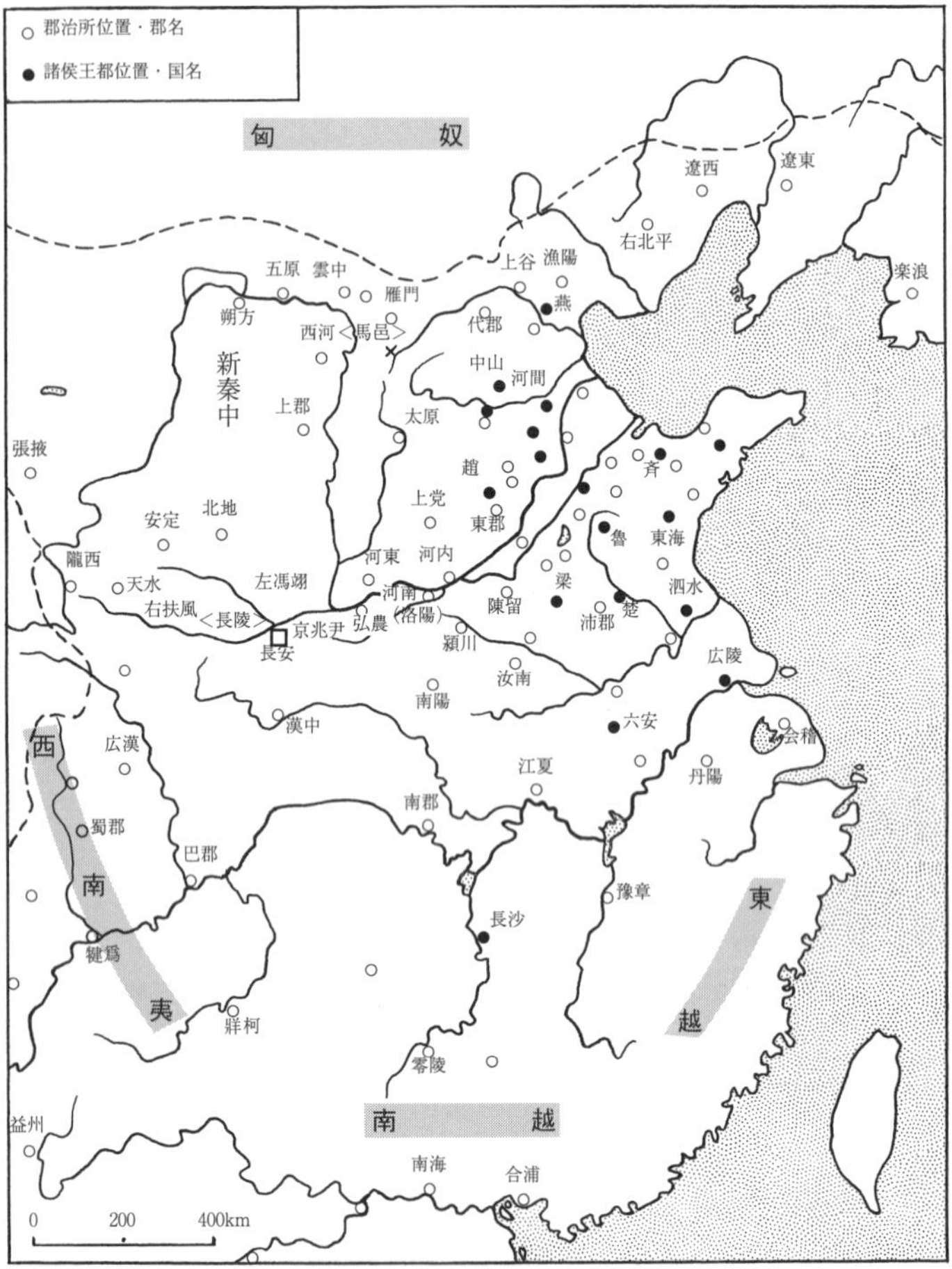

図 59　武帝期郡国所在地図

しかし、このような状態も、建元六年（前一三五年）に黄老思想の信奉者であった竇《とう》太后が亡くなり、武帝が親政して対外積極策に転じると一変する。元光《げんこう》二年（前一三三年）、大行令《たいこうれい》（外務大臣）の王恢《おうかい》の策略により、匈奴単于《きょうどぜんう》を雁門《がんもん》郡の馬邑《ばゆう》県城（山西省朔《さく》県）におびき寄せだまし討ちにしようとした（『史記』韓長孺《かんちょうじゅ》列伝、匈奴列伝）（位置は図59参照）。しかし、単于は漢の伏兵を事前に察知し退却した。これより以後、匈奴との関係は極端に悪くなり、匈奴による辺境の郡への侵害が多くなって、漢も軍事的にその都度《つど》反撃せざるをえなくなる。

『漢書』武帝紀によると、翌元光三年には黄河が決壊して一六郡が冠水し、兵卒一〇万人を動員して災害救助させた。また、五年（前一三〇年）には、南では西南夷《せいなんい》を支配するために巴蜀の人々を徴発して南夷道《なんいどう》を開通させ、また北では匈奴に対する防御のために兵卒一万人を動員して雁門《がんもん》郡の要害を固めさせた。これらの出費に対応するためと思われるが、翌六年には初めて商人の車に税金を掛《か》けている。しかし、この処置は商人抑圧のほんの手始めにすぎなかった。

この年、匈奴が上谷《じょうこく》郡に侵入し、官吏や人民を殺したり連れ去ったりしたため、漢は車騎《しゃき》将軍衛青《えいせい》をはじめ四将軍に各方面から匈奴討伐に向かわせた。これより後、元朔《げんさく》年間（前一二八～前一二三年）になるとしきりに匈奴が侵入し、漢はその都度、将軍たちに反撃させたが、そのうち一〇万を越える規模の軍隊を動員して匈奴討伐が行われるようになった。そのため財政負担は増大し、元朔六年（前一二三年）には武功爵《ぶこうしゃく》という、軍功に係わる爵位を新設して売りに出し、三〇余万金の収入があったという（『史記』平準書）。

元狩《げんしゅ》年間（前一二二～前一一七年）に入っても匈奴の侵略は毎年のように続き、漢も反撃を行った。元狩二年（前一二一年）には、これまでの匈奴への攻撃の効があって、匈奴の昆邪王《こんやおう》がその部衆四万人を率いて降服してきた。『史記』平準書によると、漢はこれに対して車二万両を出して出迎え、多大の賞賜も行なったので、その費用は一〇〇余億銭にもなったという。また、これより以前に黄河が決壊して堤防工事や救援費用がかさみ、その上灌漑《かんがい》用水路や漕運《そううん》のための運河の開鑿《かいさく》にそれぞれ数万人を動員したので、その費用もそれぞれ一〇億銭かかったとされる。

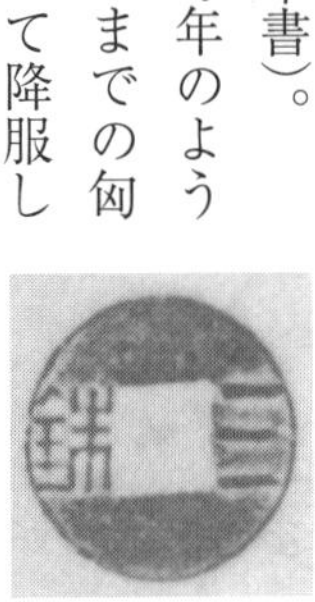
図60　三銖銭

以下も平準書の記述による。元狩三年（前一二〇年）には関東で水害が発生し大飢饉となり、貧民七〇余万人を朔方《さくほう》郡以南の新秦中《しんしんちゅう》（オルドス地域）に移住させたが、生活できるまで衣食や貸与金に国費を数億銭も費やした。このため、国庫は空っぽになってしまった。これに対して大商人たちは穀物の買い占めを行い、鉄器製造や製塩の業者も巨利を得ながら国家の急を助けず、人民をますます苦しめるばかりであった。そこで、武帝は貨幣の改定によって財政の窮乏を救い、商工業者たちを押さえつけようとした。皮幣《ひへい》や白金《はくきん》（銀と錫の合金）、三銖銭《さんしゅせん》（図60）を発行し、勝手に製造して発行することを禁じたが、偽造者が続出して失敗した。

元狩四年（前一一九年）、平準書によると、大将軍衛青、驃騎《ひょうき》将軍霍去病《かくきょへい》が大軍を率いて匈奴を攻撃し、敵の首八、九万級を取った。しかし、そのため賞賜は五〇万金に達し、軍馬も一〇余万匹死んだ。この他に軍糧の輸送費や軍備の費用を加えると莫大《ばくだい》な出費になり、兵士の俸禄さえ十分支給できない有様であった。

そこで同年、財政収入を確保するために、抜本的な方策が考え出された。まず、三銖銭が軽く偽造しやすいことから、郡国に命じてより重い五銖銭《ごしゅせん》（図61）を鋳造させた。この貨幣は半両銭や三銖銭と異なり、外周に郭《かく》を設けて周縁を削り取られ偽造されないようにした。このような安定した貨幣の発行を基礎に、次々に新しい経済政策が実行されたのである。そして、それらは商工業者を抑圧し、没落に導くものであった。

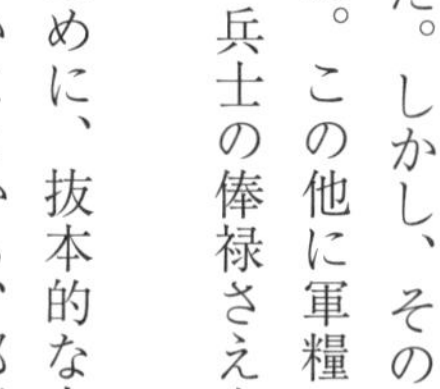

図61　五銖銭（実大）

まず第一は塩鉄の専売である。この政策は、大農令《だいのうれい》（国家財政担当大臣）の次官に採用された東郭咸陽《とうかくかんよう》と孔僅《こうきん》の発案による。東郭咸陽は斉の大製塩業者であり、孔僅は南陽の大鉄器製造業者である。ともに一〇〇〇金の財産を蓄えた大企業家であった。彼らの提案によって、鉄器は募集した民に官用器材を用いて製造させ、塩は官が製塩業者に器材を与えて製造させることとした。かってに鉄器を鋳造したり、塩を生産した者は罰せられ、器材を没収されたので、鉄器や塩の製造販売は国家が独占することになった。全国各所に鉄器や塩を製造する官府が設けられ、その官吏にはもとの製造業者で富裕な者が任命されたので、官吏は商工業者出身者が多くなったという。しかし、利潤は国家に吸い上げられるから、彼らはもはや自由な商工業者ではない。民衆の生産や生活に密着した産業が国家に独占されることにより、商工業者が活躍できる場の大きな部分が失われることになったのである。

第二は緡銭令《びんせんれい》の施行である。店舗を構える商人や、商人で「市籍」の無い者にも財産を申告させ、財産評価額二〇〇〇銭につき一算《さん》（一二〇銭、あるいは二〇銭）を課税し、手工業者は四〇〇〇銭につき一算を課税した。官吏に比す者、三老、北辺の騎士以外の者には、所有する軺車《しょうしゃ》（小型高級馬車）に対して一算を課税したが、商人たちの軺車には二算を課税した。また、長さ五丈（約一一メートル）以上の舟には一算を課税した。これには罰則も設けられ、財産を隠して申告せず、申告しても全部でない場合、一年間の辺境守備に従事させ、財産没収とした。

緡銭令は商人を狙《ねら》い撃ちにする法令であるが、商人はさらに告緡令《こくびんれい》によって追い撃ちがかけられた。『漢書』武帝紀によると、元鼎《げんてい》三年（前一一四年）、緡銭令に違反した者を民に告発させ、その者に告発額の半分を与えるという法令が発布された。平準書では、「楊可《ようか》の告緡は天下に遍《あまね》く浸透し、中家《ちゅうか》以上はみな告発に会った」とある。告緡令を発動したのは楊可という人物で、中家すなわち財産が一〇金以上の家はほとんど告発されたのである。そして、告発された者は、酷吏《こくり》とされた御史中丞《ぎょしちゅうじょう》（御士大夫の次官）の杜周《としゅう》が厳しく処断した。彼は郡国にも部下や廷尉《ていい》の正監《せいかん》を派遣して緡銭を取り調べさせ、民の財物や奴婢《ぬひ》、田宅を大量に没収した。平準書は、これによって「商人の中家以上はおおむね破産した」としている。

第三は商人で「市籍」のある者やその家族の土地所有の禁止である。この法令を犯した者は田地と耕作する奴隷を没収された。商人たちは商業でかせいだ利潤を土地に投下し、経営の安定化を図ったと考えられるが、これも不可能になった。

第五は均輸法《きんゆほう》、平準法《へいじゅんほう》の施行である。元鼎二年（前一一五年）、孔僅が大農令となり、桑弘羊《そうくよう》が次官の大農丞《だいのうじょう》になった。桑弘羊は洛陽の商人の子であり、暗算が得意で一三歳で侍中《じちゅう》（皇帝の側仕えの官）に取立てられた人物である。彼は商行為に通じており均輸法を立案した。これは、各地に均輸官を置き、官が現地の豊富な品物を時価で購入し、少ない所に輸送して売り、国家が利ざやをかせぐ制度であり、国家が商人の仕事を奪うことになった。元封《げんぽう》元年（前一一〇年）、桑弘羊が治粟都尉《ちぞくとい》となり、孔僅に代わって大農令の仕事を行うようになると、均輸法と連動する平準法を提案した。これは、都の長安に平準官を置いて、地方の均輸官から輸送されてくる物資を受け入れて物価の安定を図る制度である。桑弘羊は、このように大農令の諸官（均輸官や平準官など）が天下の物資をすべて囲い込み、貴《たか》くなれば売り、安くなれば買えば、大商人たちも大きな利潤を得ることもできなくなり、物価の騰貴《とうき》も無くなると言っている。武帝はこの提案を聞き入れたので、商業はもはやうま味のある職業では無くなったと考えられる。

その後も商人に対する抑圧は続けられている。『漢書』武帝紀によると、武帝の末年に近い天漢《てんかん》三年（前九八年）には酒の専売制が始まっている。そして、翌四年には天下の七科謫《しちかたく》と勇敢の士が動員され、貳師《じし》将軍李広利《りこうり》らに率いられて匈奴の討伐に向かわされている。七科謫とは、有罪の官吏、亡命者、入り婿《むこ》、「市籍」にある商人、もと「市籍」にあった者、父母が「市籍」にあった者、祖父母が「市籍」にあった者の七科の人々である。七科のうち「市籍」所有者ならびに関係する者が四科を占めている。ここでは、有罪の官吏や亡命者と同様、「市籍」所有者や関係者が犯罪人として扱われている。同じような施策は、すでに述べたように秦の始皇帝が即位の三三年（前二一四年）に行っており、その再現ともいえる。すでに中家以上の「市籍」にある商人は没落していたはずであり、商人を都市から切り離しその復活を阻止するための予防処置であった可能性が高い。

漢帝国における都市の行方

武帝期における外征その他による国家財政の破綻《はたん》の建て直しは、商工業者、とくに商人の犠牲のもとに行われたことは明らかである。戦国以来の都市の発展は、商工業者の自由な経済活動によって支えられていたことから考えると、商工業者の没落は即、都市の衰退を意味するであろう。

では、武帝期以後にはたして都市の衰退は起こっているのであろうか。第一章で述べたごとく、都市遺跡の状況から考えて、秦漢時代に、戦国時代に比して都市の規模の縮小が起こっていることは確かである。しかし、都市遺跡からは、調査の限界によって、秦漢時代のどの時期から都市の縮小、衰退が起こるのかは確定できない。伊藤道治氏は、戦国末から漢代にかけて、統一国家の出現や戦乱の終息によって政治的、軍事的要因が取り除かれたため、本来の実力に応じた大きさに縮小したと考えた。上述のように、秦末の戦乱によって都市の人口の激減が起こったことは間違いないが、それは一時的なもので、漢王朝の緩和政策によって都市は回復し、戦国以来の発展が持続されたと考えられる。

正確な時期を確定するのは困難であるが、県の設置状況から考えて、前漢末から後漢初にかけて都市の縮小と衰退が進行していたことは確かなようである。木村正雄氏は、『漢書』地理志と『続漢書《ぞくかんしょ》』(後漢書)郡国志を比較し、前漢末と後漢初の県の改廃について検討している(『中国古代帝国の形成　改訂版』比較文化研究所、二〇〇三年)。木村氏の目的は、王朝の交代という国家機能の空白期が旧県と新県という二種類の県にどのような影響を与えたかを検討し、古代帝国の基礎が何によっていたかを明らかにすることであった。しかし、ここでは氏の目的を離れて、氏の根拠とした史料にもとづいて前漢末から後漢初にかけての県の動向から都市の状況を見てみよう。

木村氏は、春秋以来の邑《ゆう》が発展して県となったものを旧県とし、戦国以後、専制国家権力が国家の基盤として開設した県を新県とする。氏の統計によると、この王朝交代期に旧県四四八県のうち五五県（一二パーセント）が廃止されたのに対して、新県一一二九県のうち実に四二三県（三七パーセント）が廃止されたとしている。戦国以来の新設の県がこのように多く廃止されたのは、新県が本来中央依存的であったため、権力の空白によって消滅したとするのである。

しかし、旧県においても一定程度廃止されていることにも注意を向けている。すなわち、廃止されても郷《きょう》や亭《てい》、聚《しゅう》として他県に併入されて残存しているものが多いとするのである。この場合、県は消滅するのではなく、縮小して残存しているのである。この時期、県の縮小についてほとんどデータはないが、木村氏は新県の長陵県《ちょうりょうけん》（漢高祖の陵邑《りょうゆう》。陝西省咸陽市）の例を挙げている。この県は前漢では人口約一八万であったが、王莽《おうもう》時には一〇分の一になり、後漢の永和《えいわ》初年（一三六年～）には四〇〇〇人に激減しているという。また、総人口についても、前漢末と、後漢光武帝《こうぶてい》期の安定した頃を比較すると三分の一くらいに減少しているとしている。

では、戦国時代に都市の発達した黄河中流域の県はどうであったであろうか。木村氏が、B地区bに分類している郡国のうち、弘農《こうのう》、河南、河東、太原、河内、上党、魏郡、趙国、東郡、陳留、淮陽国、潁川《えいせん》、汝南《じょなん》がこの地域に属する。この地域の全県は二三八県で、三〇県（一二・六パーセント）が廃止されている。このうち、旧県一五五県中の五県（三・二パーセント）が廃止、新県八三県中の二五県（三〇・一パーセント）が廃止となっている。

この地域は春秋時代以来の古い伝統的な都市に由来する県が多く、それら旧県はほとんど廃止されていない。廃止された五県のうち二県が他県に併入され、一県が後に復興されている。一方、戦国以後に設置された新県の廃止率はかなり高い。しかし、こちらの方も三県が郷や亭に格下げされ、六県が他県に併入、一県が後に復興されている。全く消滅してしまった県もあるとは思われるが、かなりの県が縮小されて生き残っている。県制が維持された都市の状況は不明であるが、総人口の減少から考えて縮小傾向にあったのではないかと思われる。

ただし、以上の衰退傾向は王朝交代期のことで一時的な現象である可能性もあり、武帝期以後の一般的状況とすることはできないかも知れない。衰退の時期の開始を明確にするのは困難であるので、最後に、武帝期以後の都市の衰退を予想せしめる事象や要因について、上述の商人弾圧の以外のものについていくつか言及するにとどめたい。

まず第一点は、武帝期以後の地方豪族の台頭による社会、経済、さらには政治における農村部への重心の移動である。地方豪族は、農村部において大規模な農業経営を営む大土地所有者であるが、商人の都市所有禁止以後はもはや都市商人的な存在ではなくなっていたはずである。武帝の元光《げんこう》元年（前一三四年）、初めて郡国に毎年「孝廉《こうれん》」各一人を推薦させる制度が開始された。いわゆる「郷挙里選《きょうきょりせん》」の開始である。これは、郡太守や国相《こくしょう》に毎年一人ずつ治下の孝行な人物と廉潔な属吏を推薦させる制度で、これに推薦されると郎官《ろうかん》に任用され、官僚として将来の出世が保証された。この制度は、地方の評判が大きくものを言い、どうしても地方の有力者に有利であった。この制度により、地方豪族が中央官界に進出する道が初めて開かれ、漢王朝が地方豪族の政権に変質する端緒になったとする考え方もある。このことは、社会的、政治的勢力の基盤が農村部に移行することを示しており、商人の没落と都市の衰退の反面の現象を表しているとみなされる。

都市的なものと農村的なものの対立は、武帝の次の昭帝時代に行われた塩鉄論争《えんてつろんそう》に端的に現れている。『漢書』昭帝紀によると、始元《しげん》六年（前八一年）に塩鉄と酒の専売を継続すべきかどうかを議論する会議が勅命《ちょくめい》によって開催された。この論争の内容は桓寛《かんかん》『塩鉄論』に詳しく述べられている。丞相の車千秋《しゃせんじゅう》や御士大夫の桑弘羊などの官僚たちは国家財政の観点から専売制の継続を主張したが、郡国から選ばれた賢良《けんりょう》、文学《ぶんがく》たちは廃止を強く主張した。賢良、文学たちは農村部の地主や自作農出身者と考えられ、重農主義的な立場に立ち、国家が商業に介入することに反対した。彼らの主張は国家の商業活動を批判する点、都市商人と利害を同じくするものであるが、あくまで農業を基本とする社会を主体とし、根本的なところで対立するものであった。塩鉄論争からも農業社会を基盤とする勢力の成長を読み取ることができるのである。

この他、郡の太守の中で、農業生産を重視する地方統治を目指す「循吏《じゅんり》」と呼ばれる者たちが活躍するのも武帝期以後である。とくに、宣帝《せんてい》の時の黄覇《こうは》や龔遂《きょうすい》は郡太守として勧農《かんのう》に努め、その治績が認められて中央の高官に抜擢されている（『漢書』循吏伝）。一方、後漢の班固《はんこ》の編纂になる『漢書』遊俠《ゆうきょう》伝は、遊俠の反国家的性格を強調し、『史記』のような都市で活躍する自由な存在としての遊俠の生彩《せいさい》は全くなくなっている。これらの点からも、社会の重心が都市から農村へと傾きつつあることをうかがうことができる。

第二点は中央集権的支配体制の確立と都市との関係である。景帝時の呉楚七国の乱以後、諸侯王国はその独立性を奪われ、実質的に郡と変わらなくなった。また、紙屋正和氏によると、前漢前半期の県は、独立性が強く王朝の地方支配の主体となり、郡・国の守・相が地方行政に関与することは少なかったが、武帝中期以後、郡・国の守・相が支配権を強化し地方行政の中心的位置を占めるようになったとしている（『東洋史研究』四一―二、一九八二年）。漢王朝は、景帝期以後、とりわけ武帝期以後に中央集権を強化し、制度的にも帝国としての体制が確立するのである。

このような、中央集権的な帝国の存在自体が、都市の縮小、衰退をもたらすとする考え方がある。ジェーン・ジェイコブスは、『都市の経済学―発展と衰退のダイナミクス―』（中村達也・

谷口文子訳、TBSブリタニカ、一九八六年）の中で、中央集権的な帝国の政策と取引は諸都市に対して破壊的な作用を及ぼし、諸都市の停滞と腐敗をもたらすとし、帝国の衰退は帝国の中にビルト・インされているとしている。

そして、都市経済を不活性化する帝国の政策と取引として、三つのグループを提示している。（一）長期化した間断のない軍需生産、（二）長期化した間断のない貧困地域への補助金、（三）先進—後進経済間交易の重点的促進の三つである。

ジェイコブス氏は、（一）の軍需生産について、都市経済が生み出した富を間断なくむさぼる大食漢としている。武帝期における間断ない軍事遠征が国庫の蓄えを食いつぶし、さらに都市商人から富を奪い尽くして行ったことはすでに述べたとおりである。

（二）の貧困地域への補助金については、元狩三年（前一二〇年）に関東で水害が発生し大飢饉になったため、貧民七〇余万人を新秦中《しんしんちゅう》に移住させ生活と生業の保証を行ったことが当てはまるであろう。また、元鼎二年（前一一五年）の関東の水害時には、飢民が長江と淮水の間の地域に食料を求めて移住することを許し、さらに巴蜀（四川省）の穀物を移送して彼らに支給している。元鼎六年（前一一一年）には、南越と西南夷を平定して初めて一七の郡を置いたが、それらの郡からは税金を取らなかった。統治には費用がかかるから、これも結果的に辺境地域に対する補助金の支出と同じことになろう。

（三）について、ジェイコブス氏は、農業生産への投資は、都市間交易を不活性化するとともに、都市経済のニーズを犠牲にした上で農業生産を促進するとしている。これには、武帝が行った黄河の治水および灌漑用水路や穀物輸送のための運河の開鑿《かいさく》が当てはまるであろうか。

ジェイコブス氏が提示した、都市に衰退をもたらす帝国の政策はすべて武帝の政策に当てはまるようである。武帝期における漢帝国の実質的な確立自体が、都市の縮小と衰退をもたらしたと考えてよいであろう。

終章　官僚制の形成と都市

官僚の任用と「賢者」

春秋中期以後、血縁を中心とする氏族制社会はしだいに崩壊し、実力のある下層の士階層や庶人層が台頭を始める。それにともなって、旧《ふる》い統治体制である「封建制」が解体し、新しい中央集権的な「郡県制」が成立してくる。「郡県」のうち、「県」はすでに春秋時代に出現するが、その統轄者は当初は旧来の支配層である大夫《たいふ》層であり、「県」の管領は世襲される傾向があった。しかし、戦国時代になると、「県」の統治は下層の士階層や庶人層から出身した官僚によって担われるようになる。このような官僚はもはや「郡」や「県」の統治を世襲することはなく、君主の意向や統治の業績によって免職されたり、短期間に転任する存在であった。この点、現在の官僚となんら変わることはない。「郡県制」の形成は官僚制の形成でもあるのである。

　では、新しく出現する戦国時代の官僚はどのようにして任用されたのであろうか。楊寛氏は著書『戦国史』の中で五つの任用法を挙げている。（一）臣下の推挙、（二）上書と遊説、（三）功労（軍功）、（四）郎《ろう》よりの選抜、（五）官長による任用である。（四）の郎とは君主の身の回りの世話や護衛を行う親近の官で、日本の戦国時代における小姓《こしょう》のような存在である。君主は郎の中から高級官僚を抜擢した。この五つ以外にも、父親や兄弟が高官になった場合、親族を推薦することが認められており、これを「父兄《ふけい》の任《にん》」と言った。以上のうち、（二）と（三）、および「父兄の任」以外が、いかなる基準で任用されたかが問題となる。

　戦国時代の諸子たちは、君主に対して盛んに「賢者」を任用するように主張している。とくに「賢者」の任用を強く主張しているのは儒家《じゅか》と墨家《ぼくか》である。孟子《もうし》は「賢を用いなければ滅ぶ」（『孟子』告子下篇）と述べ、「賢者」の任用が国の存亡に係わる重大事と考えている。そのため、「賢者」の抜擢には慎重を期す必要があり、君主の側近や支配層の大夫の判断だけではまだ不十分で、最終的には国人《こくじん》の判断に委ねるべきだとしている（梁恵王《りょうけいおう》下篇）。『墨子』においても、国家の基本が「賢者」にあることは、その尚賢《しょうけん》上、中、下篇全篇を通じて繰り返し主張されている。農業や商工業などの生業や親兄弟、貧富を問わず公平に任用すべきだとしている。そして、尚同《しょうどう》上篇では、天子、三公《さんこう》以下、郷里《きょうり》の「正長《せいちょう》」（郷長や里正）まですべて「賢」を選ばなければならないとしている。儒家と墨家では「賢者」に対する観念は当然異なると考えられるが、君主が「賢者」を尊重すべきとする点は変わらない。とくに、孟子が任用に民意の配慮を求めている点は注意する必要がある。

次に、『史記』に記載されている現実の「賢者」の任用について見てみよう。呉に敗れた越王勾践《こうせん》は、「これまでの王としての態度を改めて賢人にへりくだり、賓客を厚遇して」国を再興し報復を遂げており（越王勾践世家）、燕の昭王も斉に手ひどく敗北した後、「身を屈して士にへりくだり、先に郭隗《かくかい》に礼を尽くして賢者を招き」、楽毅《がくき》を任用して報復を遂げている（楽毅列伝）。また、魏の文侯も、「賢人に礼を尽くしたため国人は仁者《じんじゃ》として称え、上下和合した」という評判によって秦の侵略を免れ、魏の恵王も他国の侵略を被ったため「自らへりくだり、贈り物をたくさん調えて賢者を招いた」ため、鄒衍《すうえん》、淳于髠《じゅんうこん》、孟子など著名な思想家たちが魏に赴いたとされる（魏世家）。また、魏に居た商鞅《しょうおう》は、秦の孝公が東方に進出するために「国中に令を下して賢者を求めている」のを聞いて秦に赴いている（商君列伝）。

このように国が危機的状況に陥った時や事業を興す時に、「賢者」を広く求め任用することが目立つ。この場合、君主に対する直接の献策が評価されて任用されることが多いようである。上記の商鞅の場合がそうであり、蘇秦《そしん》、張儀《ちょうぎ》、范雎《はんしょ》など遊説家の例に多くみられる。この他、貴族、高官がある人物の言行を「賢」として君主に推挙する例もあるが、任用は最終的には君主の判断によったと考えられる。このような君主個人の判断による任用は、君主の恣意《しい》的な判断におちいる恐れがあった。任用の例ではないが、衛の君主に寵愛された弥子瑕《びしか》という人物は、母親の急病のため君主の車をかってに使用して見舞ったが、刑罰覚悟の孝行に対して「賢」として君主に誉められた。しかし、君主の寵愛がなくなると同じ行為で罰せられたという（『韓非子』説難《ぜいなん》篇）。

この他、「賢者」の任用法としては、『史記』には「賢」の評判による任用が散見する。春秋時代に溯る例であるが、亡国の臣で楚の捕虜になっていた百里傒《ひゃくりけい》は、「百里傒が賢であることを聞いた」秦の穆公《ぼくこう》に救出されて国政を任されている（秦本紀）。戦国時代、楚の悼王《とうおう》は、「素より（呉《ご》）起《き》が賢であることを聞いていた」ため、亡命してきた呉起をすぐに宰相に任命して国政改革を行わせており（孫氏呉起列伝）、秦の昭王も、斉の孟嘗君《もうしょうくん》が「賢であることを聞いていた」ため、招いて宰相に任命しようとしている（孟嘗君列伝）。この他、楚の威王《いおう》は、荘《そう》子《し》が「賢であることを聞き」、招いて宰相としようとしたが、荘子は招聘《しょうへい》を受けていない（老子韓非列伝）。范蠡《はんれい》が斉に移住した時、「斉の人はその賢であることを聞いて宰相とした」とある（越王勾践世家）。その他、燕が斉に侵攻した時、燕の人は「画邑《かくゆう》の住人である王蠋《おうしょく》が賢であることを聞き」、その邑の三〇里以内に兵士の立ち入りを禁じ、彼を将軍に任命して燕に味方することを強要している（田単列伝）。秦末では、張耳と陳余が陳勝に目通りを求めてくると、陳勝とその側近は、彼らが「賢であることを聞いていたが、これまで会ったことがなかった」ので大いに喜び、ただちに左右の校尉《こうい》に任命しており、また後に項羽が秦を滅ぼして諸将、功臣を封建した時にも、項羽は「素よりしばしば張耳が賢であることを聞いていた」ため、常山王に封建している（張耳陳余列伝）。

以上の例から見ると、「賢」の評判が官僚任用に大きな力を持っていたことがわかる。多くの人物が一国の官僚の頂点に立つ宰相に抜擢されており、百里傒のような亡国の捕虜や王蠋のような敵国の在野の人間すら無条件で任用されているのである。

「賢」の評判に対して、君主が全幅の信頼感を持ったのは、より多くの人々の判断を経た、より客観的な評価であると見なしたとも考えられるが、より重要な点は、それが民意にそうものと見なされたためではないかと考えられる。燕の人が、斉で「賢」の評判の高い王蠋を将軍に任用しようとしたのは、斉の民心を得て占領を容易にしようとしたためと思われる。任用の例ではないが、秦末に陳勝が挙兵した時、彼はあえて秦の公子扶蘇《ふそ》を詐称しているが、それは「民衆は多く扶蘇が賢ということを聞いている」ということが理由の一つであり、それによって「民の欲《よく》」に従おうとしたのである（陳渉世家）。「賢」の評判によって任用することは、民意に従って任用することを意味したのである。

では、当時の人々にとって、「賢」と評判される人物とはどのような人間であったのであろうか。現在では、「賢」は頭脳明晰という意味の「かしこい」とか、「賢明」とかの意味で用いられることが多い。『史記』を見てみると、戦国時代から漢代にかけてもこのような意味で用いられることもあるが、この時代特有の意味で使用されることの方が多い。それは、任俠的な信義に厚い行為を賞賛する場合である。極端な例は、『史記』刺客《しかく》列伝に出てくる刺客の豫譲《よじょう》や聶政《じょうせい》などである。彼らは、自分を認めてくれた人のために信義を尽くして死んだ者たちであるが、昂揚《こうよう》した調子で「賢」と賞賛されている。

これほど極端ではないが、遊俠列伝の遊俠たちも、しばしば「賢豪」と称されており、司馬遷は次のように述べている。

　遊俠の行いは正義を踏み外すことはあるが、その言葉には必ず信義があり、行えば必ず約束を果たし、一旦承諾すれば必ず誠を尽くし、自分の身体を惜しまず、士の困難に馳《は》せ向かい、存亡死生のきわどい状況に身を投げ出す。

司馬遷はまた、戦国時代に多くの食客《しょっかく》を擁した戦国の四君《しくん》（孟嘗君、春信君、平原君、信陵君）なども、王者の親族でありながら、「天下の賢者を招いて諸侯の間に名を顕《あら》わした」とし、彼らも賢者の範疇に入るとしている。「賢」という言葉は、当時の人と人とを結びつける任俠的な人間関係を示す言葉であったのである。

春秋時代以後、血縁関係を中心とした氏族制社会の崩壊により、個人や家族が独立した存在として析出されてくる。そのような個人や家族が、生業の機会を求めて集住したのは、交通の要衝などに形成されたり、新たに発達した新しい都市であったと考えられる。そのような場で、人と人が結びついて新たに社会を形成する場合、個人的な信頼関係が大きな意味を持ったと考えられる。任俠的な信義にもとづく人間関係は新しい都市社会において出現したと考えてよいであろう。都市、とりわけその中に配置された「市」はまた、当時においては情報のネットワークの結節点でもあった。このような点からも、「賢」による評判は都市社会と密接に係わるものであった。それ故、「賢」の評判による任用は、都市社会における民意を反映した任用ともなるのである。そして、そのようにして任用された官僚は、必然的に民意を意識せざるをえなかったであろう。戦国時代の韓の上党郡において見られたように、都市住民の意志はこのような新しい官僚たちによって担われたと考えられる。

「賢者」任用の制度化

戦国時代においては、「賢者」の任用が恒常的な制度によって運用されていた形跡は認められない。上述の『墨子』尚同上篇において、郷里の「正長」に「賢」を選ぶべきだとする主張に対して、ここには父老、里老を重視する郷村《きょうそん》統治策の源流が見出され、漢代の「郷挙里選」と軌を一にするとする考えもある（宇都木章「墨子尚賢論の一側面」『史苑』二六―二・三）。しかし、この主張が実施された証拠はない。戦国時代の「賢者」の任用は、先にも述べたように、国家の緊急事態に広く人材を求める必要がある時に行われた特別の登用法であった可能性がある。

漢の高祖劉邦は、まだ沛公であった時分から「賢者」を求めることに熱心であった。『史記』酈生陸賈列伝によると、劉邦は配下の騎士に、時々その出身の邑の「賢士や豪俊」について訊ねていたという。酈食其《れきいき》はこの騎士のつてによって高祖に面会して任用されている。

高祖は帝位に即いてからも「賢者」の任用を行っている。漢の九年（前一九八年）、趙王張敖《ちょうごう》の臣下による高祖暗殺未遂事件が起こった（『史記』張耳陳余列伝）。高祖は趙王を召し出したが、前もって趙の臣下や賓客で王に従ってやってくる者はみな一族皆殺しにするとの詔勅を下していた。しかし、臣下の貫高《かんこう》や客の孟舒《もうじょ》ら一〇余人は、この詔勅を無視してみな頭を剃《そ》り枷《かせ》をはめて王家の奴隷として王に従った。貫高は完膚無きまで責められて尋問されたが、王の無実を言い張った。高祖はついに貫高の趙王に対する信義の厚さに感じ入り、「賢」として趙王とともに釈放した。しかし、貫高は目的を遂げると謀反の罪を一身に受けて自殺してしまった。高祖はまたこれに感じて、一族皆殺しにすべき孟舒ら諸客も「賢」とし、すべて諸侯の宰相や郡の太守に任用した。高祖は謀反の疑いがあり勅命に反した者でも、信義の厚さ故に任用しているのである。

以上は個別の「賢者」任用の例であるが、高祖の「賢者」観がよくわかる事例であり、当時の一般的通念とも一致するものである。『漢書』高帝紀下によると、高祖は漢の一一年（前一九六年）二月に、より一般的に「賢者」を広く求めることを宣言する詔勅を出している。

今、私は天の霊力と賢士大夫《けんしたいふ》の力を以て天下を定有して一家となし、それが長く久しく続き、代々宗廟を奉じて断絶しないように願うものである。賢人たちはすでに私とともに天下を平定した。しかるに、彼らが私とともに安楽と利益を享受しなくてよいものであろうか。賢士大夫で敢えて私に従って遊ぼうとする者があれば、私は尊び顕彰しよう。このことを天下に布告し、朕《ちん》の意図を明知せしめよ。御士大夫昌はこの詔書を相国に下し、相国酇侯《さんこう》は諸侯王に下し、御史中執法《ぎょしちゅうしっぽう》は郡守に下せ。そもそも賞賛され明徳のある者については、必ず自ら推薦し、その人物のために馬車を御《ぎょ》して相国の役所に送りとどけて、行状と年齢を記せ。そのような人物がいるにも言わず、それが発覚すれば免官とする。年寄りや病気の者は遣《つか》わすなかれ。

この詔勅は、諸侯王や郡の太守に地方の「賢」の評判のある者を推薦することを求めているのである。しかし、この詔勅は翌年の論功行賞と関連し、推薦された者が官僚に任命されたわけではない。そして、このような詔勅は一回切りで、翌年高祖は死去している。とはいえ、この詔勅は、漢王朝が「賢者」による政治を公式に表明したものとして注目されるであろう。

高祖が表明した「賢者」による政治が制度として出現するのは文帝の時代からである。文帝の二年（前一七八年）一一月の日食に際して、「賢良《けんりょ》、方正《ほうせい》、能く直言極諫《ちょくげんきょくかん》する者」の推挙を勅命により求めている（『史記』孝文本紀）。日食という天変を現実の政治に対する天の警告と見なし、政治を正すために広く意見を求めることを目的として、ここに初めて「賢良」、「方正」や「能く直言極諫する者」の科目を設けて人材の登用が行われたのである。これは、一般に中国における官吏登用制度の開始とみなされている。しかし、この詔勅では、どのようにして「賢良」、「方正」などが推挙されたのかはわからない。

『漢書』文帝紀、一五年（前一六五年）九月には二回目の「賢良」、「能く直言極諫する者」の推挙が見られる。そこには、「諸侯王、公卿《こうけい》、郡守に詔《みことのり》して、賢良、能く直言極諫する者を推挙させ、皇帝が親しく策問し、広く意見を述べさせ、その意見を用いた」とある。「賢良」、「能く直言極諫する者」の推薦が命じられたのは、中央、地方を問わず、中央の大臣、諸侯王から地方長官まで広範囲にわたっている。一方、『漢書』鼂錯《ちょうそ》伝にも文帝の詔勅が引かれており、

「以て賢良の中で国家の大体に明らかであって、人事の終始に通暁《つうぎょう》している者、および能く直言極諫する者を推挙させた」とある。いずれにせよ、この場合は、天変や災害に関係して推挙を求めたのではない。この時期の「賢良」、「方正」の推挙制度について、福井重雅氏は、定員や資格なども定まらず、まだ未整備の状況で固定的ではなかったとしている(『漢代官吏登用制度の研究』創文社、一九八八年)。

武帝期になって注目されるのは、固定的で常挙の孝廉察挙制度《こうれんさっきょせいど》の開始である。これが一般に「郷挙里選」と言われている官僚任用制度である。『漢書』武帝紀、元光元年(前一三四年)冬一一月の条に、「初めて郡国をして孝廉各一人を推挙させた」とある。これは、郡の太守と諸侯王国の相に、毎年治下の「孝行」な者を民間から一名、「廉潔」な者を郡県の属吏から一名推薦させる制度である。ともに評判の高い者が推薦されたと考えられ、地方の有力者が選ばれる傾向があったことはすでに述べたとおりである。

このような評判による官僚の任用は、戦国時代の都市で出現したとみられる「賢者」の任用と共通しており、明らかに継承関係がある。しかし、孝廉察挙の制度が定着する武帝期以後は、すでに都市は没落に向かっていた。任用の基準の具体的内容は時代に従って変化して行くが、その後においても任用の方式は継承されつづけている。魏晋南北朝で行われた「九品官人法《きゅうひんかんじんほう》」は漢代の「郷挙里選」の制度を基本的に継承していると言われる。この制度は、郷里の評判や声望に従って郷品《きょうひん》を定め、郷品に対応した官品《かんぴん》にもとづいて官職を与えるという制度であり、任用の基本的方式は在地の評判によっている。このような官僚任用方式は、戦国時代の都市社会を通過しなければ成立しなかったと考えられる。

中国における中央集権的な官僚制は、都市の発達の中から形成されてきた要素が色濃く保持され続けているのである。漢代の官僚の性格についても、単なる君主の手足としての従属的な側面だけではなく、自律した側面が多分に見られ、それが理想化されるのも、戦国以来の伝統を継承しているからであろう。一旦社会の中で形成された関係は、社会のあり方が変化した後も、人と人とを結びつける基本的な関係が存在する限り生き続けるのではなかろうか。中国において、その後も長期にわたって官僚による支配が持続する理由の一つはここにあると考えられる。

資　料

参考文献一覧

全体に関わるもの

1 楊寛『戦国史』（上海人民出版社、1980年）
2 江村治樹「戦国時代における都市の発達と秦漢官僚制の形成」（『岩波講座世界歴史3』岩波書店、1998年）
3 江村治樹『春秋戦国秦漢時代出土文字資料の研究』（汲古書院、2000年）

はじめに

4 伊藤道治『中国古代王朝の形成』（創文社、1976年）
5 赤塚忠『中国古代の宗教と文化－殷王朝の祭祀－』（角川書店、1977年）
6 王国維「殷周制度論」（『観堂集林』巻10・史林2）
7 貝塚茂樹「殷周革命の本質」（『貝塚茂樹著作4　中国古代史学の発展』中央公論社、1977年）
8 平勢隆郎編著『新編史記東周年表』（東京大学東洋文化研究所、1995年）

第一章

9 斯波義信『中国都市史』（東京大学出版会、2002年）
10 杉本憲司『中国古代を掘る』（中公新書813、1986年）
11 渡辺卓『中国古代思想史の研究』（創文社、1973年）

第二章

12 宇都宮清吉「西漢時代の都市」（『漢代社会経済史研究』弘文堂、1955年）
13 張鴻雁「論戦国城市的発展」（『遼寧大学学報（哲学・社会学）』1982年6期）
14 兪偉超「中国古代都城規画的発展階段性－為中国考古学会第五次年会而作－」（『文物』1985年2期）
15 宮崎市定「戦国時代の都市」（『宮崎市定全集3　古代』岩波書店、1991年）
16 伊藤道治「先秦時代の都市」（『研究（神戸大学）』30、1963年）

第三章

17 黄盛璋「試論三晋兵器的国別和年代及其相関問題」（『考古学報』1970年1期）

18 鄭家相『中国古代貨幣発展史』(生活・読書・新知三聯書店、1958年)
19 黄錫全『先秦貨幣通論』(紫禁城出版社、2001年)
20 水利部黄河水利委員会編『黄河流域地図集』(中国地図出版社、1989年)

第四章

21 伊藤道治「春秋会盟地理考－両周地理考の２－」(『田村博士頌寿東洋史論叢』1968年)
22 伊藤道治「姫姓諸侯封建の歴史地理的意義」(『中国古代王朝の形成』創文社、1975年)
23 韓汝玢「中国早期鉄器(公元前五世紀以前)的金相学研究」(『文物』1998年２期)
24 唐際根「中国冶鉄技術的起源問題」(『考古』1993年６期)
25 西嶋定生『中国古代の社会と経済』(東京大学出版会、1981年)
26 松丸道雄等編『世界歴史大系　中国史１』第四章　春秋(平勢隆郎)(山川出版社、2003年)

第五章

27 李学勤「戦国題名概述(上)(中)(下)」(『文物』1959年７期～９期)
28 黄盛璋前掲書
29 江村治樹「戦国時代尖足布・方足布の性格」(『名古屋大学文学部研究論集・史学49』2003年)
30 黄錫全前掲書

第六章

31 宮崎市定「中国における聚落形態の変遷について」(『アジア史論考(中)』朝日新聞社、1976、『宮崎市定全集３古代』岩波書店、1991年)

第七章

32 影山剛『中国古代の商工業と専売制』(東京大学出版会、1984年)
33 佐原康夫『漢代都市機構の研究』(汲古書院、2002年)
34 周暁陸・路東之「新蔡故城戦国封泥的初歩考察」(『文物』2005年１期)
35 堀敏一「中国古代の「市」について」(『中国古代の家と聚落』汲古書院、1996年)
36 貝塚茂樹『貝塚茂樹著作集１　中国の古代国家』(中央公論社、1976年)
37 桐本東太『中国古代の民族と文化』(刀水書房、2004年)

38 大室幹雄『劇場都市－古代中国の世界像－』（三省堂、1981 年）

第八章

39 太田幸男「斉の田氏について－春秋末期における邑制国家体制崩壊の一側面」（『歴史学研究』350、1969 年）
40 太田幸男「田斉の崩壊－斉の田氏について・その３－」（『史海』21・22、1975 年）
41 太田幸男「商鞅変法の再検討」（『歴史学研究　別冊特集』1975 年 11 月）
42 古賀登「尽地力説攷－戦国魏の李悝の経済政策－」（『漢長安城と阡陌・県郷亭里制度』雄山閣、1980 年）
43 好並隆司「中国における皇帝権の成立と展開」（『思想』1978 年２月号、『秦漢帝国史研究』未来社、1978 年）
44 江村治樹「中国における古代青銅貨幣の生成と展開（２）－円銭のテキストとしての特性－」（『統合テクスト科学研究』２－２、名古屋大学大学院文学研究科、2004 年）

第九章

45 馬元材『秦始皇帝伝』（上海商務印書館、1936 年）
46 谷川道雄・森正夫編『中国民衆反乱史１』　Ｉ古代農民反乱（東晋次）（平凡社、東洋文庫 336、1978 年）
47 佐竹靖彦『劉邦』（中央公論新社、2005 年）

第十章

48 滋賀秀三『中国法制史論集（法典と刑罰）』「法典編纂の歴史」（創文社、2003 年）
49 江村治樹「戦国三晋諸国の刑法典の特質について」（梅原郁編『前近代中国の刑罰』京都大学人文科学研究所、1996 年）
50 宮崎市定「漢代制度一斑」（『九品官人法の研究』同朋舎、1957 年）
51 紙屋正和「前漢前半期の貨幣制度と郡県制支配体制」（『福岡大学人文論叢』16 － 4 、1985 年）
52 康立・衛今「法家路線和黄老思想－読帛書《経法》－」（馬王堆漢墓帛書整理小組編『馬王堆帛書　経法』文物出版社、1976 年）
53 裘錫圭「関于馬王堆帛書《老子》巻前后古佚書」（『中国出土古文献十講』復旦大学出版社、2004 年）
54 木村正雄『中国古代帝国の形成（改訂版）』（比較文化研究所、2003 年）

55 増淵龍夫「所謂東洋的専制主義と共同体」（『新版　中国古代の社会と国家』岩波書店、1996年）
56 宇都宮清吉「史記貨殖列伝研究」（『漢代社会経済史研究』弘文堂、1955年）
57 紙屋正和「前漢時代の郡・国の守・相の支配権の強化について」（『東洋史研究』41－2、1982年）
58 ジェーン・ジェイコブス『都市の経済学－発展と衰退のダイナミクス－』（中村達也・谷口文子訳、TBSブリタニカ、1986年）

終章

59 江村治樹「「賢」の観念より見たる西漢官僚の一性格」（『東洋史研究』34－2、1975年）
60 江村治樹「中国古代官僚制形成に関する一考察」（谷川道雄研究代表者『中国士大夫階級と地域社会との関係についての総合的研究』昭和57年度科学研究費補助金報告書、1983年）
61 福井重雅『漢代官吏登用制度の研究』（創文社、1988年）

図表出所一覧

[表]

表1　古代都市遺跡規模の時代的変動：戦国部分は本書資料「戦国都市遺跡表」にもとづき作成。西周春秋、秦漢部分は別途遺跡表を作成した。その時代中心に使用されたと推定できないもの、規模の確定できないものは採用していない。

表2　三晋諸国・秦国銅兵器製造機構表：拙著『春秋戦国秦漢時代出土文字資料の研究』第2部、表6（頁336）による。

[図]

図1　戦国時代要地図：譚其驤主編『中国歴史地図集　第1冊』（地図出版社、1982年）戦国部分を参考にして作成。

図2　清明上河図：図に描かれている橋は城内の橋でなく、城外東郊の虹橋とする説もある（『考古』1999年3期、頁50）。

図3　臨淄故城平面図：『文物』1972年5期、頁46・図1により作成。

図4　臨淄故城桓公台：著者写真（1993年撮）

図5　臨淄故城排水口の通水部：著者写真（1993年撮）

図6　燕下都平面図：河北省文物研究所『燕下都　上冊』（文物出版社、1996年）図2により作成。

図7　燕下都古運河跡：著者写真（1993年撮）

図8　燕下都西城西南角南壁：著者写真（1993年撮）

図9　燕下都西城壁南端：著者写真（1993年撮）

図10　霊寿古城平面図：『考古学集刊5』（1987年）、頁159・図2

により作成。

図11　中山王墓：著者写真（1993年撮）

図12　邯鄲故城平面図：『考古学集刊4』（1984年）、頁163、164、図2、3により作成。

図13　邯鄲趙王城西城南城壁の葺瓦：『考古学集刊4』図版29・1

図14　鄭韓故城平面図：『文物資料叢刊5』（1980年）、頁57図1により作成。

図15　鄭韓故城西城北城壁：著者写真（1993年撮）

図16　鄭韓故城東城銅器製作場遺跡：著者写真（1993年撮）

図17　温県盟書出土地：著者写真（1993年撮）

図18　温県州城遺跡概念図：著者作成

図19　温県州城遺跡東南角城壁：著者写真（1993年撮）

図20　安吉古城平面図：著者が航空写真から作成。

図21　安吉古城東城壁：著者写真（2004年撮）

図22　戦国都市遺跡分布図：本書資料「戦国都市遺跡表」にもとづき作成。

図23　戦国都市分布図：図22にもとづき、拙著『春秋戦国秦漢時代出土文字資料の研究』第2部「戦国都市分布図」を参照して作成。

図24　馬王堆帛書『戦国縦横家書』第二六章：馬王堆帛書整理小組『馬王堆帛書（参）』（文物出版社、1983年）、頁23図版（第284行～287行）

図25　黄河河道変遷図：『黄河流域地図集』（中国地図出版社、1989年）、頁44「黄河下游河道変遷図」にもとづき作成。

図26　新鄭出土立鶴方壷：著者写真（河南省博物館）

図27　金象嵌銅豆：『文物』1972年第4期、図版6・1（山西長治

分水嶺126号墓出土）

図28　淅川下寺出土銅禁：『考古』1987年5期、図版8・1

図29　虢国墓地2001号墓出土玉柄鉄剣：河南省文物考古研究所等『三門峡虢国墓（第1巻）』（文物出版社、1999年）、図版44

図30　牛形銅温酒器　全体（上）、首部（下）：著者写真（上海博物館）

図31　斉国陶文拓本：高明編著『古陶文彙編』（中華書局、1990年）頁127、3・337

図32　銅戈拓本　全体（上）、内部銘文（下）：『三代吉金文存』第19巻、52葉

図33　三晋諸国の貨幣　①方足布（宅陽）長4.6cm、②尖足布（寿陰）長5.5cm、③橋形方足布（安邑一釿）長6.2cm、④円孔円銭（垣）径4.2cm：著者写真

図34　「斉法化」刀銭　長18.2cm：著者写真

図35　「賹六化」方孔円銭　径3.5cm：著者写真

図36　明刀銭　前期（右）長14.0cm、後期（左）長13.9cm：著者写真

図37　「明化」方孔円銭　径2.6cm：著者写真

図38　「郢爰」金版：『文物』1972年第1期、図版8

図39　楚国銅貝　右・蟻鼻銭　長1.5cm：著者写真

図40　秦半両銭　径3.3cm：著者写真

図41　上党郡関係地図：著者作成

図42　長平の戦いの戦跡　永禄一号坑：『文物』1996年6期、彩色図版2・1

図43　成都西郊出土の後漢「市」画像磚拓本：著者写真（四川省博物館）

図44　「安陸市亭」陶文拓本：＜雲夢睡虎地秦墓＞編写組『雲夢睡

虎地秦墓』（文物出版社、1981年）頁47、図69
図45　新蔡故城出土封泥拓本　「攻市」封泥（上）、「金塭」封泥（下）：『文物』2005年1期、頁58、56、図10・13、図9・23
図46　商鞅方升：著者写真（上海博物館）
図47　銅権詔版拓本：著者写真
図48　秦兵馬俑坑出土銅剣：陝西省考古研究所等『秦始皇陵兵馬俑坑　一号坑発掘報告（下）』文物出版社、1988年）図176・4
図49　越王勾践銅剣：『文物』1973年6期、図版1（湖北江陵望山一号墓出土）
図50　秦国置郡過程期別地図：著者作成
図51　雲夢秦簡「效律」：『中国画報』1976年7月、頁41
図52　曾侯乙墓出土鐘架　全体（上）、金人部分（下）：『文物』1979年7期、図版1
図53　阿房宮遺跡：東晋次氏写真（2002年撮）
図54　秦始皇帝陵：著者写真（2002年撮）
図55　秦末反乱関係地図：著者作成
図56　漢初高祖12年郡国配置図：周振鶴『西漢政区地理』（人民出版社、1987年）頁11、地図2により作成。
図57　楡莢半両銭　径1.4cm：著者写真
図58　四銖半両銭　径2.5cm：著者写真
図59　武帝期郡国所在地図：周振鶴『西漢政区地理』（人民出版社、1987年）頁21、地図6により作成。
図60　三銖銭：朱活『古銭新譚』（山東大学出版社、1992年）図版32・1
図61　五銖銭　径2.55cm：著者写真

戦国都市遺跡表

遺跡使用時代；無印は戦国。* 春秋戦国、** 戦国秦漢、*** 春秋戦国秦漢、～戦国・他時代。（　）を付したものは戦国時代中心に使用と推定。

遺跡名	所在地	規模m（東西）	（南北）	地名比定	出典
1 武州古城遺址～	山西・左雲	?	?		山西 234
2 東古城遺址～	・〃	?	?		〃
3 黄竜池古城遺址 *	・偏関	?	?		〃
4 呉城古城遺址～	・〃	?	?		〃
5 廥虒故城	・朔県	?	?		文 94-5
6 趙王城古城遺址 *	・静楽	?	?		山西 234
7 廟湾古城遺址 *	・楼煩	?	?		〃
8 楼煩古城遺址 *	・〃	?	?		〃
9 窯頭古城（**）	・臨県	1000	?		文 94-4
10 烏突戌古城遺址 *	・〃	?	?		山西 234
11 劉家会古城遺址 *	・〃	?	?		〃
12 厹由城	・盂県	43-（北）	60-（西）	厹由	考 91-9
13 皋牢古城遺址 *	・〃	?	?		山西 234
14 平垣堖古城遺址 *	・陽泉	?	?		〃
15 趙簡子古城遺址 *	・〃	?	?		〃
16 東冶頭古城遺址 *	・昔陽	?	?		〃
17 晋陽古城（***）	・晋源	(3600?)	2700	晋陽	文 62-4.5
18 呉城古城遺址 *	・離石	?	?		山西 234
19 陽家坪古城遺址 **	・柳林	?	?		〃
20 故城古城遺址 *	・武郷	?	?		山西 235
21 烏蘇村古城	・沁源	?	?	閼與	文 94-4
22 銅鞮古城遺址 *	・襄垣	?	?		山西 235
23 潞城古城	・潞城	210-（北）	350-（西）		文 86-6
24 長子古城（*）	・長子	590-	1840		考学 84-4
25 洪洞古城（**）	・洪洞	1300	580	楊氏	考 63-10
26 高梁古城遺址 *	・臨汾	?	?		山西 234
27 古城荘古城 ***	・襄汾	(1500)	(1000)		集刊 6 、山西 235
28 范村古城遺址 *	・〃	?	?		山西 235
29 城爾里古城遺址 *	・〃	?	?		〃
30 晋城古城遺址～	・〃	?	?		〃
31 趙康古城（***）	・〃	1650	2700	汾城	考 63-10
32 毛張古城（**）	・曲沃	(500)	(600)		集刊 6
33 曲沃古城（***）	・〃	3100（北）	2600-（西）	絳？	考 59-5
34 故唐城（**）	・翼城	?	?	唐？	文 82-7

35北寿城古城（*）	山西・翼城	800	800		文 82-7
36故翼城（*）	・〃	?	?		〃
37北絳故城（**）	・〃	?	?		〃
38故城村城址（***）	・〃	(450)	(500)		集刊 6
39南梁故城	・〃	?	?		文 98-11
40褚村古城遺址 *	・侯馬	?	?		山西 235
41牛村古城（*）	・〃	1400	1740	新田	考 59-5
平望古城（*）		(1100?)	(1300?)	〃	侯馬盟書
台神古城（*）		(1700?)	(1300?)	〃	〃
馬荘古城（*）		(500?)	(300?)		〃
程王古城（*）		600	500		文 88-3
北塢古城遺址 *		?	?		山西 235
42泉掌古城遺址 **	・〃	?	?		〃
43孫家城古城遺址 *	・河津	?	?		〃
44下廉古城遺址 *	・〃	?	?		〃
45皮氏古城遺址 *	・〃	?	?		〃
46大馬古城（**）	・聞喜	998（南）	980（東）	沃？	考 63-5
47古曲沃城遺址 *	・〃	?	?		山西 235
48汾陰故城（**）	・万栄	?	?	汾陰	考 59-4
49禹王城（**）	・夏県	3565（南）	4980（西）	安邑	考 63-9
50鉄匠営古城（***）	・臨猗	(1500)	(1000)		集刊 6
51城東村古城（*）	・〃	(1500)	(1500)		〃
52郇城古城遺址 *	・〃	?	?		山西 235
53古城村古城（*）	・永済	(1200)	(1000)		集刊 6
54古魏城（***）	・芮城	1150（南）	1265（東）	魏	文 62-4・5
55牛皋村古城（*）	・〃	(204)	(156)		集刊 6
56魏豹古城遺址 *	・運城	?	?		山西 235
57虞城古城遺址 *	・平陸	?	?		〃
58東台子古城（**）	河北・囲場	?	?		文叢 10
59大古城遺址（**）	・懐来	500	900	造陽	考 01-11
60小古城	・〃	400	400		考 88-8
61秦城遺址（**）	・宝坻	910（北）	658（東）	右北平	考 01-1
62燕上都（薊城）	・北京	?	?	薊	考 80-2
63蔡荘古城（**）	・〃	300	300		文 59-5
64長溝古城（**）	・房山	500	500		文 59-1
65燕下都	・易県	9046（北）	3980（東）	武陽	考学 65-1
66古賢城古城（***）	・容城	1200	1000	臨易	考 93-3
67唐県古城（**）	・唐県	750	750		文 57-8
68洪城遺址	・〃	600	700		考 96-5
69霊寿古城（*）	・平山	4000	4500	中山	第三次年会
70霊寿古城小城（*）	・〃	約 1400	約 1050		集刊 5

71藁城故城（***）	河北・藁城	48600m^2	1100		文叢1
72元氏故城（**）	・元氏	1100			〃
73鄗城遺址（**）	・柏郷	？	？	鄗城	文90-6
74柏暢城（**）	・臨城	420	600		文88-3
75臨邑古城（***）	・〃	320	510		考与文93-6
76柏人城	・内丘	？	？		河北23
77柏人城（*）	・隆堯	？	？		文88-3
78陽城遺址	・永年	10万km^2	／	易陽	文92-9
79固鎮城	・渉県	？	？		河北33
80午汲古城（**）	・武安	889	763	武安	考通57-4
81趙王城	・邯鄲	2280	2962	邯鄲	文81-12、集刊4
大北城（**）		3240	4880		
82白陽城	・磁県	？	？		河北33
83講武古城（**）	・〃	1140（北）	1277（西）		考59-7
84防城故城	河南・安陽	800	1000	防城	河南分冊276
85中牟	・鶴壁	？	？	趙都中牟	中原04-6
86城峪城址（**）	・林県	400	300		河南分冊282
87衛国故城（*）	・淇県	2100	3100	衛国	〃224
88共城（**）	・輝県	1200	1500	共	中原83特
89呉起城（沙門）	・延津	周長7600	／		河南537
90酸棗故城（**）	・〃	？	700	酸棗	中原94-2
91修武故城址	・獲嘉	？	／？	修武	河南分冊251
92故懐城	・武渉	？	？	懐	中原94-2
93賀村城址	・沁陽	192	478		河南分冊203
94邘国古城(邘部)(*)	・〃	6.7km^2	／		〃202
95州城（*）	・温県	1680	1780	州	文83-3
96北平皋古城（***）	・〃	周長4000		邢丘	文82-7
97軹国古城(軹城)(**)	・済源	1865（南）	1766（西）	軹	河南分冊169
98曲沃故城	・陝県	？	？	曲沃	〃346
99朱城村故城	・澠池	？	？	俱利	〃372
100宜陽古城	・宜陽	1810	2220	宜陽	中原88-3
101東周王城（***）	・洛陽	2890（北）	3000-（西）	周	考学59-2
102漢魏洛陽城（***）	・〃	2600	3200	成周	考学98-3
103滑国故城（***）	・偃師	1500	2500	滑国	河南分冊123
104米北遺址	・鞏義	110	350		中原86-4
105康北城址（**）	・〃	？	？	東周	河南分冊35
106嵩県故城（˜）	・嵩県	周長2500	／		〃147
107燕王城城址	・伊川	周長3000	／		〃143
108伊闕城址	・〃	？	？		考97-12
109古城廃墟	・汝陽	約数万m^2	／		考58-1

110劉国故城（*）	河南・緱氏	650	1220	劉国	中原 85-4
111古城村城址（慶陽）（**）	・汝州	600	1000	慶陽	河南分冊 74
112南梁故城	・〃	1450	2000	南梁	〃 74
113陽城（***）	・登封	700	2000	陽城	文 77-12
114負黍故城（*）	・〃	650	600	負黍	河南分冊 21
115黄城城址	・〃	?	?		〃 21
116大索城（*）	・滎陽	1000	500		河南 494
117小索城（*）	・〃	1000	600	格氏	〃
118京襄城（京城）（*）	・〃	1500	2000	京	〃
119平咷故城（東虢）（***）	・〃	700	900		河南分冊 9
120滎陽故城（**）	・鄭州	2012（南）	2016（西）	滎陽	中原 83 特
121河陰故城	・〃	500-（南）	400-（西）		中原 86-4
122常廟城址（**）	・〃	周長 5000	／		〃
123鄭州商城（***）	・〃	1700（南）	1870（西）	管	文叢 1
124道李城址（*）	・〃	100-（北）	100-（東）		河南分冊 3
125西古城遺址（*）	・中牟	周長 2000	／		河南 504
126東古城遺址（*）	・〃	周長 2000	／		〃 503
127華陽故城（*）	・新鄭	周長 5000	／		〃 500
128鄭韓故城（***）	・〃	5000	4500	鄭	文叢 3
129長葛故城（*）	・長葛	500	500		河南分冊 324
130郭村城址	・〃	1000	1000		〃 325
131康城村故城（~）	・禹県	周長 3000	／		河南 598
132陽翟故城	・〃	1850（南）	1750（西）	陽翟	中原 91-2
133古城村古城	・〃	周長 5200	／		河南 598
134城父故城（*）	・宝豊	周長 6000	／		河南分冊 81
135古城村城址（*）	・〃	周長 2000	／		〃 82
136魯陽故城（*）	・魯山	10 万 m^2	／	魯陽	〃 90
137犨城遺址（*）	・〃	1200	1000		中原 92-2
138穎陽県故城址（*）	・平頂山	?	?		中原 95-3
139西不羹城址（*）	・襄城	1200	1500		河南分冊 85
140沂城城址（**）	・〃	1200	1800		〃 85
141北舞渡古城（東不羹）（***）	・舞陽	周長 5500	／	舞陽	考通 58-1
142合伯故城（***）	・〃	周長 6500	／	合伯	河南 606
143啓封故城（***）	・開封	周長 4000		啓封	河南分冊 58
144大梁城址	・〃	5800	6400	大梁	中原 04-6
145西城村城址（**）	・通許	1000	1000		河南分冊 64
146圉城故城（*）	・杞県	周長 4400	／	圉	〃 66
147雍丘故城（*）	・〃	周長 4500	／	雍丘	〃 66
148承匡故城	・睢県	周長 4000	／	承匡	〃 392
149宋国故城（*）	・商丘	3550（南）	3010（西）	宋国	考 98-12
150鄢故城址（鄢陵）（*）	・鄢陵	988	1916	安陵	河南分冊 328
151扶溝古城（固城村）（***）	・扶溝	480	800		中原 83-2

152古城村城址（**）	河南・扶溝	？	？		河南分冊 427
153臨蔡故城	・淮陽	5万余 m^2	／		〃 419
154陳楚故城（陳郢）（*）	・〃	周長 15000	／	陳国	中原 92-2
155長平故城（**）	・西華	16万 m^2	／	長平	河南分冊 412
156西華城址（***）	・〃	100万 m^2	／		〃 412
157女媧城遺址（***）	・〃	100万 m^2	／		〃 412
158商水古城（陽城）（**）	・商水	800	500	陽城	考 83-9
159南利故城（**）	・〃	？	？		河南分冊 424
160頓国故城（*）	・〃	500	500	頓	〃 424
161安陵故城（**）	・〃	500	500	安陵	〃 425
162蔡国故城（上蔡）（*）	・上蔡	2700（南）	3187（西）	上蔡	江漢 85-2
163武津古城	・〃	500	650		中原 93-1
164平与故城	・〃	周長 2850	／		中原 93-1
165喬荘城址（楽昌）	・汝南	520	638		河南分冊 472
166小亮城址	・〃	600	630		〃 472
167葛陵故城（***）	・新蔡	1200	1330	（平輿？）	文 02-8
168新蔡故城	・〃	周長 3215	／		文 05-1
169西峡古城（白羽）（**）	・西峡	500（南）	750（西）	析邑	江漢 85-2
170穣県故城	・鄧州	周長 3000	／	穣邑	河南分冊 558
171高洼城址	・〃	周長 800	／		〃 558
172南陽古城（宛城）（**）	・南陽	？	？	宛	考通 56-2
173武城故城（沙河店）	・泌陽	850	500		中原 92-2
174楚王城遺址	・信陽	周長 3587	／	郢	河南 639
175建安故城（*）	・正陽	集長 10000	／		〃 625
176古城村城址	・潢川	200万 m^2	／		河南分冊 504
177蔣国故城（期思）（***）	・淮浜	1700	500	期思	中原 83特
178固城倉古城址（***）	・〃	20万 m^2	／		河南分冊 493
179蓼国故城址（番国）（*）	・固始	2325（北）	5800（東）	潘国	中原 83特
180焦国故城遺址	山東・嘉祥	？	？	焦国	文 89-5
181曲阜魯故城（***）	・曲阜	3500（南）	2500（東）	魯国	魯故城
182東周故城（*）	・泗水	800	700		考 65-1
183紀王城（***）	・鄒県	2530（南）	1180（西）		考 65-12
184康王城（*）	・〃	300	500		集刊 3
185程子崖遺址（*）	・済寧	？	？		考 99-7
186滕城［内城］（***）	・滕県	850（南）	590（西）	滕国	考 65-12
187薛城（薛国）（***）	・〃	3250（北）	2280（東）	薛国	考学 91-4
188苑城村古城（**）	・鄒平	？	？		文 94-4
189臨淄故城［大城］（***）	・淄博	3316（北）	5209（東）	臨淄	文 72-5
［小城］		1404（北）	2274（西）		
190臧台故城	・益都	？	？		文 88-2
191即墨故城（**）	・平度	2500	5000	即墨	華夏 03-1

192杞国故城（**）	山東・安丘	?	?	杞	文 86-3
193霊山衛故城	・胶南	?	?		〃
194盤古城	・五蓮	236	213		〃
195莒国故城（*）	・莒県	?	?	莒	考 94-5
196郯国故城	・郯県	?	?		考 96-3
197偪陽故城遺址（***）	・棗庄	?	?		考 04-6
198鄧城 *	湖北・襄樊	678	825		湖北分冊 61
199欧廟土城（*）	・〃	2250	4200		江漢 80-2
200翟家古城遺址（**）	・棗陽	80 万 m^2	／		湖北分冊 118
201鄢故城(楚皇城)(***)	・宜城	1500（南）	2000（東）	鄢郢	江漢 85-2
202南襄城城址 **	・遠安	27 万 m^2	／		湖北分冊 213
203紀南城（***）	・江陵	4202（南）	3751（西）	郢	考学 82-3,4
204小城濠城址 *	・洪湖	360	300	州国	湖北分冊 189
205麋城遺址 *	・当陽	4 万 m^2	／		〃 252
206麦城城址 *	・〃	?	?		〃 252
207楚王城城址 *	・秭帰	20 万 m^2	／		〃 218
208安居古城（***）	・随州	(800)	(1000)		江漢 84-4
209呂王城（**）	・大悟	500	1500		江漢 90-2
210古城遺址	・安陸	?	?		考 93-6
211雲夢古城[東城](***)	・雲夢	700	1000	安陸	江漢 83-2
（楚王城）[西城]		900	1000		
212草店坊城(甃城)(**)	・孝昌	540（北）	225（西）		考 91-1
213作京城（**）	・黄陂	200	144		江漢 85-4
214女王城（***）	・麻城	1000	1500		〃 93-3
215禹王城（*）	・黄岡	1000	2000	邾	中原 04-1
216草王嘴古城（*）	・大冶	230	280		湖北分冊 47
217鄂王城（*）	・〃	500	400		江漢 83-3
218赤壁土城（**）	・咸寧	?	?		考 04-10
219寿春城故城	安徽・寿県	4250?	6250?	郢	考 93-3
220州来城遺跡（*）	・〃	2500?	2000?		江漢 92-3
221西古城	・六安	20 万 m^2 以上	／		文 88-2
222邗城（***）	江蘇・楊州	1980	1400	広陵	文 79-9
223古闔閭城（*）	・無錫	周長 1500	／		考 58-1
224越城（越王城）（*）	・蘇州	400	450		〃 82-5
225安吉古城（***）	浙江・安吉	650	550		江村
226下菰城（***）	・湖州	?	?		考 01-10
227邱城（***）	・〃	?	?		〃
228固陵城（***）	・蕭山	?	?		〃
229故越城(蠡城)(***)	・紹興	?	?		〃

230小塘城址	湖南・茶陵	300	210		湖南分冊 85
231古城水城址	・臨武	100-	300-	臨武邑	〃 171
232古城崗城址 *	・澧県	350-	250-		〃 219
233鶏叫城村城址 *	・〃	500-	400-		〃 219
234宋玉城址	・臨澧	240-	220-		〃 229
235申鳴城址	・〃	500-	300-		〃 229
236古城堤城址 *	・石門	600-	300-		〃 236、考 64-2
237采菱故城	・桃源	600-	830-		湖南分冊 240
238漢寿古城（**）	・漢寿	？	？		江漢 96-4
239鉄鋪嶺城址 ***	・益陽	200-	300-		湖南分冊 244
240老屋地城址 ***	・江華	100-	80-		〃 359
241白公城故城	・茲利	277	350		〃 374
242窯頭城址	・沅陵	450-	250-		〃 437、考 94-8
243築衛城（***）	江西・清江	410	360		考 76-4
244漢陽城（***）	福建・浦城	600	300		考 93-3
245杜県故城 **	陝西・西安	20 万 m^2	／	杜県	陝西分冊 36
246芷陽故城 **	・〃	3.4km^2	／	芷陽	〃 75
247田市故城	・〃	500	300		〃 75
248櫟陽城址（**）	・〃	2500	1600	櫟陽	〃 91、考学 85-3
249咸陽故城（**）	・咸陽	？	？	咸陽	考与文 76-3
250秦雍城遺址（***）	・鳳翔	3300（南）	3200（西）	雍	陝西分冊 234、考与文 96-2
251美陽故城 **	・扶風	850（北）	500（西）	美陽	〃 309
252老城址	・宝鶏	60-	135-		考与文 96-3
253秦好畤故城	・乾県	？	1500	好畤	陝西分冊 465
254澂邑故城 ***	・蒲城	（2000）	（3000）	北澂	〃 520
255重泉故城 **	・〃	1150	750	重泉	〃 521
256居安城址 ***	・澄城	150	150	王官城	〃 546
257陰晋故城	・華陰	140-（北）	285-（西）	陰晋	〃 585
258寧秦故城 **	・〃	周長 3330	／	寧秦	〃 585
259頻陽故城 **	・富平	20 万 m^2	／		〃 601
260九竜山城址	・楡林	450	650		〃 621
261米家園城址 **	・〃	500	600	上郡	〃 622
262馮家会城址 **	・府谷	150	100		〃 651
263大昌汗城址 **	・〃	100 余	100 余		〃 651
264石馬川城址 **	・〃	200	100		〃 651
265沙坪城址 **	・〃	100	100		〃 651

266古城城址 **	陝西・府谷	500	500		〃 652
267墩渠城址 *	・横山	180	180		〃 710
268石刻峁城址 **	・〃	120	150		〃 710
269楊庄窠城址 **	・〃	周長 750	／		〃 711
270高奴故城	・延安	1000	500	高奴	〃 760
271牛堡泉城址(淤泥城)	・黄竜	400	200		〃 864
272聖仏峪城址 **	・富県	1000	1500		〃 906
273商邑遺址	・丹鳳	1000	1500	商邑	〃 1187、考 89-7
274武関城遺址 **	・〃	4 万 m^2	／		陝西分冊 1187
275西溝古城 (**)	甘粛・寧県	(1000)	(1500)	義渠戎都	考与文 98-4
276劉家溝遺址 (**)	・崇信	2.4 万 m^2	／		考 95-1
277陶卜斉城址 **	内蒙・呼和浩特	730	365	雲中郡治	内蒙分冊 10
278古城村城址 **	・托克托	1900	1920	漢成楽県	〃 26
279土城子城址 **	・和林格爾	1240	2290	漢桐過県	〃 31、文 61-9
280城嘴城址	・清水河	430	730	漢稒陽県	〃 46
281古城湾城址 **	・包頭	610	575		〃 60
282城子山遺址	・赤峰	80	120		〃 81
283冷水塘城址	・〃	320	260		〃 81
284瓦窯城址	・〃	200	200		〃 81
285八家城址 **	・〃	150	160		〃 94
286北山根古城 (**)	・喀喇沁旗	250- (南)	60- (東)		文 85-4
287黒城城址花城	・寧城	200	280-	狗沢都？	内蒙分冊 206、考 82-2
288四道湾子遺址	・敖漢旗	(1000 余)	(500)		内蒙分冊 399、考 89-4
289白斯郎営子城址	・〃	?	?		考 89-4
290老虎山城址 (**)	・〃	(500)	250 (東)		考 76-5
291北城子城址	・〃	30	30		内蒙分冊 400
292八旗東城子城址	・〃	370	175		〃 400
293庄頭営城址 **	・〃	300	800		〃 400
294高家窩鋪城址 **	・〃	800	800		〃 400
295三頃地城址	・〃	4900m^2	／		〃 400
296荷也城址	・〃	130	120		〃 400
297陳家窩鋪城址	・〃	115	112		〃 400
298霍家水泉城址	・〃	300	300		〃 401
299土城城址 **	・豊鎮	173	155		〃 516
300三角堡城址 **	・〃	周長 360	／		〃 516
301武要県故城 (西城)	・卓資	480	690	漢武要県	〃 539
302双古城城址	・涼城	80	80		〃 548

303沙河溝地城址 304城圪卜城址 305九原郡故城**	内蒙・興和 ・准格爾旗 ・烏拉特前旗	9万 m^2 10万 m^2 1000	／ ／ 1000	 趙九原城	〃558 〃607 考90-1 内蒙分冊622
306安杖子城址（**）	遼寧・凌原	230	328	石城	考学96-2
307二竜湖古城址（**）	吉林・梨樹	183（南）	193（東）		考88-6

戦国都市遺跡表調査書目および略称一覧

文参、文：文物参考資料 1955-1 ～文物 2005-2
考通、考：考古通訊 1955-1 ～考古 2005-3
考学：考古学報 1（1936）～同 2005-1
文叢：文物資料叢刊 1（1977）～同 10（1993）
集刊：考古学集刊 1（1981）～同 15（2004）
一次年会～九次年会：中国考古学会第一次年会論文集（1980）～第九次年会論文集（1993）
中原：河南文博通訊 1980-1 ～中原文物 2005-1
夏華：夏華考古 1987-1 ～同 2005-1（同 1991-4、1995-4 未見）
考与文：考古与文物 1980-1 ～同 2005-1
文博：文博 1084-1 ～同 2004-4
江漢：江漢考古 1980-1 ～同 2005-1
侯馬盟書：『侯馬盟書』（文物出版社、1976）
三十年：『文物考古工作三十年　1949-1979』（文物出版社、1979）
河北：『河北省出土文物選集』（文物出版社、1980）
魯故城：『曲阜魯国故城』（斉魯書社、1982）
河南：『河南考古』（中州古籍出版社、1985）
河南分冊：『中国文物地図集　河南分冊』（中国地図出版社、1991）
湖北分冊：『中国文物地図集　湖北分冊』（西安地図出版社、2002）
湖南分冊：『中国文物地図集　湖南分冊』（湖南地図出版社、1997）
陝西分冊：『中国文物地図集　陝西分冊』（西安地図出版社、1998）
内蒙分冊：『中国文物地図集　内蒙古分冊』（西安地図出版社、2003）
山西：『山西省歴史地図集』（中国地図出版社、2000）
江村：「2004 年、長江下游呉越文化調査旅行日誌－杭州・安吉・紹興・上海－」（『アジア流域文化論集Ⅰ』東北学院大学、2005 年）

あとがき

中国の古代都市に興味を持ち始めたのは、京都大学人文科学研究所の東洋考古学助手時代に、侯馬盟書の性格について論文を執筆した時からである。侯馬盟書は、山西省侯馬市の晋都新田とされる古城群の近くで発見された。そのため、盟誓が行われた場所が問題となり、晋都新田の都市としての構造を考える必要があった。

人文科学研究所では、勤務時間が終わった後、東洋考古学の教授であった林巳奈夫先生から、ウイスキーを飲みながら考古学の話をはじめ多くのことを学んだ。とくに、先生が若い頃参加されたイラン・アフガニスタン・パキスタンの考古調査、発掘についての話は大変興味深いものであった。ちょうどその頃、京都大学から文学部考古学研究室の樋口隆康先生を隊長として、イラン・アフガニスタンへの考古調査隊が派遣されることになり、林先生を通して樋口先生にお願いし、隊員に加えていただくことになった。一九七八年のことである。

この調査隊は、アフガニスタン政府との一〇年契約で、カーブルの北方のタパ・スカンダルという遺跡を継続して発掘していた。この遺跡は紀元前のアレクサンドリアの伝承地であるが、発掘してみると紀元後七、八世紀のインド文化の影響下にあった都市遺跡であった。思いがけず、実際に都市遺跡の発掘に従事する機会を得たのである。すでに中心の宮殿区の内城壁は調査されており、私の参加した年は、居住区と外城壁との関係や、外城壁の城門の発掘が重点的に行われた。しかし、この発掘調査も、その翌年のソ連軍の進駐、引き続いた内戦によりこの年で最後となった。

アフガニスタンでは、この他マザリシャリフ近郊の有名な都市遺跡バルフやタシュクルガン近くの小都市遺跡バラヒサール、チンギス・ハーンによって破壊されたと伝えられるバーミヤンの都市遺跡シャリ・ゴルゴラなども実地に見学することができた。また、アフガニスタン調査の前にイランの遺跡調査も行われたが、ペルセポリスはじめいくつかの都市遺跡を見学する機会を得た。

イラン、アフガニスタンでの調査で古代都市への関心をかき立てられたが、その後中国の都市遺跡を実見する機会はあまりなかった。一九八〇年に成都の第三回古文字研究会に出席する途中での鄭州商城の見学、一九八三年に王城崗遺跡の見学途中に、登封の陽城遺跡、禹県や新鄭の戦国城壁の一部を見ることができただけである。

一九八〇年代になると、中国において改革開放が進展し、各地の開発が進み考古学の調査、発掘もさかんに行われるようになり、遺跡の調査報告も増加していった。そこで試みに、戦国時代を中心とした都市遺跡の分布図を作ってみると、黄河中流域に顕著な都市の発達した地域があることがわかった。戦国時代には、都市が面的に発達した地域が存在するのである。

そのころ、日本の古代都市研究といえば、主として都城の都市プランの研究が中心であった。しかし、面的な発展が見られるところから、都城に注目するだけでなく、一般地方都市についても検討する必要を感じた。そしてさらに、そのような都市の住民の存在形態にも目を向けるべきであると思われた。また、前近代は農民が人口の多数を占めることから、中国古代史研究においても農村中心の歴史学が幅をきかせていた。しかし、都市の発達した戦国時代を中心とした時代においては、歴史の舞台として都市住民を視野に入れた都市研究もおろそかにできないと強く感じた。一九八九年に『東洋史研究』に発表した論文「戦国時代の都市とその支配」は、以上のような意図で戦国都市全般にわたって再考察したものであり、本書の構想の出発点をなしている。

しかし、中国の古代都市遺跡を実地にじっくりと見学する機会はなかなか訪れなかった。ところが、そのような機会は、一九九三年に文部省から在外研究員として北京大学に派遣されることによって実現した。この在外研究の目的は、中国古代出土文字資料の研究であったが、出土文字資料は多く都市遺跡から発見されていることから、都市遺跡を実地に調査する必要があった。出土文字資料の研究には北京大学中文系の裘錫圭先生に多大の便宜をはかっていただいたが、都市遺跡調査に関しては考古系の徐天進先生に大変お世話になった。徐先生には各地の調査地の研究者に前もって連絡を取っていただき、順調に調査を進めることができた。また、北京大学に留学中の石黒ひさ子さんには徐先生との連絡のほか、やはり北京大学留学中の小柳美樹君や後藤雅彦君らとともに遺跡調査にも同道してもらい、通訳等格別の助力を得た。徐先生ほか、以上の当時の留学生に改めて感謝したい。

この時、中国には六ヶ月滞在したが、河北省では瑠璃河古城、竇店古城、燕下都、中山霊寿故城、山東省では曲阜魯故城、城子崖遺跡、臨淄故城、山西省では晋陽故城、侯馬古城群、平遥城、河南省では殷墟遺跡、鄭州漢城、泌故城、温県州城遺跡、鄭韓故城、陝西省では秦都咸陽遺跡などを実地に調査することができた。これら都市遺跡のうち戦国時代に係わるものについては本書でふれたとおりである。

一九九三年の在外研究では、残りの四ヶ月はイギリスに滞在したが、機会があるごとにローマ時代や中世の城塞および都市遺跡を見学することに努めた。この経験も本書の執筆になんらかの影響を与えているはずである。

その後、一九九五年には陝西省の雍城遺跡、一九九七年には四川省の宝墩遺跡、湖北省の盤竜城、雲夢古城、二〇〇一年には河北省の邯鄲故城、山西省の応県城壁や大同城、二〇〇二年には陝西省の雲陵邑遺跡、甘泉宮遺跡、河南省の二里頭遺跡、偃師商城を見学する機会を得た。そして、二〇〇四年には浙江省社会科学院歴史研究所の林華東先生の助力で安吉古城を見学することができた。この時には復旦大学歴史地理研究所の李暁傑先生に通訳等調査の手助けをいただいたが、李先生には本書執筆においてもデータ等いくつかの教示を受けた。以上両先生に対しても感謝の意を表したい。

本書の執筆に当たっては、都市遺跡や出土文字資料など、考古学的な材料を活用することに努めたが、考古学上の問題点も多く残されている。戦国時代の都市遺跡に限っても、遺跡は膨大な数にのぼり、規模も大きいものが多く全面的な調査は困難である。現在においても、都市遺跡の時代を追っての全面的な発掘調査が行われた例は一例もなく、今後もそのような発掘は当分望めそうもない。そこで、当面考えられるのは、欧米の考古学で行われている地表面の系統的遺物分布調査である。近年、中国でもこのような手法が取り入れられ、聚落考古学として展開しつつある。このような手法によって、都市遺跡内だけでなく、都市の周辺の調査を進めることができれば、都市の地域的構造や時代的変遷がよりいっそう明確に把握できるようになるのではないかと思われる。

最後に、本書をまとめる機会を与えていただいた、明治大学の氣賀澤保規氏に感謝したい。

これまで、古代都市に関する論文を書きためてきたが、全体を通観して歴史的に位置付け直す十分な機会がなかった。また、本書の執筆によって、論文の誤りを正すことができたし、新しい史料を付け加えることにより考えの説得性を増すことができた。名古屋大学での先輩である三重大学の東晋次氏には長きにわたり学恩を受けているが、何度か遺跡調査を共にし、本書に掲載した写真も拝借した。この他、研究成果や現地調査において、本書で挙げなかった内外の研究者からも多くの学恩を受けている。また、白帝社の伊佐順子さんには、地図の体裁の調整をはじめ、やっかいな文字の多い本書のチェックには大変ご苦労をかけた。あわせて感謝の意を表したい。

二〇〇五年八月

猛暑の多治見の寓居にて　　著者

江村　治樹（えむら　はるき）
1947年京都府舞鶴市に生まれる。神戸大学文学部史学科（東洋史学専攻）卒業。名古屋大学大学院博士課程史学地理学科（東洋史学専攻）中退後、京都大学人文科学研究所助手（東洋考古学）。その後、名古屋大学文学部助教授（東洋史学）を経て、現在同文学研究科教授。
著書：『中国の美術５　銅器』（淡光社、共著）、『アジア歴史研究入門１　中国Ｉ』（同朋舎、共著）、『アジアの歴史と文化１　中国史－古代』（同朋舎、共著）、『中国の群雄１　覇者への道』（講談社、共著）、『岩波講座世界歴史３』（岩波書店、共著）、『春秋戦国秦漢時代出土文字資料の研究』（汲古書院、単著）

白帝社アジア史選書
HAKUTEISHA's
Asian History Series
007

戦国秦漢時代の都市と国家
考古学と文献史学からのアプローチ

2005年9月9日　　初版発行

著　者　江村治樹
発行者　佐藤康夫
発行所　白 帝 社
〒171-0014　東京都豊島区池袋2-65-1
Tel　03-3986-3271　Fax　03-3986-3272
http://www.hakuteisha.co.jp
印刷　倉敷印刷　　　製本　若林製本所

白帝社アジア史選書

HAKUTEISHA's
Asian History Series

発刊にあたって

二十一世紀はアジアの世紀である。日本とアジアの国々の距離はいよいよ近づき、人々の交流はますます緊密さを増していくだろう。わたしたちは今、アジアの一員であることをきちんと自覚し、対等平等の立場からアジアの将来を考え、日本の位置を見定める時期に立っている。

日本は二十世紀の前半、アジアの国々に侵略し、数え切れない生命を奪い、国土を踏みにじり、かの地の人々に激しい憤りと悲しみと絶望を与えた。それから半世紀以上を経過して、かれらの心に沁みついた不信の念は完全に払拭できたであろうか。正直なところ、まだ過去の残像に引きずられ、未来志向の安定した関係を打ち立てるに至っていない。

こうした現状の背後には、欧米と比べてアジアを低く見る観念や、アジアの現実を共感共有できない視野の狭さが伺われる。だがアジアは、世界のどこにも引けを取らない豊かな歴史、多彩な文化をもって今日に及んでいる。しかも世界が宗教を正義として血を流しあうなかで、仏教を信仰するアジア地域からは仏教による抗争を生んでいない。これはわたしたちの誇るべき財産である。

白帝社アジア史選書は、そのようなアジア諸国と正面から向き合い、歴史の面からその魅力と本質に迫り、アジアを知る新たな手がかりと可能性を提示することを目指すものである。わたしたちのいうアジアとは、東アジアに軸足を置きつつ、他のアジア全域に及ぶ。当然日本も大切な領域となる。この選書が少しでも多くの読者の目に止まり、良質なアジア史理解の形成に貢献できることを切望している。

二〇〇三年十月

白帝社アジア史選書

HAKUTEISHA's Asian History Series

001

皇帝政治と中国

梅原　郁

1800円

二〇〇〇年以上続いた皇帝政治は、この国に停滞をもたらし、諸悪の根源ともいわれる。しかし、広大多様な中国を一つに纏める求心力として、それは厳然と機能していた。皇帝政治という視座から中国史の本質に迫り、再生産されてきた「カラクリ」をわかりやすい筆致で解き明かす。

002

知の座標
—中国目録学

井波　陵一

1600円

中国は膨大な書物を残してきた文字の国である。筆者は、その過去から現在、未来にわたり集積される知の世界をConstellation「星座」とみたて、その座標軸になるのが、目録学であるという。図書館学を目指す人、中国文化論に関心ある人に是非とも薦めたい一書である。

003

王莽
—儒家の理想に憑かれた男

東　晋次

1800円

前漢を奪うようにして新の皇帝となった王莽。しかし、彼は、果たして根っからの悪逆非道な簒奪者だったのか。本書は「聖」をキイワードに、儒家理念の権化のごとく生きた男の生涯を克明にたどることによって、その実像を浮かび上がらせる。本邦初の本格的王莽伝。

004

亀の碑と正統
—領域国家の正統主張と複数の東アジア冊封体制観

平勢　隆郎

1600円

正統主張するための形が台座の亀に託された—東アジアは漢字文化を共用するが、その中は一様ではない。これまであまり知られていなかった特別な碑石「亀趺」を検討し、それが東アジア全体に関わり、中国や韓国や日本という国家、地域に関わることを具体的に検証する。

＊価格は税別

白帝社アジア史選書

HAKUTEISHA's Asian History Series

005

隋唐時代の仏教と社会

藤善　眞澄

1600円

世俗にとらわれず、あらゆる執着からの脱却を願う仏教と、現世にこだわり政治優先の中国社会との間には様々な確執が生じた。多大の犠牲を払い苦難を乗越えて中国の宗教となりおおせた隋唐の仏教を、再三にわたる弾圧の嵐に焦点を合わせながら抵抗と妥協、変容への軌跡を辿る。

006

古代江南の考古学

―倭の五王時代の江南世界

羅　宗真　著

中村　圭爾

室山留美子　編訳

1800円

華北と異なる江南の地に織成された社会と文化。それを象徴する都建康（南京）のすがたと、この地に生み出された青瓷や、絵画、書跡。江南文化研究の第一人者羅宗真氏の編訳である本書には、倭の五王の使者たちも目にしたはずの、古代江南社会の原風景があますところなく再現されている。

007

戦国秦漢時代の都市と国家

―考古学と文献史学からのアプローチ

江村　治樹

1800円

中国史において、戦国時代は、その後の王朝国家の原型になった秦漢帝国が形成される時代として注目される。この時代は同時に都市の発達が顕著に見られる時代でもある。本書は、この都市の視点から秦漢帝国の形成とあり方を、文献史料だけでなく考古資料をも用いて新たに捉え直す。

―続刊―

魏晋南北朝壁画墓の世界

―絵に描かれた群雄割拠と民族移動の時代

蘇　哲

魏晋の薄葬思想が壁画墓の衰退に対する影響、鮮卑慕容氏前燕の鹵簿制度、北魏孝文帝と馮太后一族の関係、東魏‐北斉墓に表れる身分制と民族意識、西域から異質文化の流入など、描き出されている画像資料に基づき、文献資料だけからは窺い知ることのできない諸問題を克明に辿り、その特質を解説。

＊価格は税別

白帝社アジア史選書

HAKUTEISHA's Asian History Series

広開土王碑との対話

武田 幸男

中国東北辺で蔓苔を絡め、風化した姿で現れた『広開土王碑』ほど、長く国際的な論題になり、ホットな論争を呼び続ける碑石は稀であろう。本書は、もの言わぬ碑文と真摯に対話した酒匂景信・水谷悌二郎ら、王志修・栄禧・初天富らの内外の人物像を通じて、碑文の語る真意を探る。

都市・上海

春名 徹

東アジアの伝統的な港市から西欧文化が直接流入する開港場へ。わたしたちのアジアの矛盾そのものを体現する都市・上海へ！一切の虚飾、一切の幻想の言説の中にわけ入り、ひたすら上海の真実を歴史的に追いもとめることにより、アジアの近代の質を問う。

モンゴル年代記

森川 哲雄

一六世紀後半以降、モンゴルでは多くの年代記が編纂されるようになった。これらの年代記にはモンゴルの歴史とともに、多くの伝説、教訓話が記されており、それらは遊牧社会の文化を知る上で貴重な史料となっている。本書ではこれらの年代記について様々な角度から紹介する。

＊書名は都合により変更になることがあります。ご了承ください。